古典精粹

中国通史

元—清时期

最新图文珍藏版

我们的历史是一份无比珍贵的遗产，是值得我们自豪的。

——吴晗

历史犹如一面镜子，让我们可以铭记过去，展望未来。中国历史是中华文明的轨迹，记载了先民们在中国这片富饶的土地上辛勤耕耘，努力创造的历程。从文明的诞生到先秦、秦汉、魏晋南北朝、隋唐、五代十国、宋元明清，朝代的更迭演绎了绵长的时代史，镌刻出了灿烂的中华文明。

中国戏剧出版社

图书在版编目(CIP)数据

中国通史／贾更坤主编.-北京：中国戏剧出版社，2007.11

ISBN 978-7-104-02686-0

Ⅰ.中... Ⅱ.贾... Ⅲ.中国-通史-青少年读物 Ⅳ. K209

中国版本图书馆CIP数据核字(2007)第169053号

主　　编：贾更坤
责任编辑：肖楠　王媛媛
出版发行：中国戏剧出版社
邮政编码：100089
经　　销：全国新华书店
印　　刷：北京朝阳新艺印刷有限公司
开　　本：787×1092 毫米　1/16　60 印张
版　　次：2008 年 10 月第 1 版
　　　　　2008 年 10 月第 1 次印刷
书　　号：ISBN 978-7-104-02686-0
定　　价：（全套 4 册）89.90 元

前言

QIAN YAN

毛泽东曾经说过:“人总是要有点精神的。”精神是一种力量、一种支柱、一种动力。精神的内涵很多、很广,其中最重要的是理想、情操、文化素养等等。学习历史,对于树立远大的理想、培养高尚的情操、提高自身的文化素养,可以说是上好的滋补剂。

古书上说:“有志者事竟成。”但这个“志”必须是顺应历史发展趋势的,否则就会倒行逆施,不仅一事无成,而且还要受到相应的惩罚。只有充分认识历史发展的客观规律,才能顺应社会的发展并运用其创造新生活。有了远大的理想才会有崇高的情操,但理想不等于情操。“先天下之忧而忧,后天下之乐而乐。”除了在“忧”、“乐”的内涵上,不同时代的人物具有不同的信念外,这种以天下为己任、先公后私的情操是永远为人们所赞赏的。怎样对待公与私、人与我的关系是情操的核心。在这方面,历史的褒贬起着劝诫的作用,典型人物起着榜样的作用。

历史是一部书卷,记录的是王朝的兴衰,写下的是将相的勇懦。历史是一面镜子,照出忠奸善恶,照出成败更替。历史是一面筛子,剔除的是枯木朽枝,哪怕当时他多么风光荣耀、名闻天下,在历史的网眼里,他只是一颗无足轻重的尘埃,无声无息地淡化在岁月里;留下的是黄金珠玉,也许他一世清贫、两袖清风,但在历史的网眼里,他却变得份量十足,光彩夺目。

历史给人们提供立身处世的法则,做人做事的道理。它具有理论的逻辑力量,但不是抽象的说教,而是生动的范例;它具有故事、小说的动人情节和感染力,但不是出于虚构,而是事实的记录;它包罗万象,而又指出统一的合乎规律的倾向;它说明过去,同时也帮助我们认识现在。现在是过去的延续。要想知道今天,就必须知道昨天。鉴于此,我们精心编写了这部《中国通史》。全书按照中华文明的历史发展顺序和朝代的更替分为四册,从政治、经济、军事、文化、艺术、宗教、思想和生活等方面,以精炼简洁的文字和精美珍贵的图片扼要地勾勒出中国历史演进的基本脉络。

广大的青年朋友,有谁不愿意成为具有远大理想、高尚情操和知识丰富的人呢?那么,就让我们来学习历史吧!让我们一起来品味历史,品味滚滚长河的波澜壮阔,品味芸芸众生的悲欢离合,品味逝去的岁月,聆听时间的脚步。让我们接过前人的火炬,去创造更加绚丽的明天吧!

编　者

元朝

蒙古国的建立

窝阔台与蒙哥的征战

元朝的建立

元朝中后期的统治

元末农民起义

朱元璋灭元

元朝的政治经济制度

宗教、哲学与史学

元朝的经济和交通

元朝的文学艺术

目录

中国通史

明朝的经济和资本主义萌芽的产生

文学、艺术与史学

明朝的科学技术

哲学与宗教

清朝（鸦片战争前）

清军入关的统治与各地的抗争

康熙统治下的盛世

雍正的整顿和改革

目录

乾隆的统治

清王朝的中衰

清前期的经济和资本主义萌芽的发展

鸦片战争前的中外关系

文学艺术

科学技术

考据学、史学和图书整理

清朝的哲学思想

开篇语

元朝

（公元1206年～公元1368年）

12 世纪后半叶，蒙古族崛起于漠北。1206 年，铁木真建国，被推举为成吉思汗。同时，创立领户分封制、怯薛军、法典及文字。蒙古在三次西征的同时，南下消灭了西夏、金。忽必烈改国号为元，灭亡南宋，统一中国，并形成以元朝为中心的大蒙古帝国。元朝采纳汉法，创设行省及发达的驿站等制度，加强了对边疆少数民族地区的管理。元朝统治者既联合各民族上层，又实行四等民族划分，以确保蒙古贵族的统治地位。元朝中叶以后，政治黑暗腐朽，阶级矛盾和民族矛盾尖锐，最终被农民起义推翻。元朝建立后，农业逐渐得到恢复和发展；官营手工业发达，生产技术有较大的进步，尤以棉纺织为突出；城市商业和对外贸易相当繁荣，还产生了大规模的海运。元代多种宗教兴盛，文化成就斐然，特别是元曲灿烂辉煌；郭守敬、王桢等学者则在科学技术上做出了杰出的贡献。元朝是中国历史上第一个少数民族统治全国的王朝，它初步奠定了中国疆域的规模。

帝王世系表

太祖铁木真(1206~1227)——太宗窝阔台(1229~1241)——乃马真后(1242~1246)——定宗贵由(1246~1249)——宪宗蒙哥(1251~1259)——世祖忽必烈(1260~1294)——成宗铁穆尔 (1295~1307)——武宗海山 (1308~1311)——仁宗爱育黎拔力八达(1312~1320)——英宗硕德八剌 (1321~1323)——泰定帝也孙铁木儿(1323~1328)——天顺帝阿速吉八(1328)——文宗图帖睦尔(1330~1332)——明宗和世瑓(1329)——宁宗懿璘质班(1332~1333 年)——惠宗(顺帝)妥懽铁睦尔(1333~1368)

大事年表

1206 年	太祖铁木真建蒙古国,称成吉思汗。
1211 年	成吉思汗攻金,蒙金战争开始。
1227 年	蒙古灭西夏。成吉思汗卒。
1234 年	蒙古与宋攻破蔡州,金亡。
1254 年	世祖忽必烈攻入云南大理城,大理国亡。
1259 年	蒙哥汗围攻四川合州钓鱼城,卒于军中。
1260 年	忽必烈即大汗位,诸王之战始。
1271 年	忽必烈定国号大元,元朝开始。
1272 年	改中都为大都。
1274 年	忽必烈命伯颜率军伐宋。
1276 年	元军取临安,掳宋帝、皇太后等北去。
1278 年	宋幼帝移驻新会海中厓山。文天祥战败被俘。
1279 年	元军破厓山,陆秀夫负幼帝蹈海卒。
1281 年	忽必烈发兵征日本,遇台风,全军覆没。郭守敬等制定《授时历》,颁行天下。
1282 年	始大规模海运漕粮。
1286 年	颁行《农桑辑要》,为中国现存最古的官修农书。
1287 年	发行至元通行宝钞。诸王乃颜反,忽必烈亲征,擒乃颜处死。
1293 年	郭守敬修通惠河成,海运漕粮可直达大都。
1313 年	正式宣布恢复科举。
1323 年	《大元通制》成,颁行天下。
1348 年	台州黄岩方国珍起事,聚众海上,劫掠海运。
1351 年	黄河堤成。元末农民起义开始。颍州刘福通、蕲州徐寿辉等相继起义。
1352 年	朱元璋投郭子兴。天完红巾军攻占长江中下游地区。
1355 年	刘福通拥韩林儿在亳州称帝,国号宋,又号小明王。朱元璋附于韩林儿。
1356 年	朱元璋取集庆(今南京),改称应天。
1360 年	陈友谅杀徐寿辉称帝,国号汉,攻应天兵败。
1364 年	朱元璋称吴王。
1366 年	朱元璋沉韩林儿于江,宋政权亡。
1368 年	朱元璋在应天称帝,国号明,建南京城。元惠宗逃上都,史称北元。明军入大都,元亡。

蒙古国的建立

蒙古族，是一个历史悠久的民族，唐代称为蒙兀，是室韦的一部分，也称“蒙兀室韦”。他们最初聚居在额尔古纳河流域，唐中期以后，逐渐向西迁移，居住在今乌兰巴托为中心的地区。辽、金时期，他们处在辽、金统治者的控制之下。蒙古族分为好多部落，蒙古部是其中的一个部落，另外较大的部落还有克烈部、乃蛮部、蔑儿乞部、塔塔儿部、汪古部、斡亦剌部等。十二世纪中期以后，为了争夺领地、掠夺人口和牲畜，蒙古部和它们之间互相争战不已。最终，蒙古族杰出的首领成吉思汗，适应历史的发展，完成了统一事业。

蒙古族的崛起

在金和南宋对峙的时候，我国北方兴起了一个古老的少数民族——蒙古族。蒙古族在唐朝时叫“蒙兀室韦”，是室韦的一支。他们最初居住在也里古纳河东部，后来进入到蒙古高原的广大地区。蒙古族有许多部落，多数过着游牧生活。白天在草原上放牧羊、牛、马、骆驼，晚上住在用毡子搭成的帐幕里。十二世纪时，蒙古族已处在奴隶社会。贵族拥有大量的牲畜和奴隶，强迫奴隶替他们饲养牲口、剪羊毛、挤奶、制革、造毡毯。蒙古族和邻近各民族加强了经济联系，学会制造铁工具和武器。汉族、维吾尔族和中亚商人经常到蒙古各部落进行贸易，带来各种商品和手工业生产技术，也带来了先进的文化，对蒙古社会经济的发展有积极的作用。

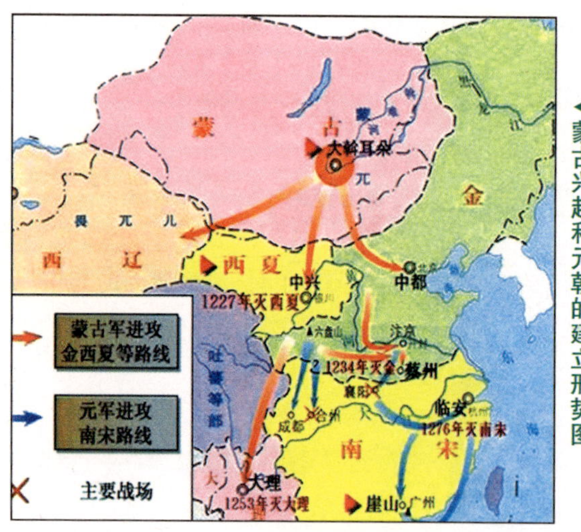

◀蒙古兴起和元朝的建立形势图

蒙古族内部的战乱

十二世纪中期以后，随着内部生产力的发展和汉族等先进经济、文化的影响，蒙古族的氏族社会开始逐渐瓦解，私有财产和阶级出现。部落、氏族的首领和富有者占有了大量牲畜，并成为牧地和水源的支配者，他们还占有奴隶，他们是蒙古族的统治者，是贵族阶级，称为"那颜"。大多数的氏族部落成员则成了占有少量牲畜的个体牧民，称为"哈剌抽"，他们要向贵族阶级提供赋税、兵役、徭役。贵族们还拥有亲兵，作为镇压人民和对外掠夺的工具。游牧方式也由以氏族为单位的集体游牧变为以一家一户为单位的个体游牧。在氏族社会解体过程中，为了掠夺奴隶、牲畜、马匹及富饶的牧地，各部落之间和部落氏族之间，进行着无休止的争斗，战争成为"经常的职业"。女真统治者为了阻止蒙古族的发展，对蒙古各部采取分化、掠夺、剿杀灭丁的政策，更加剧了蒙古族内部的斗争和混乱。因此，到十二世纪末期，蒙古地区便陷入了"天下扰扰，相互攻伐，人不安生"的局面。这种局面，使蒙古族四分五裂，筋疲力尽，经济发展受到严重的破坏。

▲元·錾花铜铠甲

公元 1190 年　十三翼之战

成吉思汗，名铁木真，公元 1162 年出生在蒙古部孛儿只斤氏贵族。他的父亲也速该曾是蒙古部落的首领，由于也速该的早死，铁木真曾一度颠沛无依，受到其他贵族的欺侮。这对铁木真也是一个锻炼，使他了解了战乱的破坏性和人民的要求，也锻炼了他艰苦勤劳、不怕困难、勇敢善战的性格和健壮的身体。1189 年，铁木真被蒙古部各氏族推举为汗(部落首领)。铁木真重新振兴乞颜部，引起札木合和泰赤乌部贵族的不安。1190 年，札木合以其部属劫掠铁木真马群被射死为借口，联合泰赤乌部，共发兵 3 万，进攻铁木真。

▲成吉思汗像

铁木真以3万兵组成13翼，即13个古列延（营、圈子），布阵于答兰版朱思（今克鲁伦河上游附近）之野。第一翼为铁木真母亲诃额仑统领之亲族、属民、养子、奴婢等，第二翼为铁木真所属诸子、诸那可儿和怯薛（护卫），第三翼到第十一翼为乞颜部各贵族所属族人和居民，第十二、十三翼为归附的旁文尼鲁温氏族人。铁木真敌不过札木合、泰赤乌联军，被迫退走，但札木合对战俘的残暴行为激起了公愤。十三翼之战后，札木合在回师时在锅里煮了赤那思氏族贵族的70个孩子，又砍下捏儿歹族人察合安豁阿的头颅，接在马尾巴上拖着示众，于是兀鲁、忙兀等氏族脱离胜利者札木合，归附铁木真。铁木真虽败犹胜，队伍反而壮大了。

▲铁木真雕像

公元1196年　斡里札河之战

塔塔儿部是蒙古兴起前蒙古高原最强大的一部，所以蒙古高原诸部一度均称为塔塔儿（鞑靼），其驻地分布于今贝加尔湖至呼伦湖之间。金朝建立以来，塔塔儿部一直为金守东北边镜，常与蒙古、克烈诸部争斗，成为世仇。金章宗明昌六年（1195年），金朝派人出征蒙古诸部，回师时遭塔塔儿人袭击。承安元年（1196年），金丞相完颜襄统军讨伐塔塔儿，击溃塔塔儿部，其余众向斡里札河（又译吾勒札河）逃奔，金兵追之。铁木真约王罕乘机攻之，以为父祖复仇。铁木真与王罕会师，从斡难河上游东进至斡里札河，攻破塔塔儿寨子，俘杀其首领，塔塔儿人从此一蹶不振。金朝封铁木真为“札兀惕忽里”（幼军统领）之职，封王罕为王，故称王罕。铁木真从塔塔儿部俘获辎重、家畜、金银珍宝无数，于是实力大增。

▲元·青花牡丹龙纹尊

▲蒙古骑兵

公元 1204 年　乃蛮之亡

乃蛮居地以按台山（阿尔泰山）为中心，西至也儿的石河（今额尔齐斯河）和阿雷、撒剌思河（今鄂毕河上游支流），北与吉利吉思、东与克烈部为邻，南有黑额尔齐斯河、乌伦古河，与畏兀儿以沙漠为界。乃蛮吸收回鹘文化，有完整的国家机构。克烈部灭亡后，乃蛮太阳罕联络汪古部夹攻铁木真，汪古部不从，告知铁木真。1204 年，太阳罕统兵与蔑儿乞部、斡亦剌部及札木合部等，进攻铁木真。铁木真决定迎战，将军队按十户、百户、千户重新组合，设护卫军，遂率军逆怯绿连河（今克鲁伦河）西行至萨里川。太阳罕率军渡斡耳寒河（今鄂尔浑河），军心动摇，扎木合见势率部离去。铁木真与太阳罕激战于纳忽昆山，乃蛮军死伤无数，太阳罕受伤被俘，不久死去。铁木真进抵按台山，征服乃蛮部众。

▶元·林原双羊图

公元 1206 年　蔑儿乞之亡

蔑儿乞居地在鄂尔浑、色楞格河下游一带，势力曾达不儿罕山（今肯特山），是漠北强部之一。铁木真初起时，三姓蔑儿乞人曾抢走其妻子和家人。铁木真在王罕和札木合帮助下击溃蔑儿乞人，蔑儿乞首领脱脱逃入八儿忽真隘（今贝加尔湖东）。脱脱后来参加札木合同盟，又依附于乃蛮部不欲鲁汗。1202 年秋，不欲鲁汗、脱脱、札木合等曾联兵攻王罕、铁木真，结果乃蛮联军败退。1204 年冬，铁木真灭乃蛮后，北攻蔑儿乞部，脱脱再奔不欲鲁汗处。1206 年，成吉思汗建国后，与不欲鲁汗战于莎合水（今科布多河上游），不欲鲁汗败灭。脱脱逃至也儿的石河（今额尔齐斯河）、不黑都儿麻河（今布赫塔尔马河）一带，蒙古军追至，脱脱中乱箭死，蔑儿乞部灭亡。

◀色楞格河

▶蒙古族文字

公元 1206 年 成吉思汗建蒙古汗国

公元 1206 年，蒙古族各个部落的贵族们，在斡难河畔召开“库里尔台”(大会),大会正式推举铁木真为全蒙古的汗，并加尊号“成吉思”。成吉思汗成了统一的蒙古族的皇。蒙古的统一,使蒙古族摆脱了女真贵族的掠夺、屠杀,社会经济得以迅速发展。成吉思汗任职以后,为了巩固其地位和维护蒙古地区的统一,立即着手政权的缔造工作,他首先打破原有的氏族部落系统，确立了按地区划分的军事行政合一的制度，即将蒙古族各牧户按十进制编制起来,分为十户、百户、千户、万户四级,万户长和千户长由大汗直接分封亲信担任。当时被封为万户长的有三个，被封为千户长的有九十五个。户长平日是行政长官,管理各牧户的生产,征收赋税;战时则成为将领,率领牧户为兵出战,千户率千人,百户率百人。成吉思汗还将他的亲卫军(怯薛)扩大为一万人,作为军事力量的核心。在司法方面,他设立了“断事官”,开始记录“札撒”(习惯法),并依据札撒处理民、刑诉讼事件。他还建立了专门主管宗教事务的“别乞”(教长)制度,消除氏族社会末期遗留下来的宗教首领与部落首领合一的残余，使宗教为大汗的统治服务。成吉思汗还将公元 1204 年由维吾尔人塔塔统阿用维吾尔字母拼写的蒙古文作为全蒙古族的文字。这对于蒙古文化的发展和政令的推行，都起到了一定的作用。

▲元朝皇室御用铁鎏金镂空雕龙纹马蹬

▲元·掐丝珐琅簋式香炉

公元1211年~公元1216年 成吉思汗攻打金国

1211年，成吉思汗亲自带兵向女真统治者发动了第一次大规模的进攻，1216年结束第一阶段的战争。在这一时间内，蒙古兵进入长城，占领了河北、山西、山东以及辽东地区，大河以北数千里，只有中都（燕京）等十一城未攻下。1214年，女真统治者向蒙古贵族献出大量金帛、童男女、马匹等，始得暂时议和退兵。蒙古兵北退以后，金宣宗感到都城中都所受威胁太大，乃于同年将都城迁到汴京（开封），称为南京。成吉思汗借口金的迁都是没有诚意议和的表现，又第二次举兵南下，1215年攻破金的中都。在以后的两年内，蒙古兵曾袭击金的南京（今开封），但没有攻下，攻潼关也得而复失，战争呈胶着状态，但黄河以北金的领土，已全为蒙古所有。金所能控制的地区，仅剩下今河南、山东和陕西的一部分，已成为苟延残喘的小朝廷。

▲蒙古骑兵常用的短刃兵器——蒙古剑

▶元·青花『锦香亭』图罐

公元1227年 成吉思汗灭西夏

早在公元1205年，蒙古曾向西夏用兵，又于1207年、1209年连续进攻西夏。1209年之后，西夏向金求援，金非但不救，反而认为“敌人相攻、吾国之福”，采取幸灾乐祸的观望态度，夏主只好向蒙古大汗纳女求和。蒙古贵族从西夏掠夺去大批财物，并强迫西夏人民为他们制造箭筒，提供作战物资。1226年，蒙古又以西夏不出兵帮助西征为借口，向西夏用兵。1227年夏主投降，西夏灭亡。在西夏灭亡的前夕，“一代天骄”成吉思汗，病死在清水县六盘山下的蒙古兵营之中。

元·钱选·来禽栀子图卷

窝阔台与蒙哥的征战

成吉思汗卒后，其幼子拖雷监国。1229年，窝阔台继为大汗，继续发动战争。1234年灭金。1235年揭开蒙宋战争序幕，同时命拔都率军西征，灭不里阿耳、钦察，攻入斡罗思、勃烈儿（波兰）、马札儿（匈牙利）。窝阔台在位时期是大蒙古国政治、经济制度逐步完善时期。窝阔台之后，乃马贞氏称制五年，贵由为汗两年，斡兀立海迷失摄政三年，政局动荡，统治集团内部矛盾加剧，人民负担沉重。直至1251年蒙哥称汗，才逐步摆脱了这一统治危机。蒙哥称汗后竭力恢复大汗权威和政令统一，下令整饬民政，加强汉地、中亚、波斯三大区统治机构，命皇弟忽必烈总领漠南汉地军国庶事，南征大理、南宋；命皇弟旭烈兀总领波斯之地，西征未服诸国。蒙哥于1257年亲征南宋，1259病逝于四川合州钓鱼城下。

公元1229年　窝阔台继位

窝阔台，成吉思汗正妻第三子。1219年成吉思汗西征前，窝阔台被确定为大汗继承人，成吉思汗四子拖雷与长子术赤心中不服。分封诸王时，拖雷以幼子守成的习惯，继承成吉思汗所有牧地及军队。南宋宝庆三年（1227年）七月，成吉思汗病死，拖雷监国。绍定元年（1229年）八月，召开忽里台（诸王大会），忽里台上争论激烈，窝阔台与拖雷争夺汗位议犹未决，最后拖雷妥协，窝阔台继承大汗。窝阔台统治期间，蒙古统治政策日益适应汉地，在军事上继承成吉思汗的扩张政策，为日后元世祖忽必烈“附合汉法”、统一全国奠定了基础。晚年，政局渐趋混乱。

◀窝阔台即位图

公元 1234 年　灭亡金国

▲成吉思汗陵

成吉思汗死后，其三子窝阔台即汗位，继续向金发动进攻。1232 年，蒙古兵两路攻金南京(开封)，失败。乃采取成吉思汗死前制定的“联宋灭金”战略，派使者至宋商谈宋蒙夹击事宜，约定灭金后宋蒙以黄河为界，宋得河南地，但夹击中宋要接济蒙古军粮。联兵后，蒙古兵假道南宋，绕过金的军事重镇潼关，经唐(河南唐河)、邓(河南邓县)二州北上攻金都南京(开封)，1233 年城破，金哀宗逃亡蔡州(河南汝南)。宋将孟拱率精兵两万，运粮三十万石，助蒙古攻金。1234 年，宋军力战，攻破蔡州，金哀宗完颜守绪自杀，金亡。

蒙古贵族的三次西征

蒙古政权是一个军事奴隶制政权，同时还带有氏族社会末期的一些残余，因而它特别富于掠夺性，邻人的财富刺激了蒙古贵族的掠夺欲望，战争掠夺成了他们的“经常职业”。成吉思汗和他的后继者，凭借自己的优势兵力，驱使蒙古人民发动了三次大规模西征。公元 1219~1224 年间，成吉思汗招降了畏吾儿人，灭亡了中亚细亚的花剌子模，并越过高加索山，侵占黑海沿岸的钦差部地区，打败俄罗斯封建主的联军，一直攻到克里米亚半岛。公元 1235~1242 年间，窝阔台大汗派拔都继续向西方用兵，攻入俄罗斯，破莫斯科、基辅等城，占领整个俄罗斯境。蒙古兵更向西攻入波兰、马札尔(匈亚利)，前锋直达意大利的威尼斯，由于受到捷克人的抗击，才停止西进。公元 1252~1259 年间，蒙哥大汗令旭烈兀领兵侵入西南亚地区，占领了阿拉伯、叙利亚、巴勒斯坦、小亚细亚半岛、富浪(塞普鲁斯岛)等地。

▶成吉思汗率领大军西征图

四大汗国

▲窝阔台像

成吉思汗自西征胜利后，便把所征服的土地作为“份地”分给自己的长子术赤、次子察合台、三子窝阔台。这些份地后分别形成钦察汗国、察合台汗国、窝阔台汗国，加上尔后旭烈兀建立的伊儿汗国，从而出现“四大汗国”并立的局面。“四大汗国”初俱为大汗管辖下的一部分，但由于彼此相距遥远，加上生产发展水平不一致，语言、生活方式和风俗习惯不同，而诸后王又经常各自拥兵自重，有的甚至与中央王朝为敌，以致原有松散的隶属关系又发展成各自独立的汗国。

钦察汗国，原为术赤封地，辖境为额尔齐斯河以西、咸海、里海以北地区。境内居民主要是钦察人和斡罗思人。钦察人主要讲钦察语，从事畜牧业，部分已走向定居，并兼营农业。斡罗思人大都从事农业，信奉基督教中的东正教，封建关系已有一定发展。居住在“汗国”中的蒙古族人，原有“九千户”，大都居住于咸海至黑海一带的草原，主要讲蒙古语，信仰萨满教。但因与钦察人长期杂居、通婚，多数都被突厥化，不讲蒙古语而使用突厥语。

察合台汗国，原为成吉思汗次子察合台的封地。辖境自天山南路（北路也有一部分）直至今阿姆河、锡尔河间广大地区。初建都阿力麻里（今新疆维吾尔自治区霍城县永定镇西北），东部地区居民主要为畏兀儿人，大都使用粟特字母拼写的古回鹘文；西部突厥语系各族，主要使用阿拉伯字母拼写的突厥文，俗称察合台文；河中地区通行波斯文。居民大多数信仰伊斯兰教，部分崇奉佛教和基督教。农耕区

▲元朝和四大汗国地图

及城市由蒙古大汗直接委官治理。原有蒙古族人八千户，主要居住于草原地区，从事畜牧业，讲蒙古语。徙居察合台汗国的蒙古人，由于长期与中亚各族人民共同生活，这些人后多改讲突厥语，改奉伊斯兰教，并走向定居，与维吾尔族和中亚各族人民融合，只有少数仍保留着自身原有的风俗。

◀元·头盔

窝阔台汗国，原是成吉思汗第三子窝阔台封地。辖境自额尔齐斯河上游至巴尔喀什湖以东地区。有众五千户，建都于叶密立(今新疆额敏县)。

伊儿汗国，拖雷子旭烈兀封地。辖境东起阿姆河，西至地中海，北达高加索，南临印度洋。既为欧、亚两洲文化荟萃之地，又是重要交通枢纽。居民民族成分复杂，主要讲波斯语和阿拉伯语，大多数信奉伊斯兰教，部分崇奉基督教。建都于帖必力思(今伊朗大不里士市)。境内农业发达，商业和手工业也很繁荣。与元朝关系一直都很密切。

公元 1251 年　蒙哥即位

1241 年窝阔台死，大蒙古国汗位空缺，由皇后乃马贞氏摄政，进召诸王召开忽里台，议立新汗。术赤子拔都与窝阔台子贵由不和，闻将立贵由，便托辞风疾，中途返回大营，只遣兄弟赴会。拔都为长支宗王首领，由于他缺席，选汗大会拖延数年方才举行。1246 年，乃马贞氏主持忽里台，选其长子贵由为大汗，是为定宗。贵由即位后，谋发兵征拔都。1248 年，贵由征拔都，暴死于途中，诸宗王就汗位问题发生争执。术赤子拔都以宗长身份召开部分诸王参加的忽里台，首推拖雷之长子蒙哥为大汗继承人。窝阔台系诸宗王拒绝参加这次忽里台，并以此次忽里台未在蒙古本土举行而拒绝承认。于是，拔都派其弟率军送蒙哥东还，约定明年在斡难河、怯绿连河召开忽里台。由于窝阔台系诸王拒不赴会，忽里台一直延至 1251 年夏举行，共同拥戴蒙哥为大汗，是为宪宗。从此，汗位继承者转为拖雷系。

▶拖雷像

▲八思巴觐见元朝皇帝忽必烈图(壁画)

公元 1253 年 吐蕃归附

1239 年,窝阔台次子阔端派其将朵儿答进兵吐蕃,兵至热振寺和杰拉康。1244 年,阔端命朵儿答再入乌思藏,召萨斯迦派首领萨班来见。1246 年,萨班携其侄八思巴到达凉州(今甘肃武威),次年谒见阔端太子,代表吐蕃僧俗归附蒙古,议定归附条款。后由萨班致书乌思、藏、纳里的僧、俗首领,宣布"上纳里、乌思、藏皆已降附"蒙古,并转达阔端太子关于清查户口、建立驿站的令旨。萨班于 1251 年死于凉州,而吐蕃由于分散,许多部落并未臣服。1251 年,宪宗蒙哥派人统吐蕃等处蒙古、汉军深入拉萨以北的达木地区。1253 年,忽必烈南征大理,取道今四川西部的吐蕃之地,渡大渡河,抵金沙江,收服这一带。其后蒙哥征蜀时也曾进兵朵思麻、朵甘思地区,收降和招降未臣服各部。

公元 1254 年 大理国灭亡

◀大理梵像卷

隋末唐初,在今云南大理的洱海周围及哀牢山、无量山北部地区,分布有乌蛮、白蛮众多部族和部落,乌蛮是今彝族的先民,"白蛮"是白族的先民。大理国是白族祖先于后晋天福二年(937年)建立的政权,其国至宋代国势衰微,段兴智大权旁落,由丞相高太祥代摄国政,内部矛盾日益激化,趋于分裂。公元 1253 年,元世祖忽必烈率领 10 万大军,分兵三路进攻大理国。忽必烈亲率中路军,于十月过大渡河,抵金沙江,用皮筏渡江,到达今天的云南丽江,即历史上有名的"元跨革囊"。忽必烈采纳姚枢等人的建议,改变了过去蒙古军的屠城恶习,下了止杀之令,并派使者到羊苴咩

城劝降。大理相国高太祥主张坚决抵抗，杀了使者。忽必烈于12月进军龙首关，直逼羊苴咩城，大理王段兴智、高太祥背城出战，惨遭大败。12月12日，羊苴咩城被攻破，高太祥被杀，段智兴出逃，次年春，在宜良被俘虏，大理国灭亡。

公元1251年～公元1259年 蒙哥攻南宋

金亡后，宋军按照盟约收复汴京，并进入洛阳。但蒙古兵背约，在洛阳袭击宋军，又在汴京决黄河水淹宋军，宋军败退。从1234年开始，蒙古兵在西自四川，东到淮水的广阔战线上，向南宋发动了全面的进攻。由于南宋军民英勇抗击，蒙古又进行着西征，分散了兵力，所以没有什么进展。1251年，蒙哥即汗位后，开始向南宋大规模进攻。这次进攻在战略上采取了迂回大包围的形式。1252年，派皇弟忽必烈、大将兀良哈台率兵由临洮经青海、四川，渡金沙江，灭大理、吐蕃、安南、占城。至此，蒙古从北、西、南三面完成了对南宋的大包围。1258年，蒙哥命忽必烈率军渡河南下攻鄂州（武昌），驻守安南（越南）的兀良哈台回师北上攻潭州（长沙），自己则亲率大军攻四川。三路进攻，妄图一举占领长江上游，然后沿江东下临安。进入四川的蒙军，攻下了包括成都在内的许多城镇，但1259年2月当蒙哥进军合州时，却遭到合州人民的坚决抵抗，不能前进。兀良哈台攻潭州，也遭到几十万南宋军民的抗击，相持一个多月不得进展，忽必烈也被阻于鄂州，蒙古三路会师的计划完全破产。蒙哥攻合州，南宋守将王坚发动军民利用钓鱼山的有利地形坚守，半年之久不能下，损失惨重。蒙哥气急败坏，亲临城下指挥，被宋军击伤，7月，蒙哥病死，合州军民的抗战取得了巨大胜利。

▲蒙哥汗铜像

▲元·赵孟頫·幽篁戴胜图

元·钱选·杨贵妃上马图

元朝的建立

蒙哥死后，忽必烈乘机夺位。忽必烈即位后，蒙元历史发生了根本性的变化。至元八年(1271年)正式建国号大元。九年，升中都为大都。与此同时，加紧征服南宋。至元十三年(1275年)正月，南宋亡。至元十六年(1278年)，完全占领四川，灭南宋残部于厓山，全国实现大统一。其后，北方诸王屡有反叛，尤以西北海都、东北乃颜为甚，忽必烈多次亲征，击溃或遏制了反叛势力，维护了国家统一。灭宋后，忽必烈对邻近诸国发动了一系列战争，损失惨重，无功而归。由于连年战争，加之宫廷开支激增，忽必烈信用阿合马、卢世荣、桑哥等理财，于是剥削加重，各族人民群起反抗，统治集团内部矛盾加剧，阿合马等先后被杀。忽必烈统治的后期，社会发展呈现停滞状态。

公元1259年　忽必烈即汗位

忽必烈是成吉思汗四子拖雷之子。蒙哥即汗位后，遣忽必烈开拓南部汉地，自己则亲率大军伐宋。不料蒙哥汗于1259年在合州城下阵亡，忽必烈为争夺汗位匆匆北返。按规定，大汗之确定须由“忽里台”(诸王大会)推举，由于阿里不哥在和林颇受诸王公之拥护，忽必烈返至开平（今内蒙古多伦西北之石别苏木)，即位为大汗，建年号为中统，并诏告中外。同时阿里不哥则在和林召集“忽里台”，亦称大汗。1264年，阿里不哥败降，忽必烈汗改是年为至元元年，改燕京为中都，以开平为上都，“忽里台”制从此被废。至元八年(1271年)，取《易经》“大哉乾元”之义，建国号为大元。次年，确定以大都为首都。

▲忽必烈像

公元 1267 年 ~ 公元 1301 年　海都之乱

忽必烈推行“汉法”引起守旧蒙古贵族的强烈反对。阿里不哥投降后，这场斗争是以藩王争夺汗位的形式爆发的。窝阔台之孙海都以其父合失未能继承汗位而不满，他支持阿里不哥夺位失败后，于至元五年（1268 年）据叶密立（今新疆额敏东南）封地，联合术赤后王发动叛乱。忽必烈为阻止海都势力扩张，册封八剌为察合台汗国汗，但被海都击败。至元六年（1269 年），海都与术赤后王忙哥贴木儿、八剌结盟，联合反对大汗。至元八年（1271 年），忽必烈命皇子北平王那木罕镇守阿力麻里。至元十二年（1275 年），又遣右丞相安童辅佐那木罕征海都。次年冬，从征的蒙哥子昔里吉等叛，劫持那木罕、安童，回攻和林。至元十四年（1277 年），忽必烈命右丞相伯颜等北征，击溃叛军。海都在畏兀儿以西不断扩张势力。他扶植八剌子笃哇为察合台汗国汗，建立北起吉利吉思，南至畏兀儿、斡端的势力范围，不断侵扰元境。至元二十四年（1287 年），海都串通东部斡赤斤后王乃颜等反叛。忽必烈亲征，平定乃颜之乱。未几，合赤温后王哈丹又叛，至元二十八年（1291 年）败死于高丽。海都仍不断东侵，并进据和斡。至元二十六年（1289 年），忽必烈亲征，收复和林，先后命伯颜、皇孙铁穆耳驻守。直至大德五年（1301 年），海都、笃哇战败，海都因伤死于归途，长达 35 年之久的北边诸王之乱才告一段落。

▲元·龙泉窑青釉条纹荷叶盖罐

▶元·八思巴文铜币

公元 1269 年　八思巴创制文字

忽必烈于 1260 年即位后，封吐蕃萨斯迦喇嘛八思巴为国师。八思巴本名罗古罗思监藏，八思巴（意为圣者）是尊称。忽必烈命八思巴制作蒙古字，至元六年（1269 年）正式颁行，称为蒙古新字，次年改称蒙古国字。至元八年（1271 年）规定：“今后不得将蒙古字返作新字。”从此，八思巴字成为官方法定的文字。这种蒙古字系据藏文字母改制而成。藏文字母来源于梵文字母，横行拼写。八思巴字改为方体，自上而下直写，自右而左行，当是参照蒙古畏兀字和汉字的书写及构字方式而成。八思巴字共有字母 40 多个，用以拼写蒙语和汉语，字母基本通用，但有些字母在拼写蒙语和汉语时，代表音值不同。有元一代，八思巴蒙古字一直作为官方文字行用。元亡后，渐渐不用。现存八思巴蒙古字文献，主要保留在中国各地的碑石和历代收藏的拓本以及官印、钱钞等文物上。

▶伯颜像

公元 1279 年　伯颜灭宋

忽必烈在平定内部叛乱，稳定北方政局后，决定采用南宋降将刘整建议，集中力量攻取南宋汉水中游南北岸两大军事重镇襄阳（今湖北襄樊市汉水南市区）、樊城（襄樊市汉水北市区）。从至元五年（1268 年）起，经过六年的围攻，终于在 1273 年正月破樊城，二月襄阳守帅吕文焕出降，撤除了南宋长江中游的屏障。1274 年六月，忽必烈命伯颜为统帅，分两路大军南进。同时，命董文炳自淮西正阳南逼安庆，以为呼应。十二月，元水师入长江，克宋江防要塞阳罗堡。宋沿江诸帅多为吕氏旧部，皆不战而降。1275 年二月，贾似道被迫督诸路精兵，抵拒元军。这时，他仍企图奉币称臣议和，被伯颜拒绝，只好在池州下游丁家洲勉强与元军会战。宋军因内部不和，一触即溃。同年秋，伯颜从建康（今江苏南京）分兵三道趋宋都临安（今浙江杭州）。伯颜和阿塔海由中道节制诸军，水陆并进。1276 年正月，元军会集临安城北，宋廷向伯颜投降，陈宜中、张世杰等人带着端宗赵昰、幼主赵昺逃往温州，南宋名存实亡。1279 年，元军全部占领四川，南宋帝昺死于厓山（今广东新会县南海岛），元完成了全国的统一。元朝的统一，结束了自唐末藩镇割据以来南北对峙的分裂和战乱局面，促进了多民族统一国家的巩固和发展。

▲元·龙泉窑青釉刻花炉

公元 1275 年　马可·波罗到中国

▲马可·波罗像

马可·波罗（1254~1324 年）意大利旅行家，生于威尼斯商人家庭。1271 年随父亲和叔父由威尼斯启程，经地中海、两河流域、伊朗高原、帕米尔高原到达中国喀什，沿塔克拉玛干沙漠南缘再经敦煌、酒泉、张掖、宁夏等地，于 1275 年抵上都（今内蒙古自治区多伦县西北），以后到大都（今北京），深受元世祖的宠信，长期在朝廷担任要职。他在元朝任职达十七年之久，忽必烈曾派其为钦差大臣先后巡视过山西、陕西、四川、云南、山东、江苏、浙江、福建等地，并任扬州总管三年；他还参与外交活动，代表元朝政府出使过缅甸、越南、菲律宾、印尼、爪哇、苏门答腊等国。1295 年回到威尼斯。1298 年在威尼斯与热那亚战争中被俘，在狱中口述东方见闻，由同狱人鲁思梯切诺笔录成书，即为流传至今的《马可·波罗行记》。马可·波罗是第一个向西方系统介绍中国情况的人。《马可·波罗行记》记述了他来中国的沿途见闻，元代初年的社会情况及北京、扬州、杭州等历史名城的情况，中国东南邻邦的概况，蒙古诸国之间的战争和亚洲北部的情况。书中盛赞东方的富庶、文化的昌明，大部分篇幅是叙述有关中国的内容。此书扩展了欧洲人的地理视野，对以后的地理大发现有影响，也是研究中古时期地理学史、亚洲史和中西交通史的重要资料。

▶马可·波罗从大汗手中接受金《圣书》

公元 1282 年　击杀阿合马

忽必烈即位后，面临诸王叛乱、南下灭宋，又百废待兴，费用浩繁，因此急于敛财以应付开支。费纳喀忒（今乌兹别克斯坦塔什干西南锡尔河右岸）人阿合马，初隶弘吉利部按陈那颜，后随按陈女察必（忽必烈顺圣皇后）入宫。中统二年（1261 年）为上都同知，次年领中书左右部兼诸路都转运使，负责理财。中统四年（1263

▶史天泽雕像

年)，于钧州(今河南禹县)、徐州(今属江苏)等地兴煽冶铁，岁输铁103.7万斤，铸农器20万件，易粟输官4万石。至元元年(1264年)增山西盐课5000两。两事办成，大受忽必烈赞赏，以阿合马为中书平章政事，后又兼制国用使。阿合马继续推出官卖铁铜等器、增盐课、括户口、行钞法、专卖药材等措施，大肆敛财，以应付财政支出。“阿合马为人多智巧言，以功利成效自负，众咸称其能。世祖急于富国，试以行事，颇有成绩。……由是奇其才，授以政柄，言无不从，而不知其专愎益甚矣”。他不把丞相线真、史天泽、安童放在眼里，百般打击异己，杀害敢于揭露其罪行的中书左丞崔斌等人，任用其子侄为大官。其贪赃不法等行为，引起太子真金及朝内大臣不满，至元十九年(1282年)被益都千户王著等击杀。

公元1287年　乃颜之乱

乃颜是元朝蒙古宗王，铁木哥斡赤斤(成吉思汗幼弟)玄孙，承袭其父阿木鲁为斡赤斤分地，据有哈剌温山(今大兴安岭)东西两侧和辽东大部分地区。至元二十三年(1286年)，谋起兵呼应西北叛王海都、笃哇，对元世祖形成东西夹击之势。元世祖闻讯，在辽阳设立东京等处行中书省，以对其控制。次年四月，乃颜联络诸王势都儿、腾纳哈儿、哈丹秃鲁乾等，举兵叛乱。随后，进兵潢河(今辽河上游西拉木伦河)流域。五月，忽必烈统军亲征乃颜，以玉昔帖木儿和李庭分领蒙古、汉军，从上都北进。六月，乃颜退至呼伦贝尔高原的不里古都伯塔哈(在哈尔哈河与诺木尔金河交汇处的三角地带)，集结重兵与元军决战，兵败被俘杀。乃颜叛乱平定后，忽必烈即将叛王的分民、财产没收，另分与他人；又命在乃颜故地立

▲元·刘贯道·元世祖出猎图(局部)

肇州城（今黑龙江肇源西），并将其所领的部分蒙古军分置于河南、江浙、湖广、江西诸省。经过这次打击，东道诸王的势力大为削弱，受朝廷所置行省的节制。

公元1291年　桑哥被杀

至元二十三年（1286年），忽必烈起用桑哥理财，次年任中书平章政事。他更改钞法，发行至元宝钞以解决财政危机，于是声名大著，升尚书省右丞相兼总制院使。又清理江南六省钱谷，增江南赋税和盐酒醋税。“当是时天下骚然，江淮尤甚，而谀佞之徒……为桑哥立石颂德”，桑哥更加跋扈，顺我者昌，逆我者亡，任意调动内外官员，官爵刑赏全赁钱买贿赂，引起朝臣群起反对，社会动荡不安。至元二十八年（1291年），桑哥被杀，抄没其家，其所藏珍宝足有宫廷所藏之半数。

◀中统元宝交钞

公元1292年　元大都竣工

公元1267年，忽必烈开始在原中都建筑群的东北营建新城，称之为大都，即“伟大的都城”，也被称为“可汗之城”，《马可·波罗行记》中称为“汗八里”。它成为蒙古君主们的冬季驻地，而上都府仍是他们的夏季驻地。宋度宗咸淳二年（1266年），蒙古国安肃公张柔与行工部尚书段天祐受命同行工部事，领导中都的建设工程。宋度宗咸淳八年（1272年），令改中都为大都。至元二十九年（1292年），全部竣工。它的布局基本上合乎我国古代关于帝王都城的理想设计方案。城有外廓城、皇城、宫城三层。大都城的外廓城周长28600米，南北略长，呈长方形，四面共有十一座城门：北面两座城门，东为安贞门，西为健德门；东面三座城门，自北而南依次

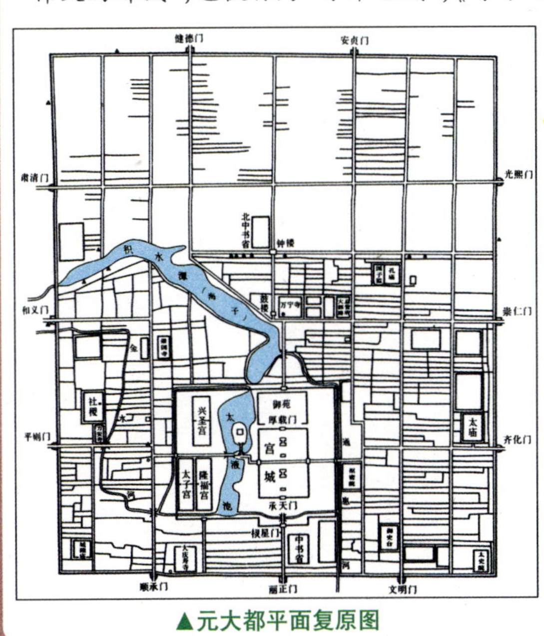

▲元大都平面复原图

▶北京元大都城遗址

为光熙门、崇仁门（相当于今东直门）、齐化门（相当于今朝阳门）；西面三座城门，北至南为肃清门、和义门（相当于今西直门）、平则门（相当于今阜成门）；南面三门，中者称丽正门，东为文明门，西为顺承门。元朝皇宫分三组列在琼华岛及其周围湖泊两侧，分别为太子、皇太后所居的隆福宫和兴圣宫。在西侧，湖泊东岸的宫殿属于皇帝，也就是现在紫禁城的前身。三座宫殿的四周围墙，当时称萧墙，也就是皇城。皇城外的居民区，沿着整齐的纵横街道，划分为五十坊。大都城的建设根据《周礼·考工记》对都城"左祖右社、前朝后市"的要求，商业区分布在北部三处。定名大都的当月，朝廷的中书省署在大都建立，皇帝通过它把统治的势力伸向全国。大都城成为名副其实的全国政治、经济、文化的中心。

公元 1292 年　京杭大运河开通

元王朝每年都需要从东南地区向大都（今北京市）调运大量粮米与其他物资。以洛阳（今河南省洛阳市）为中心的旧有隋唐大运河，不仅航线曲折，而且水源不足，于是元世祖从至元二十年至二十九年（1283~1292年），用将近 10 年的时间在今山东省境内开凿济州河、会通河，在通州（今北京通州区）与大都城之间开通惠河。三条新河道与在河北、江苏、浙江三省的原有运河相连，形成了现在仍然存在的京杭大运河，开始沿此线运送江南的粮米。开通后的京杭大运河和隋代大运河相比，缩短了六七百里的路程。它以杭州为起点，以北京的积水潭为终点，全长超过 1790 公里。经今北京、河北、天津、山东、江苏、浙江 6 省市，把海河、黄河、淮河、长江和钱塘江 5 个水系联系成一个统一的水运网，成为我国古代南北交通的主动脉。

◀京杭大运河全貌地形图

元·任仁发·二马图

元朝中后期的统治

忽必烈之后，经成宗、武宗、仁宗、英宗、泰定帝、明宗、文宗、宁宗八帝，为元朝中期。其中成宗堪称守成之君，以奉行成规为务；武宗滥赏泛赐，佛事无度，财政亏空；仁宗力图改革，以实行延祐经理和延祐开科著称；英宗实行新政，但南坡之变丧身；泰定帝赐予益奢，吏治更加腐败；明宗、文宗兄弟通过两都之战夺得帝位，明宗被文宗和权臣燕铁木儿毒死；文宗以文治闻名，立奎章阁，编《经世大典》，颇有影响。但元朝国势日渐衰微，危机急剧加深，已成不可挽回之势。顺帝即位后，虽有脱脱“更化”，政治一度较为清明，然而元朝的灭亡已不可逆转。至脱脱第二次出任右丞相，企图以变钞、开河摆脱危机，结果事与愿违，反而导致元末农民起义爆发。

公元 1294 年 ~ 公元 1307 年

成宗守成

至元二十六年(1285 年)元朝太子真金去世。按照嫡长子继位的传统观念，忽必烈把属于真金的印玺“皇太子宝”授给铁穆耳。至元三十一年(1294 年)忽必烈逝世。铁穆耳在重臣伯颜、玉昔贴木儿的支持下，由宗室诸王会议推立为帝，是为成宗。成宗即位后对中央人事未做大调整，继续实行世祖末年的减免赋役、赈济灾民等宽大政策。1294 年，成宗下诏减免所在本年包银、俸钞，以及内郡地税和江淮以南州县当年的一半夏税。后来又多次下诏减免赋税，元贞二年(1296 年)，要求权贵豪绅交纳所隐匿的江南田租，以减轻小民负担。在减轻民众负担的同时，成宗三令五申要求地方官员鼓励农桑，发展生产。成宗即位后即开始着手缓和与周边各国的关系，放弃了忽必烈动辄征战、继续扩张的政策。对待贵

▲元成宗铁穆耳像

族官僚则采取恩威并施的方针。一方面多次赏赐诸王、公主、驸马，增加官员俸禄。一方面厉行整顿吏治，约束权贵。在对外关系方面，成宗拒绝大臣对日用兵的请求。在大德三年（1299 年）派江浙释教总统僧人宁一山出使日本，恢复了两国间的正常贸易和文化往来。但是，成宗后期曾一度用兵西南。后因出征“八百媳妇国”（今泰国北部、缅甸东北部）使元军损失惨重，成宗才决心不再对西南用兵。同时，成宗达成了与笃哇、察八儿等西北诸王的和解，延续几十年的西北战乱得以平息。大德十一年（1307 年）正月初八，成宗去世。

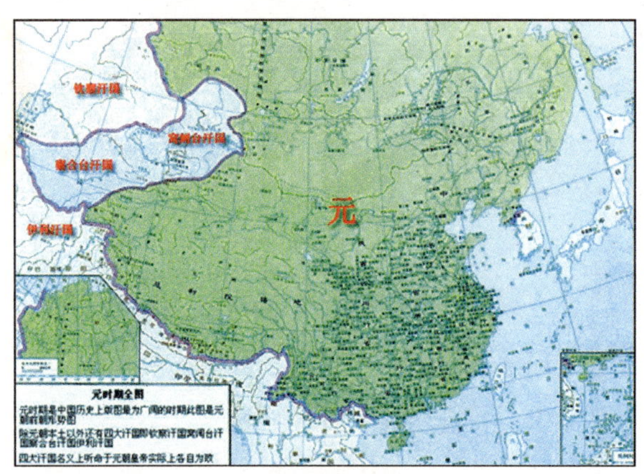

▲元时期全图

公元 1307年　大都政变

大德十一年（1307 年）正月，元成宗铁穆耳病逝，唯一太子德寿早卒，储位虚悬，元朝统治集团内部发生了争夺帝位的冲突。当时，诸王之中以坐镇和林的皇侄怀宁海山最具实力，又是支系最近的皇族。成宗皇后伯要真氏在中书左丞相阿忽台、平章八都马章、赛典赤伯颜等人帮助下，企图阻止海山南下争位，拥伯要真氏垂帘听政，安西王阿南达辅政，进而推阿南达为帝。于是海山之母弘吉剌氏及海山之弟爱育黎拔力八达应召速返大都，于上都会合，决议废伯要真氏，出居东安州（今河北安次西），赐死；诛安西王阿南达及明里铁木儿。海山即位，是为武宗，尊答己为太后，立爱育黎拔力八达为皇太弟，相约：海山死后由爱育黎拔力八达继位，爱育黎拔力八达死后将帝位传给海山之子，兄终弟及，叔侄相承。武宗斥去世祖旧臣哈剌哈孙等，任用昧于政事的亲信，朝政十分混乱。他滥赐名爵，朝廷冗名充斥，赏赐无度，佛事频繁。即位不足半年，竟开支 420 万锭，又有诸王贵族求赏赐而未支者 100 万锭。到至大二年（1309 年）时，年度开支已增至 500 万锭，借支钞本 1000 余万锭。于是发行至大银钞，使之 5 倍于至元钞。当时连年天灾，农民破产流亡，社会动荡不安。

◀元武宗像

▲元仁宗像

公元 1311 年　仁宗即位

至大四年(1311 年),武宗卒,爱育黎拔力八达即位,是为仁宗,他起用其师、布衣李孟为中书平章,改革朝政和吏治。李孟罢一切不急浮费,紧缩开支,使财政状况有所改善;又严禁近侍擅传圣旨;由朝廷派官任投下达鲁花赤,降诸王投下所任命者为副达鲁花赤;正式实行科举取士制度,史称“延祐科举”。延祐初,朝廷派员检括河南、江西、江浙三省漏隐田土,核实税人,史称“延祐经理”。因官吏趁机巧取豪夺,引起江西宁都蔡五九起义。仁宗为背约立己子硕德八剌为皇太子,不得不对母后答己及贪赃不法的右丞相铁木迭儿妥协,朝政日坏。同时,封武宗长子和世琜为周王,出藩云南,周王不满,谋起兵,事败奔金山(今阿尔泰山),与察合台后王相善。

公元 1322 年　英宗新政

延祐七年(1320 年),仁宗卒,硕德八剌即位,是为英宗。英宗自幼接受儒学,虽年仅 17 岁,却锐意改革朝政。答己原以为硕德八剌柔懦易制,不料他颇有作为,因而深为后悔,遂授意幸臣失列门谋废立,事泄被英宗尽加诛杀。英宗为摆脱答己、铁木迭儿控制,任命木华黎后裔、有“蒙古儒者”之称的拜住为中书右丞相。至治二年(1322 年)秋,铁木迭儿、答己相继病死。英宗在拜住协助下全面推行新政:1、任用大批汉族知识分子,如张珪、虞集、吴元珪、王约等,颁布《振举台纲制》,提倡“举善荐贤”,选拔人才;2、罢冗官,使一批有劣迹的蒙古色目官僚去职;3、推行助役法,民田百亩抽三,以岁入助役;4、颁行《大元通制》,使政令统一,各级官吏遵循政制法程。从上述措施来看,“英宗新政”的核心问题,就是“行汉法”。所谓“汉法”,就是建立在中原、南方封建农业经济基础之上并与之相适应的一整套封建上层建筑,包括中央集权制的官僚国家机器、法律制度与正统儒家思想等等。

◀元英宗像

公元1323年　南坡之变

元·龙泉窑青釉古钉炉

至治三年(1323年),英宗下令追查铁木迭儿生前贪赃巨案,处死一批有牵连的同党,追夺其官爵封赠,籍没其家。以御史大夫铁失为首的铁木迭儿余党惊恐万状,遂密谋刺杀英宗。这年八月五日,英宗、拜住自上都南返,在上都南30里的南坡驿驻跸。这天夜里,铁失等与五个蒙古诸王,共十六人,利用铁失的阿速卫兵为外应,发动政变,先杀右丞相拜住,然后杀英宗于卧所。史称"南坡之变"。英宗是元朝中期难得的一位有作为的皇帝,他的新政也因事变而夭折。铁失一伙在事变发生前即与漠北的晋王也孙铁木儿(甘麻剌子)联络。事变后,他坐享其成,在上都即位,是为泰定帝。泰定帝先是加封铁失等人,但不久即将他们全部诛杀。

公元1328年　两都之战

泰定帝即位后,用与发动"南坡之变"的铁失一伙牵针引线的回回人倒剌沙为左丞相,权倾天下。泰定帝在位期间,大肆赐赏,仅即位时即用去金700余锭、银33000锭,钱、币帛不等,兴役造作又多,国家财政枯竭。泰定二年(1325年),河南息州人赵丑厮、郭菩萨倡言"弥勒佛当有天下",发动起义,饥民结"扁提社"伤人,社会益加动荡不安。致和元年(1328年)七月,泰定帝病死于上都,倒剌沙受顾命辅佐皇太子阿剌吉八。八月,留守大都的武宗亲信、佥书枢密院事燕铁木儿发动政变,控制大都,声称祖宗正统应属武皇帝之子,迎武宗次子图贴睦尔入京。上都方面立即组织兵力分道进攻大都,倒剌沙为名正言顺地号令天下,抢在图贴睦尔之先,立9岁的皇太子阿剌吉八为帝,改元天顺。九月,图贴睦尔即帝位于大都,是为文宗。两都之战愈战愈烈,倒剌沙纠集辽东、陕西兵力及上都诸王,试图突破居庸关、古北口、潼关等关隘,进逼大都,但屡被大都兵击败。倒剌沙被迫投降,同年被杀。

元泰定帝像

公元 1329 年　燕铁木儿专权

两都之战结束后，文宗遣使奉迎其兄和世琜于漠北。天历二年(1329 年)正月，和世琜即帝位于和林之北，是为明宗。自三月起，徐徐南下。八月初至旺忽察都(今河北万全西)，与弟相会，被燕铁木儿和文宗毒死，文宗重新即位。文宗对燕铁木儿感恩戴德，大封其三代，命文学家马祖常制文立石于京师北部，燕铁木儿独为丞相，其头衔合计 53 字，“凡号令、刑名、选法、钱粮、造作，一切中书政务，悉听总裁”，燕铁木儿“自秉大权以来，挟震主之威，肆意无忌”。文宗则以“文治”粉饰危机，立奎章阁，集儒臣于阁中；置艺文监，以蒙古语翻译儒书；命赵世延、虞集修纂《经世大典》等等。至顺三年(1332 年)八月，文宗卒，遗诏立明宗子为帝。燕铁木儿却立明宗次子、7 岁的懿璘质班，是为宁宗，但他在位五十三天后死。旋燕铁木儿亦因纵欲过度而亡。

▶元·蓝釉罐

公元 1333 年　顺帝即位

至顺四年(1333 年)，明宗次子妥欢贴睦尔即位，是为顺帝。但因年幼受制于文宗后卜答失里和燕帖木儿家族势力，“深居宫中，每事无所专”，后又被权相伯颜挟制。至正初，以脱脱为相，力图革新朝政：复行科举，亲试进士，招修辽、金、宋三史，颁《至正修格》，印行至正交钞，治理黄河。后期怠于政事，荒于游宴，对人民剥削压迫日趋严重，水旱频仍，民变蜂起。至正十一年(1351 年)，终于爆发红巾军起义。内部掣肘于皇太子

◀刘福通领导的红巾军起义

◀元顺帝像

和皇后奇氏，地方将领又拥兵自重，使其统治崩溃。至正二十八年（1368年），大都被明军攻占，元顺帝北走应昌（今内蒙古昭乌达盟克什克胜旗达里诺尔西南）。

伯颜擅权

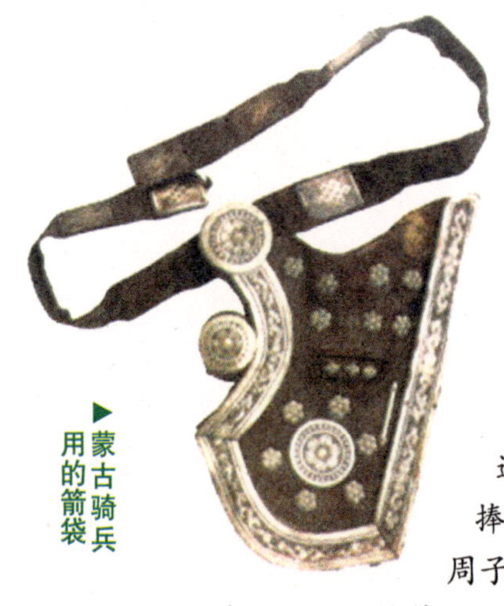
▶蒙古骑兵用的箭袋

伯颜是蒙古蔑儿乞人，本为武宗旧臣。燕铁木儿趁泰定帝去世发动兵变时，伯颜为河南行省平章，因拥立文宗之功，官至中书左丞相。顺帝即位后，进为中书右丞相。燕铁木儿子唐其势等极为不满，发动兵变失败，被伯颜处死。此后，伯颜“独秉国钧，专权自恣，变乱祖宗成宪，虐害天下，渐有奸谋”。其官衔总共达246字。他面临连年灾荒，广东朱光卿、河南捧胡、四川韩法师、福建李志甫、江西彭莹玉及周子旺等频繁起义的局面，采取了以排斥汉人、加强民族压迫为特征的统治政策。他禁止汉人、南人习蒙古、色目文字，以阻止他们入仕；又提出杀张、王、刘、李、赵五姓汉人，以镇压汉人造反；废除科举；排挤打击异己诸王；甚至谋废顺帝另立皇帝。其侄脱脱深感事态严重，在顺帝支持下，于至元六年（1340年）二月，趁伯颜打猎之机，传旨将其贬职，远徙广东，卒于途中。

▲蒙古骑兵押送战俘图

▲蒙古军攻击图

公元1340年　脱脱“更化”

至元六年（1340年），伯颜死后，顺帝起用脱脱为中书右丞相，脱脱大刀阔斧地废除伯颜旧政，重新恢复科举制；置宣文阁，开经筵，为皇帝遴选儒臣选讲；恢复太庙四时祭，强调封建礼仪；为被害被贬的诸王昭雪或复位，以调整蒙古统治集团内部关系；开马禁、减盐额，减轻对人民的剥削和控制。脱脱“更化”大有“励精图治之意”，朝政颇有起色，社会矛盾也一度相对缓和。

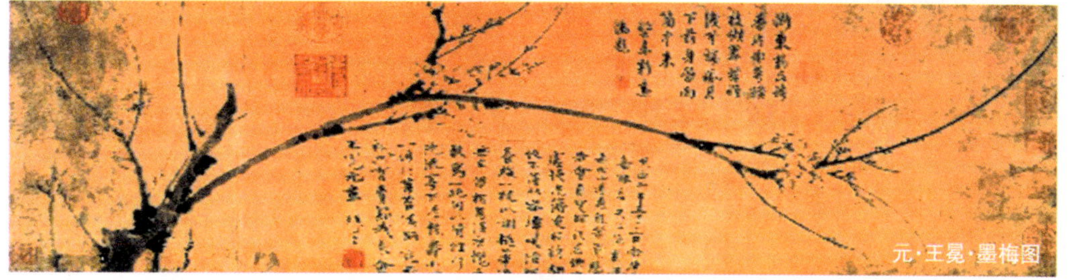
元·王冕·墨梅图

元末农民起义

元朝后期，政治日益腐败，土地兼并严重，地主阶级对农民的剥削越来越苛刻，阶级矛盾迅速激化，再加上黄河决口、山崩、大旱等天灾不断出现，反元起义一触即发。至正十一年(1351 年)，韩山童利用白莲教发动起义。他们以红旗为号，头包红巾，故名红巾军。又因其烧香拜弥勒佛，也称香军。韩山童不久战败牺牲，刘福通继续战斗，攻占了颍州。元廷命枢密同知赫厮、秃赤率领素称骁勇善战的阿速军及各路汉军，会同河南行省官军前去镇压。官军见红巾军势盛，不战而逃，红巾军乘胜进占亳州、项城、朱皋、罗山、真阳、确山等地。九月，攻占汝宁府和息州、光州，力量迅速发展到十几万人。至正十五年(1355 年)月，刘福通拥立韩山童的儿子韩林儿为小明王，国号“宋”，年号龙凤，建都亳州，势力遍及黄河流域及西北和东北。至正十六年(1356 年)，刘福通分三路北伐。次年，下东平、济南，并由山东乘胜北上进入河北，直逼大都。由于三路大军未能相互配合，力量分散，刘福通为蒙、汉地主武装所败，但元朝的主力已基本被摧垮。

公元 1350 年　“变钞”失败

元朝末年，官府贪污成风，卖官鬻爵，贿赂公行。卖官“高下有定价”，官吏敛括的花样无奇不有，“所属始参曰拜见钱，无事白要曰撒花钱，逢节曰追节钱，生辰曰生日钱，管事而索曰常例钱，送迎曰人情钱，勾追曰赍发钱，论诉曰公事钱，觅得钱多曰得手，除得州美曰好地分，补得近职曰好窠窟”，甚至连肃政廉访官吏也是“所至州县，

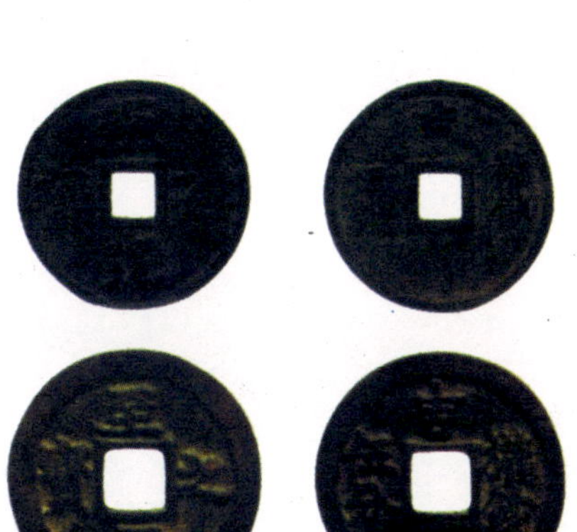
◀元·至正之宝权钞钱

各带库子检钞称银，殆同市道”。元顺帝时，一切腐败现象达到极点，蒙古贵族和喇嘛僧的跋扈、官吏的贪污、地主豪强的专横，与日俱增。元朝统治已经到了崩溃的前夜。至正十年(1350 年)，脱脱采纳左司都事武琪建议，决定印造“至正交钞”(实际上是用旧的中统交钞加盖“至正交钞”字样，故称“至正中统交钞”)，新钞一贯合铜钱一千文，或至元宝钞两贯，两种钞并行通用，使至正交钞比至元宝钞提高一倍。同时发行“至正通宝钱”，与历代旧币通行。至正十一年(1351 年)，新钞与通宝同时发行，“行之未久，物价腾踊，价逾十倍”，“京师料钞十锭(每锭 50 贯)，易斗粟不可得”，各地废弃钞币不用，“皆以物货相贸易”，“变钞”彻底失败。

公元 1351 年　贾鲁开河

至正四年(1344 年)五月，大雨 20 余日，黄河暴溢，北决白茅堤(今河南兰考东北)，又决金堤，沿河济宁、大名、东平诸路的部分州县水患严重，元廷迟迟拿不出治河方略。至正八年(1348 年)正月，河水又决，泛入运河，延袤济南、河间，运河有中断、盐场有冲坏的危险，政府财政收入将急递减少。河患加剧了社会动荡。河泛区的饥民和流民不断进行反抗，农民和少数民族起义遍布全国。同时也使得官贪吏污，纪纲废驰，赋役严重不均，民不聊生。至正十一年(1351 年)四月初四日，脱脱决定采纳都漕运使贾鲁“疏塞并举，挽河东行，使复故道”的治河方略，经顺帝批准，命贾鲁为工部尚书兼总治河防使，发汴梁、大名 13 路民 15 万人，庐州等地戍军 18 翼 2 万人供役。当月二十二日开工，十一月十一日完工，整个工程计 190 天。完成了疏、浚故河(今淮河)，堵塞故道下游上段各决口、豁口，修筑北岸堤防，堵塞白茅决口，使河水勒回故道。工程虽很顺利，也取得成功，但农民起义也在这时爆发了。

公元 1351 年　颍上首义

红巾军的早期倡导者是韩山童，他的祖父就是白莲教徒，曾因宣传白莲教而被统治者加以“烧香惑众”的罪名迁徙到河北永年县。韩山童继续传播白莲教，他在群众中有很高的威信，成为河南、江淮一带白莲教的首领。韩山童通过白莲教组织了广大群众，准备武装起义。至正十一年(1351 年)四月，元朝政府鉴于黄河历

▲上图为元至顺三年（公元 1332 年）制火铳，这是中国也是世界现存最早的有明确纪年的火铳。右图为复原图

▶刘福通雕像

年决口，大大影响了政府的财政收入，乃派工部尚书贾鲁强迫征发汴梁、大名等十三路农民十五万人，派重兵监督，开黄河故道二百八十里。被征来的这些民夫，在天灾人祸的折磨之下，本已饥寒交迫，到工地之后，既要承担繁重的劳动，又要受到官吏、军队的凌辱鞭打，少得可怜的工粮又被贪官层层克扣，因此怨恨日深。韩山童和他的信徒刘福通等便利用这个有利时机，在民夫中积极活动，宣传“弥勒佛降生、明王出世”，还散布童谣说：“莫道石人一只眼，挑动黄河天下反。”同时又暗地里做了一个眼的石人埋在即将开掘的河道上。民夫挖出了独眼石人，符应了早已流传的童谣，惊诧不已，辗转相告，顿时传遍了整个工地，民夫再也不愿干下去了。刘福通看到起义的时机已经成熟，遂聚众三千，在永年（河北邯郸东北）杀白马黑牛，誓告天地，众推韩山童为明王，同时派人四处通知，准备同时起义。不料事机泄露，韩山童被捕牺牲，其子韩林儿随母逃亡河北武安山中，刘福通返回颍上（安徽阜阳），继续斗争。刘福通返回颍上后，号召和组织当地人民，于 1351 年 3 月正式发动了武装起义，攻克颍州，随即攻下元朝朱皋镇（在河南固始县）的米仓，开官仓散米，赈济贫民。农民纷纷加入农民军，至九月即攻克了汝宁府及息州、光州等地，农民军人数增加到十万人，活动范围扩大到河南广大州县，影响所及至于江淮一带。因为农民军都头裹红巾，故被称为红巾军。

公元 1351 年　建立“天完”政权

北方红巾军起义后，南方各地也纷纷起兵响应，其中兵势最盛的是南方白莲教主彭莹玉及其教徒们领导的起义队伍。至正十一年（1351 年）夏，彭莹玉（人称彭和尚）率先起义于淮西。早在至元四年（1338 年）他发动袁州起义失败后，逃匿淮西民间，以白莲教号召和组织群众，徒弟多以“普”字为辈，其徒赵普胜、邹普胜、项普略等人多为起义军领袖。1351 年年八月，麻城（今属湖北）铁工邹普胜与罗田（今属湖北）布贩徐寿辉起兵于新州（今湖北新春南），也称红巾军。十月，克蕲

◀徐寿辉像

▶起义军徐寿辉铸『天定通宝』

水(今湖北浠水)为都,建立"天完"政权,徐寿辉称帝,邹普胜为太师。天完政权建立了完整的中央和地方行政机构,中央设中书省(又称莲台省),有六部,地方置行省。提出"摧富益贫"的战斗口号,分兵四出,夺取了今湖北、湖南、江西、安徽、四川等地城镇,兵锋远达今江苏、浙江、福建、广西等地。在江淮地区,彭莹玉的徒弟赵普胜(双刀赵)、李普胜(李扒头)、左君弼等乘胜出击。赵、李于至正十二年(1352 年)春克无为,入繁昌,据铜陵,进围安庆,下湖口、彭泽,号称百万;君弼占据庐州(今安徽合肥)。

公元 1354 年 "义兵"之兴起

红巾军起义爆发后,所在各地地主分子,往往组织武装力量,或结寨自保,或配合官军镇压起义军。颍州沈丘探马赤察罕帖木儿、信阳州罗山县典吏李思齐所组织之义兵,为最早的地主武装,因镇压红巾军有功,元廷授察罕帖木儿汝宁府达鲁花赤,李思齐知汝宁府。其后,各地义兵为数更多,至正十四年(1354 年)二月,命河南、淮南两省并立义兵万户府。五月,设置南阳、郑州等处毛葫芦义兵万户府,募土人为军,免其差役,镇压当地农民起义军。所谓"毛葫芦"者,农闲以兽皮为矢囊,状如匏,号"毛葫芦军"。至正十五年(1355 年)四月,置汴梁等处义兵万户府。十二月,置忠义、忠勤万户府于宿州(今安徽宿州)及武安州(今江苏徐州)。义兵兴起后,在镇压农民起义军过程中作用越来越大,察罕帖木儿、李思齐、张良弼等义兵出身的头目,逐渐代替元朝官军,成为红巾军最凶恶的敌人。

▲河北省张北县元中都遗址,建于 1307 年,40 多年后毁于红巾军,与元大都、上都、和林并称元代四都,遗址城墙基本完整。

公元 1355 年 脱脱死

脱脱,文宗朝大臣马扎尔台子,幼年由伯父伯颜抚养。顺帝元统年间,官至同知枢密院事。当时,伯颜擅权,他惧为其所累,遂于顺帝至元六年(1340 年)发动政变,驱逐专权横暴的伯颜。次年(1341 年)任丞相,废除伯颜旧政,昭雪诸王冤狱,恢复科举，主修宋、辽、金史，一时被誉为”贤相“。至正四年(1344年)，因病辞位。至正九年(1349年)，复相，更改钞法，印行至正交钞。用贾鲁治黄河，成功后赐号“答剌罕”。至正十二年(1352年)率兵击败徐州芝麻李红巾军。至正十四年(1254年)，统兵围攻高邮张士诚时，为朝中政敌所弹劾，罢官流放云南。至正十五年(1355年)，被中书平章政事哈麻毒死。

公元1355年　小明王之立

至正十五年(1355年)二月，刘福通等自砀山夹河迎韩林儿至亳州(今安徽亳县)，立为皇帝，又号“小明王”，以应“明王出世”之验，建都亳州，国号宋，改元龙凤。以其母杨氏为皇太后，杜遵道、盛文郁为丞相，罗文素、刘福通为平章，福通弟刘六为知枢密院事，杜遵道等各遣子入为侍卫。没多久，杜遵道得宠专权，刘福通命其心腹杀之，于是刘福通升为丞相，后又封为太保。宋政权建立后，其体制基本上仿元制，中央有中书省，下设六部，另有枢密院、御史台；地方则设行中书省。四月，小明王传檄，封濠州起义军首领郭子兴之子为都元帅、张天祐为右副元帅、朱元璋为左副元帅。次年，置江南行中书省，以朱元璋为平章，又置益都行省，以毛贵为平章；置淮安行省，以赵君用为平章；置曹州行省，以武某为宰相；置辽阳行省，以破头潘、关先生等为平章。红巾军在“大宋”旗帜下，把农民起义推向一个新阶段。

◀郭子兴像

公元1357年　三路北伐

农民政权建立后，红巾军向元朝统治区发动了猛烈进攻，先后攻占潼关，占领河南许多州县，又攻入山东，占领胶、莱、莒、益都等城。至正十七年(1357年)，红巾军分兵三路，大举北伐：中路由关先生、破头潘等率领，攻向山西、河北，经大同，直趋塞北。至正十八年(1358年)12月，这支红巾军攻占元的上都，烧毁了“富夸塞北”的蒙古宫阙，随后又攻

▲元·双凤麒麟石雕

入辽东各地，破东北重镇辽阳等城，然后继续东进。东路由毛贵率领，先后攻占河南东北部及山东大部分地区，1358年攻下济南，然后进兵蓟州（河北蓟县），他们的大旗上写着“虎贲三千，直抵幽燕之地；龙飞九五，重开大宋之天”，一直攻到离大都不到百里的柳林（通县境内），使元顺帝惊惶失措，准备逃跑。西路由白不信、大刀敖、李喜喜率领，直趋关中，攻下兴元（陕西汉中）、凤翔（陕西凤翔），并转战宁夏、四川等地。另外，与北伐军胜利进军的同时，刘福通还率军攻下了汴梁（开封），定为国都。红巾军的北伐，所向无敌，攻下许多州县，活动范围几乎遍及整个北中国。在农民军面前，元朝军队不战而溃，封建官吏也四散奔逃，正如当时的童谣所说的：“满城都是火，府官四散躲，城里无一人，红军府上坐。”腐朽的元朝政权在农民军的严重打击下，摇摇欲坠。

▲元·龙泉窑梅子青瓶

公元1363年　红巾军失败

红巾军虽然取得了很大的胜利，但它毕竟还是单纯的农民战争，也就不可避免的存在一些弱点：刘福通与徐寿辉南北两支红巾军始终是各自为战，没有很好的配合。北方红巾军各路将领也往往不听统一指挥，结果是“兵虽盛，威令不行，数攻下城邑，元兵亦数从其后复之，不能守 。”更严重的是，在激烈的阶级斗争面前，农民军内部有时还自相攻杀，这就削弱了自身的力量，如毛贵在山东为同部的赵君用所杀，不久毛贵部下续继祖又杀赵君用，内部互杀，便为元军所利用。另外，三路大军北伐，也分散了兵力，各路红巾军孤军深入，得地不守，结果被敌人各个击破。1359年3月，战争形势发生逆转，红巾军首都汴梁为元朝地主武装察罕帖木儿（维吾尔人）攻破，刘福通和韩林儿退守安丰（安徽寿县）。1362年，山东又全部为察罕帖木儿占领。1363年，割据平江（苏州）的张士诚派兵攻破北系红巾军的最后一个据点——安丰，刘福通英勇牺牲，韩林儿由朱元璋援救逃至滁州（安徽滁州），刘福通领导的北系红巾军失败。以刘福通为首的北系红巾军起义最早，力量最大，前后斗争达十二年之久，给元朝统治者以极其沉重的打击，从而动摇了元朝的统治，加速了元朝的灭亡。

▲该印系元末起义军领袖韩林儿政权的官印“管印万户府印”，水红铜质，印面8厘米见方，背刻“龙凤五年六月日”、“中书礼部造”，侧刻“后字四十五号”。

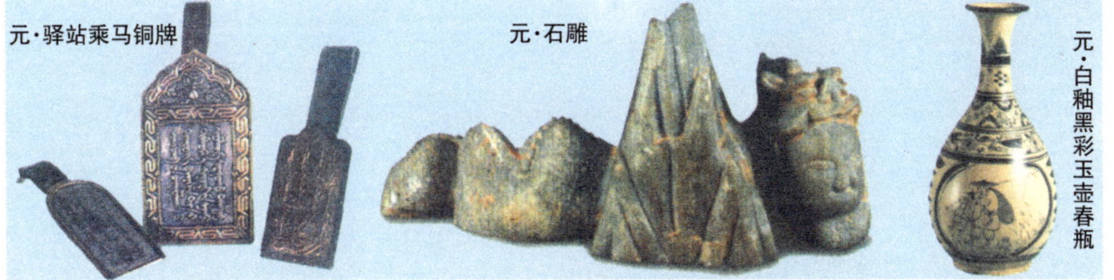
元·驿站乘马铜牌　元·石雕　元·白釉黑彩玉壶春瓶

朱元璋灭元

自从蒙古人入主中原以后，全国各地的抗元斗争，始终未曾止息过。刘福通起事后，各地群雄纷纷响应，起初大多奉韩林儿为主，后来逐渐发展为割据势力。在元末起事的群雄中，最值得注意者是平民出身的朱元璋。佃农出身的朱元璋先投奔濠州的郭子兴起义队伍，至正十六年(1356 年)他率部攻占集庆(今江苏南京)，建立了立足的基地，后接替郭子兴成为该部的领袖。由于他采用了朱升提出的“高筑墙，广积粮，缓称王”的建议，避免遭受元朝统治者的打击，迅速发展自己的军事和经济实力，很快控制了长江中下游的广大地区。至正二十七年(1367 年)，朱元璋发布讨元文告，提出“驱逐胡虏，恢复中华，立纲陈纪，救济斯民”，具有很强的号召力。他派徐达、常遇春率军 25 万北伐，至正二十八年(1268 年)攻克大都，元顺帝北逃，仍沿用元朝国号，史称北元。

公元 1352 年　朱元璋投军

至正十二年(1352 年)，当红巾军在淮水南北蓬勃发展起来的时候，朱元璋于当年三月参加了濠州郭子兴领导的一支红巾军。二十五岁的朱元璋，当了郭子兴部下的亲兵“九夫长”。由于他勇敢善战，得到了郭子兴的赏识，将养女马氏许配于他。从此，朱元璋步步高升，成为郭子兴部下的重要将领。至正十三年（公元 1353 年)，朱元璋回家乡招兵，得七百人，少年时的伙伴徐达、汤和、周德兴等都来参加。朱元璋看到濠州城内红巾军将领内部互不团结，附近的元军力量又比较大，他便率领徐达、汤和等二十四人南下定远，“唱农夫以入伍”，扩大军队。在定远还招降了驴牌寨壮丁三千人，又夜袭元军于横涧

▲朱元璋像

山，大破元军，得精兵两万人。朱元璋将这些军队加以整编、训练，从此有了一支独立的武装。

▲朱元璋雕像

朱元璋

朱元璋是安徽濠州钟离（凤阳）人，出身于贫苦的佃农家庭。至正四年（1344年）安徽一带遇到大旱和蝗灾，随后又瘟疫流行，这年四月，朱元璋的父母及长兄都先后疫死。十七岁的朱元璋贫苦无依，只好入附近的皇觉寺当小和尚，但“居无两月，寺主封仓”，又被迫为游方僧，到处化缘乞食，走遍了今皖北、豫东、豫南各地，直到1348年才重新回到皇觉寺。朱元璋的童年及游方僧的流浪生活，使他扩大了眼界，丰富了社会经验，也接触了白莲教，这就孕育了他反剥削、反压迫的阶级感情和民族意识，对他以后参加农民起义有直接的影响。

公元1356年　建立应天政权

至正十五年（1355年）三月，郭子兴死，郭军归朱元璋领导，小明王封他为“左副元帅”。朱元璋队伍的一切文告都用龙凤年号，表明自己属于红巾军正统，但实际上并不听小明王派遣。是年夏，“结寨巢湖”的俞（廷玉、通海、通源、通渊父子）、廖（永安、永忠兄弟）、赵（仲中 、仲庸兄弟）三家豪族地主率水师万余人，投归朱元璋。1356年朱元璋率军渡江攻下集庆（今南京），元守将康茂才投降。朱元璋将集庆改为应天府，并自称吴国公。朱元璋在这一时期不仅扩大了自己的地盘，同时还进行了恢复发展生产和巩固根据地的工作。1358年，置都水营田司，任康茂才为都水营田使，专门负责督修水利，经营农田。又宣布废除元朝的暴政、苛法，减轻商税，禁止官吏虐民等，对新占领地区还“发粟赈贫民”。又令将士屯田，且耕且战，“及时开垦，以收地利”，既解决了军粮问题，也安定了人民生活。攻占应天后，朱元璋更是广泛搜罗地主士大夫分子，在应天设“礼贤馆”，广招所谓“贤人君子”。浙东的地主阶级代表人物朱升、刘基、宋濂、叶琛、章溢等，更是蝇聚麇集，纷纷“来归”，成为替朱元璋出谋划策的主要人物。

◀宋濂像

朱升

朱升，字允升，安徽休宁人，徙居歙县。从黄楚黄游学，讲学郡城紫阳洞，以乡贡进士第二名，授池州路儒学正，学者称枫林先生。元末兵起，隐居乡里。1358 年，邓愈向朱元璋推荐朱升，朱元璋立即将他召至应天，询问当前形势和应采取的战略措施，朱升从军事、经济、政治三方面向朱元璋建议，指出必须“高筑墙、广积粮、缓称王”，才能取胜。朱元璋采纳他的建议，愈加重视应天根据地的建设，加强军队训练，屯田积谷，不急于称王。

◀朱升墓

公元 1360 年　陈友谅建大汉

▲陈友谅雕像

陈友谅年轻时曾为县吏，元末农民战争爆发后，参加徐寿辉、邹普胜、倪文俊等人领导的天完红巾军，初为簿书掾，后以功升元帅。元至正十七年(1357 年)九月，倪文俊谋害徐寿辉未成，逃奔黄州，陈友谅乘机袭杀倪文俊，并其部众，自称宣慰使，随后改称平章，掌握天完实权。此后两年继续进行反元战争，攻取安庆、池州、龙兴(今江西南昌)、瑞州(今江西高安)、邵武、吉安、抚州、赣州、信州(今江西上饶)、襄阳等地。陈友谅在反元战争中竭力争取汉族地主阶级合作，收罗了不少地主阶级知识分子，知名的有元兵部尚书黄昭和进士解观等人。同时，他在天完内部制造分裂，篡权夺位。至正十九年(1359 年)九月，陈友谅杀害了在反元战争中功劳卓著的天完将领赵普胜。同年十二月，杀徐寿辉左右侍臣，挟持徐寿辉，自称汉王。次年(1360 年)闰五月，杀徐寿辉于采石，自立为帝。建国号大汉，改元大义，以恢复汉族王朝的统治为号召。仍以邹普胜为太师，张必先为丞相，张定边为太尉。

▶陈友谅铸大义通宝

公元 1363 年　灭陈友谅

陈友谅杀徐寿辉后，据长江上游，占地广阔，兵马强壮，欲望很高，有吞并朱元璋的野心。1360 年，陈友谅率军东下，攻陷兵太平（今安徽当涂），约张士诚夹攻应天，形势危急。朱元璋集中兵力，以逸待劳，在应天城外江东桥计破陈军，陈友谅丧师数万人，逃回武昌。朱元璋乘胜反攻，攻克饶州、安庆、洪都等地。1363 年，陈友谅利用朱元璋救援安丰小明王的机会，率兵六十万东下，包围洪都。朱元璋回兵援救，两军激战于鄱阳湖，陈友谅中流矢死，全军溃败。1364 年春，朱元璋乘胜攻武昌，陈友谅子陈理投降。至此，长江中游的湖北、湖南、江西地区，全部处在朱元璋统辖之下。这年正月，朱元璋称吴王，建中书省，用李善长为右相国、徐达为左相国。

▶陈友谅墓

▶陈友谅故居

公元 1367 年　削平张士诚

▶张士诚纪功碑

朱元璋灭陈友谅后，把兵锋转向张士诚，1365 年，派兵攻占江北的淮安、高邮等地。龙凤十二年（1366 年）朱元璋发布《平周榜》，向张士诚发动大规模进攻。榜中公开诬蔑红巾军妖言惑众，说他“灼见妖言不能成事，又度胡运难与成功，遂引兵渡江”。对红巾军的革命行动，他大骂为“焚荡城郭，杀戮士夫，荼毒生灵，无端万状”。对地主阶级则公开保护，榜文中说“旧有田产屋舍，依前为主”。1367 年 9 月，朱元璋攻破平江，俘张士诚，占领了长江下游的广大地区。不久，浙东的方国珍也向朱元璋投降。至此，今湖北、湖南、河南东南部及江西、安徽、江苏、浙江等长江中下游广大地区，全为朱

元璋占领。这里是中国最富庶的地区，也是人口密度最高的地区。朱元璋凭借这些有利条件，逐步地完成统一中国的事业。

张士诚

◀张士诚雕像

张士诚小名九四，出身盐贩。至正十三年(1353年)，与其弟士义、士德、士信及李伯升等率盐丁起兵反元，攻占泰州、兴化、高邮等地。次年正月，在高邮称诚王，建国号大周，改元天祐。高邮曾一度被元大军包围，后因主帅丞相脱脱临阵遭贬，元军自乱，他乘势出击获胜。至正十五年(1355年)，由通州(今江苏南通)渡江南攻。次年初，攻占常熟、平江(今江苏苏州)、松江、常州等地，并定都平江。随后，与朱元璋军交兵。至正十七年(1357年)，败于朱元璋军，他投降元朝，被封为太尉。此后成为割据浙西一大势力，曾多次运粮接济大都。至正二十三年(1363年)，派兵进攻安丰(今安徽寿县)，逼走刘福通和韩林儿，自称吴王。

公元1367年　朱元璋北伐

1367年冬，朱元璋决定北伐。在宋濂等人起草的北伐檄文中，明确提出了“驱逐胡虏，恢复中华”、“立纲陈纪，救济斯民”的口号和“号令严肃，秋毫无犯”的保证，放弃了农民阶级斗争的内容，以民族斗争相号召。同时提出蒙古色目“有能知礼义愿为臣民者，与中夏之人抚养无异”这个口号，既适应了广大汉族人民推翻蒙古统治者的要求，也争取到北方的汉族地主阶级的支持，同时给蒙古人、色目人也指明了出路，这就大大有利于朱元璋的北伐。朱元璋任命徐达为征虏大将军，常遇春为副将军，率精兵二十万，由淮入河，北伐中原。北伐军先后在山东、汴梁、潼关等地打败扩廓帖木儿、李思齐、张良弼的军队。1368年7月，徐达会诸将于临清，长驱北上，攻克德州、通州，迫近大都。元顺帝见大势已去，七月二十八日带后妃、太子深夜出走，逃奔上都。八月二日，北伐军入大都，蒙汉地主联合统治八十九年的元朝灭亡。

▶元·卢沟筏运图

元·毗卢遮那佛像

元·"杨茂造"剔红花卉盘

元·石雕

元·银镜架

元朝的政治经济制度

元朝的政治经济制度多沿袭宋、金旧制，中央机构主要由中书省、枢密院和御史台组成。地方则设路、府、州、县，长官均称"达鲁花赤"，由蒙古人、色目人担任，直接对全国实行统治。元代地主土地私有制仍是土地制度的基本形式，也主要实行租佃剥削方式。国家赋税主要是税粮和科差，但北方与南方差异较大。北方税粮分地税、丁税，按不同户分别征收，科差分为丝料、包银、俸钞三项；南方税粮基本沿袭宋制，按资产征收夏、秋两税，科差主要是户钞。元代的徭役主要为杂泛差役。杂泛指力役，被征发去筑城、修路、筑河等，差役是按户等征发的职役，有里正、主首、坊正、仓官、库子等名目。

公元1263年　废除"忽里台"

1263年三月，在郝经、廉希宪、商挺等士大夫的策划下，元世祖(忽必烈)废除了"忽里台"大汗推举制度，确立了一整套封建中央集权的统治制度。中央设中书省，统领全国行政；枢密院管理军事；御史台负责监察；又设宣政院负责宗教；通政院掌驿站；另外尚有翰林院、太常礼仪院、太医院、将作院等等机构。中书省设中书令；枢密院设右、左丞相，平章政事，右、左丞，参知政事，枢密使、枢密副使等官；御史台设御史大夫等职。元世祖还废除了蒙古贵族初入中原时期形成的地方官世袭制度，地方官吏一律改由中央政府派遣，加强了中央的行政权力。

▲元·龙泉窑荷叶盖罐

公元 1283 年　设立行省

早在成吉思汗南下侵金时起，蒙古即采用金朝的行省官职，授于降附蒙古的中原汉族地主。忽必烈即位后，曾于各地设行省机构，作为中央临时派出机构。至元二十年（1283 年）左右，演变成地方最高行政机构。当时除今山西、河北、山东及内蒙的一部分称“腹里”，直属中央的中书省；西藏地区称“吐蕃”，直属中央宣政院外，全国共划分为岭北、辽阳、河南、陕西、四川、甘肃、云南、江浙、江西、湖广等十个行省。行省设丞相一人，凡地方军政大事，无所不总。行省之下为路，路下为府，府下为州县。路、府、州、县皆设达鲁花赤官，掌管辖区的行政。岭北、辽阳、甘肃、云南四省的设立，密切了边远民族和中原人民间的政治、经济、文化的联系，加强了祖国的统一。彭湖在南宋时已隶属福建晋江县，成为中国行政区划的一部分。元朝政府又在彭湖设巡检司，管辖台湾等岛屿，隶属于泉州路的同安县，使台湾成为祖国领土不可分割的一部分。

▲吐蕃“帝师”八思巴会见元朝使者

公元 1313 年　恢复科举制

由于元朝统治者尚武重实用，不太重视科举，甚至鄙薄科举，科举制度的实行也因此时断时续，科举地位始终不高，只是元朝选官取士多种途径中的一种。自元太宗九年（1237 年）尝试举行了一次考试后，直到元仁宗皇庆二年（1313 年）才下诏制定科试条例，并于次年开科取士。可是到元顺帝至元元年（1335 年），因中书平章彻里帖木儿坚决反对而再度停废。又隔了七年，到元

▲元·钱选·扶醉图

▶色目人俑

顺帝至正元年(1341年),才又恢复科举。此后一直持续到元朝灭亡。元朝科举沿袭宋制,实行乡试、会试、殿试之制,三年举行一次。但处处体现出种族歧视的特点。元朝统治者规定,蒙古人和色目人如果参加汉人和南人的考试而且选中者,可以加一等授予官职。殿试选拔分为右榜和左榜,右榜状元为尊,在蒙古人或色目人中选取,汉人或南人只能列为左榜状元。在元代,程朱理学取得了科举考试的正统地位。规定考生答题时,经义在《大学》、《中庸》、《论语》、《孟子》四书中选题,而答案以朱熹的《四书集注》为准。因而,科举考试为主要考察举子的经学水平,并使程朱理学在中国文化史上占据统治地位。

整顿军队

▶元·佛像镜

军队是国家的主要组成部分,元世祖对军队也作了整顿。成吉思汗以来的蒙古军,带有浓厚的部族兵性质,蒙古各部的成年男子都要服兵役,领兵的万户、千户都是各部世袭的大小军政首领。这种兵制很容易带来"尾大不掉"的弊病,不利于中央集权。元世祖将全国军队加以整顿和扩充,分为宿卫军和驻防各地的镇戍军两大类。宿卫军中成吉思汗时遗留下来的"怯薛"军,由于"养尊处优",已经失去战斗力,元世祖虽将其保留下来,但却另外建立了五卫亲军,用来拱卫京城。又签发各族人民,先后成立了二十五卫亲军,驻守近畿及腹里各地。在全国统一以后,他把蒙古军、探马赤军(由其他部族人组成)、汉军(签发北方汉人组成)、新附军(新归附的南宋军)组成了一个全国性的镇戍网:蒙古军和探马赤军驻守沂州、濮州、洛阳、凤翔、成都、辽阳等处;汉军和新附军则分屯各地,并把防守重点放在人民反抗最激烈的江南地区。他对军职世袭制虽然予以保留,但却确立了军民分治制度,使军职不预民事。更重要的是把全国一切军队的调遣、军队的人数、军职的升迁,统一由枢密院掌握,对皇帝负责。军权的统一,加强了中央集权的力量。

▲蒙古骑兵"百道并进"的战法使欧洲人误以为蒙古大军数以百万计。

四等级制

▲元·仪凤图

在民族关系方面，元朝统治者也和历代封建统治者一样，用民族隔阂制造民族矛盾，来维护自己的统治。他们把全国人民分为蒙古人、色目人（包括我国西北地区各民族和从中亚、东欧来到中国的人）、汉人（指原来金统治之下的汉族和女真、契丹、渤海、高丽等族）、南人（指原南宋统治区的汉族和其他民族）四等，对于他们在法律对待上、政治地位上、经济负担上，都作了不同的规定。如任命官吏，“其长则蒙古人为之，而汉人南人贰焉”；蒙古色目犯盗者免刺，汉人南人犯盗则必刺；蒙古、色目因争执或因醉杀汉人南人者，仅出一头驴子的罚金，而汉人、南人杀蒙古、色目人，则必处以死刑。蒙古统治阶级中的一些顽固保守分子，直到元末也还抱有根深蒂固的民族歧视心理，如元顺帝时宰相伯颜就曾要求过杀尽汉人张、王、刘、李、赵五大姓。尽管如此，但列入三、四等的汉人中的地主阶级文武官吏，却一直受到蒙古统治者的重用。而列于一、二等的蒙古人、色目人，他们中间的广大下层人民，却同样受到压迫和剥削。元世祖时，就已经出现了蒙古人沦为奴隶并且被贩运到海外的现象。所以，民族统治实质上依然是阶级的统治，四等级制不过是各族统治者对统治权利的划分罢了，任何民族都是由剥削阶级和被剥削阶级两部分人组成的。

▶元·练丝图

▶元军头盔

元朝的土地制度

元朝的土地制度主要有四种形式。一是国有土地制。元朝统治者除大肆圈占土地外，还把大量官田实行屯田制，并保存有职田、学田、草田等；二是领主土地所有制。元政府赏赐给贵族、官僚和功臣的份地，实则是领地，对份地享有世袭权、征税权和治民权，实行奴隶制或农奴制的经营方式。领地内的劳动者，是领主的私有奴婢，不在国家编户之内。但领户有一定的独立经济，为领主服劳役，向领主交纳赋税；三是封建地主土地所有制，既有新形势的蒙古族地主，又有经济势力依然存在的汉族地主；四是自耕农土地私有制。元政府规定土地买卖不得私下成交，必须书写合同文契，详载用钱原因、田土四至、田价数目，不仅买卖双方画字，而且连其尊长卑幼亲邻亦须画字。成交后赴官府请验契文证人，盖上官府大印，请印花税契，到税务机关推收税粮，避免逃税漏税。这些手续使土地交易法律化、完整化，是封建地主阶级土地私有制的进步，减少了土地权属纠纷和争议。由于元末时期自然灾害频繁，饥荒更为严重，农民死亡流离甚多，至明初，土地大部荒芜。

▲元代八思巴文官印

元朝的赋役制度

元朝统治者建立了一套封建赋役制度来剥削、压榨各族劳动人民。元朝赋役制度非常复杂和混乱，各地征收办法不一，同一地区不同时间征收办法也不一致。大体说来，在蒙古地区按牲畜之数抽百分之一为税。在中原地区则以户为单位，按人丁收丁税，每丁三石；又按地亩收地税，每亩三升，均输粟，二者统称为税粮。另外还有“包银”、“俸钞”等的征收。包银每户征银四两，在“包银”之外又加征银一两，作为官俸，交纳时可以钞代银，故称“俸钞”，二者统称为“科差”。可以看出，“科差”实际上是额外的户税剥削。江南地区则沿用宋两税之制，“税随地出”，夏秋两征，秋税征粮，夏税征木棉、布、绢、丝绵等物，每亩征收多少，无明文记载。两税之外，江南还有“包银”、“户钞”等的征收，也称为“科差”。

▲元人秋猎图（局部）

公元 1350 年　更改钞法

▲元·夜巡铜牌

元朝是我国第一个以纸币为唯一流通货币的封建王朝。蒙古建国之初，就曾发行纸币。到元世祖时，开始推行钞法，发行统一的货币。中统元年（1260 年）七月，印造交钞，以丝为本位；同年十月，又印制以银为本位的“中统元宝钞”，简称中统钞。中统钞每二贯可兑换白银一两。这种货币不受区域和时间的限制，可用来纳租税。这样，中统钞就作为统一的货币畅通全国。灭宋后，又废止了南宋流通的铜钱。随着政治的统一，也完成了货币的统一。至元二十四年（1287 年），为了整顿财政金融，又发行了一种至元钞，从五文到二贯共十一种面额，与中统钞并行。以后在武宗至大、顺帝至正年间都曾一度变更钞法，并铸造过一些铜钱，但都行之不久。终元之世，只有中统、至元二钞作为主要纸币，并行流通。顺帝时财政竭蹶，至正十年（1350 年）十月，吏部尚书楔哲笃建议更改钞法，铸造铜钱。顺帝和脱脱采纳此议，十一月间下诏行使新钱钞法，印造新的中统交钞。顺帝新印至正交钞，采楔哲笃的建议，以楮币为母，铜钱为子。这种颠倒本末的提议，目的在于放手印造交钞，以虚代实。朝臣吕思诚等提出驳议，说民间将“藏其实（铜钱）而弃其虚（钞币）”，顺帝、脱脱不理。至正十五年（1355 年），印造至正交钞多至六百万锭。交钞大量印行，无钞本抵换，造成物价增长十倍。京师用料钞十锭，不能换一斗粟。交钞散满人间，人民不愿使用，视如废纸。郡县贸易，以至以物易物。钞法败坏，元朝的财政经济，也随之崩溃。

▲中统元宝交钞壹贯文省

▲中统钞版

宗教、哲学与史学

蒙元统治者对各种宗教采取了兼收并蓄政策，对宗教职业者也采取免除差役的优待政策，因此，元代佛、道、伊斯兰、基督、犹太等教都有所发展。理学在元朝也得到了传播，许衡、刘因、吴澄被称为元代三大理学家。《辽史》、《宋史》和《金史》，是廿四史中仅有的、由多民族史家共同编修的史籍。马端临的《文献通考》是一部着重叙述历代典章制度沿革的分类通史。司马光《资治通鉴》成书后，其门人刘安世曾为之作注，但此注已佚，元代胡三省重为注释。《通鉴》内容繁富，需要训释之处较多，《通鉴注》是后人读《通鉴》必不可少的一部参考书。

基督教

蒙古各族在第十三世纪由成吉思汗统一起来，结集成一股极为强大的军事势力，并迅速席卷欧、亚，向西直捣至俄罗斯及波兰、匈牙利，向东则接连消灭西夏、金及南宋，建立了一个历史上空前的大帝国。虽然蒙古人有他们原始的宗教信仰，但宗教排他性不强；加上帝国幅员广大，统辖的民族又多，必须推行宗教宽容政策，是以不同的宗教都得以在帝国的范围内传播。元朝的也里可温教，包括了聂斯脱略派的景教及罗马天主教。天主教真正成功地来华传教是在至元二十六年（1289 年），教皇尼古拉四世派遣方济各修士孟高维诺以教廷使节身份来中国，在 1294 年抵达大都，获准在中国居留及传教。1307 年，教皇革利免五世封孟氏为汗八里（北京）总主教，掌管契丹（中国北部）及蛮子（中国南部）的教务又派更多修士以协助他。孟高维诺在华传教三十四年，至 1328 年去世。其时在华的天主教徒人数估

▲孟高维诺画像

计已逾一万人以上，除大都外，主要集中在泉州。元代朝廷设崇福司，专管该教事务，大都、松州、西安、甘肃、宁夏、镇江、泉州等地都建有教堂。教徒多为蒙古族人或侨居中国的西亚人。随着元朝的覆灭，它也就衰亡了。

藏传佛教

▲莫高窟第3窟北壁元代壁画千手千眼观音

公元10世纪初，藏区步入封建社会，原割据一方的吐蕃权臣，成了各地的封建势力，他们积极开展兴佛活动，佛教得以在西藏复兴。不过这时兴起的佛教无论在形式或内容上，与吐蕃佛教都有很大不同，它在与本教进行的300多年斗争中，又互相吸收、互相接近、互相融合，并随着封建因素的增长，完成其西藏化过程，形成既有深奥佛教哲学思想，又有独特西藏地方色彩的地方性佛教。元朝时藏传佛教为国教，元世祖忽必烈带头崇佛，他于“万机之暇，自持数珠，课诵、施食”。1261年建大乾元寺、龙光华严寺。1285年，“发诸卫军六千八百人，给护国寺修道”。他对佛事也很热心，1285年，于西京普思寺集全国僧侣4万人举行资戒会7日，并令帝师于各大寺庙做佛事19会。1287年，命西藏僧侣在宫廷以及万寿山、五台山等地举行佛事33会。忽必烈曾自述：“自有天下，寺院田产，二税尽蠲免之，并令缁侣安心办道。”这在宋、辽是没有的。此后诸帝对待佛教，大部依世祖的范例办理。据至元二十八年（1291年）宣政院统计，当时境内有寺四万二千余所，僧尼二十一万三千余人；加上伪滥之众，至元代中叶，僧尼总数约在百万左右。

公元1271年　始建白塔

元至元八年（1271年），忽必烈敕令在辽塔遗址的基础上重新建造一座喇嘛塔。于是在当时入仕元朝的尼泊尔匠师阿尼哥主持下，经过八年的设计和施工，到至元十六年（1279年）终于建成了白塔，并随即迎请佛舍利入藏塔中。白塔是一座砖砌的覆钵式（喇嘛）塔，塔总高50.9米。塔基是一座两层“亚”字型须弥座，塔

▶现位于北京市西城区的妙应寺白塔，建于元朝至元八年（1271 年）。

身是一个上大下小的瓶形覆钵，体下有一圈粗大的莲瓣。塔顶有一个十三层相轮，装饰着华美的流苏和鎏金小铜塔。白塔通体洁白，造型挺拔庄严，结构匀称，线条优美，工艺精细。同一年，忽必烈又下令以塔为中心兴建一座面积达 16 万平方米的大寺院，名“大圣寿万安寺”。作为当时营建元大都城的一项重要工程，寺院在至元二十五年（1288 年）落成，因位于大都城西，所以又称作“西苑”。从此开始，这里便成为元朝的皇家寺院，也是百官习仪和译印蒙文、维吾尔文佛经之处。

道教

金末元初时，北方的道教主要是太一、大道（蒙哥时改名真大）、全真等教。全真教掌教长春真人丘处机应成吉思汗之召赴西域，该教地位在太一、真大上。但蒙哥在位时两次佛道辩论道教失败，地位下降。忽必烈灭南宋后，命世居龙虎山的正一第三十六代天师张宗演主领江南道教，统“三山符箓”（即茅山上清箓、阁皂山灵宝箓、龙虎山正一箓），江南道教符箓各派正式归并于正一道门之下。道教势力在世祖至元年间（1264~1294 年）再次受到打击。至元十八年（1281 年），元廷命释门诸僧、翰林院文臣与正一天师张宗演、全真掌教祁志诚、真大掌教李德和等会集长春宫，考证道藏诸经真伪，结果除《道德经》外，其余道家经典均被判为伪经，忽必烈下令焚毁伪经。到成宗即位后，才撤销的禁令。元廷对北方全真、真大、太一等教掌教由本宗推定，皇帝批准赐印；对南方正一天师，授真人之号，嗣位亦需经元廷认可。政府设专门机构管理道教，中央由集贤院兼管，地方则郡置道官，道官有道录、道正、道判、提点等职。

▲丘处机道行便装像

伊斯兰教

蒙元时期是大批回回人到中原的聚合时期。蒙古西征后，对中亚、西亚开始接触并有所了解，遂将畏兀儿以西信奉伊斯兰教的国家和地区以及穆斯林，泛称为“撒儿塔兀勒”，汉语译为“回回”。元代的回回人，主要来自阿拉伯、波斯和信奉伊斯兰教的突厥各族。唐宋时期在华的回族先民也是回回人的一部分。回回人多为军士、工匠和商人，也有达官贵族，“元时回回遍天下”，全国大部分地区出现了回回人聚居区。回回人虽远道东来，对伊斯兰教依然笃信不移。“虽适殊域，传子孙，累世犹不敢易焉。”许多回回人聚居之地广建礼拜寺，当时仅泉州一地即有六七座之多。北至和林，南至云南，西北至偏僻的亦集乃路(今内蒙古额济纳旗东)，均有礼拜寺建筑。伊斯兰教士称答失蛮。回回人聚居区有政府专门设置的回回哈的司，由哈的大师(意为法官)领之，掌管宗教及回回人诉讼事务。伊斯兰教是维系回回人的纽带，使回族共同体在元代进入形成阶段。许多与回回人通婚的汉、蒙古、畏兀儿人也有改宗伊斯兰教的。安西王阿难答(忽必烈之孙)从小由突厥族穆斯林抚养长大，笃信伊斯兰教，使其所辖15万蒙古军人皈依伊斯兰教，后来逐渐融合进回族、东乡族和保安族中去。

▲松江清真寺又称真教寺，是上海地区最古老的伊斯兰寺院，也是国内保存较古的一所伊斯兰教建筑。始建于元至正年间(1364~1367年)该寺是一座融合中国宫殿式古典风格和阿拉伯建筑风格的伊斯兰教寺院。

▶胡三省故里石坊

胡三省注《资治通鉴》

胡三省，字身之，天台(今属浙江)人。在他五十岁那年，宋亡于元，从此他坚决不仕，隐居山中。他怀着对南宋政治腐败和民族败类极其痛恨的心情，怀着对异族残酷统治的强烈不满，以数十年的精力，完成了对我国著

▲胡三省画像

名的编年史——《资治通鉴》的注释，注文字数几乎与原文相等。在注文中，每遇一难字，就注出音义；对名物制度、草木虫鱼、地理沿革，解释都很精详；对正文不完备之处进行补充；遇有谬误则加以纠正。胡三省还特别注意史事的前后连接，牵涉到以前的，就注明“此事见前某卷某年”，牵涉到以后的，则注明“为某事张本”，这给读者带来极大的便利。胡三省还对《考异》上的问题作了辨正和补充，所引史料皆注明出处，又把《考异》和自己的注都散入《资治通鉴》正文之下，便于阅读。由于正史无传，胡三省的事迹湮没了600多年，直至20世纪中期陈援庵先生作《通鉴胡注表微》，才使人们注意到胡三省的学术地位和其注释的学术价值。

理学的传播

元朝统治者对理学十分重视，利用它作为封建统治的思想工具。早在1235年蒙古军队占领德安（今属湖北）时，杨惟中、姚枢等把理学家赵复从俘虏中挑出，请到燕京，建太极书院，请他讲授理学，理学始在北方广为传布，出现了许衡、郝经、姚枢、窦默、刘因等理学家。及统一江南，又有南方朱学人物吴澄、许谦，陆学人物陈苑等。许衡、刘因、吴澄称为元代三大理学家。忽必烈对理学加以提倡，他曾召见过赵复，即位后起用许衡、姚枢等人，“国有大政，辄以访之”。到仁宗延祐开科取士时，朱熹的《四书集注》被定为科场程式，孔子被尊为“仪范百王，师表万世”，追崇为“大成至圣文宣王”。

◀许衡像

马端临撰《文献通考》

马端临字贵与，饶州乐平（今江西乐平）人，他是南宋右相马廷鸾之子。宋亡后隐居不仕，费时20余年撰成《文献通考》348卷，它是起自上古，止于南宋宁宗嘉定年间。它与《通典》、《通志》合称“三通”，是我国最著名的典章制度通史。比较而言，《通典》以精密著称，而《文献通考》以博通见长，各有长短。《文献通考》共24考，其中田赋、钱币、职

役、征榷、市来、土贡等 19 考为《通典》所有，其余如经籍、帝系、封建、象纬、物异等考是其独创。马端临对国家经济民生十分重视，其《田赋》至《国用》有关经济、财赋的内容占全书类目 1/3；他也重视学术文化，专门增加了《经籍考》。《文献通考》编纂方法上较有创新。引证史料顶格，补充材料低一格，是为“文”；诸儒议论又低一格，即为“献”；作者自发议论再低一格，称“考”（一称“注”），并以“按”字区分。按语往往贯穿古今，结论精当。每一考前面还有小序，说明著述成规，考订新意。由于注重文献，因此署名《文献通考》。从内容看，它包括了宋宁宗以前历代政治、经济、军事、外交、文化等各方面的情况，其材料 3 倍于《通志》，6 倍于《通典》，因此备受史学家的重视。

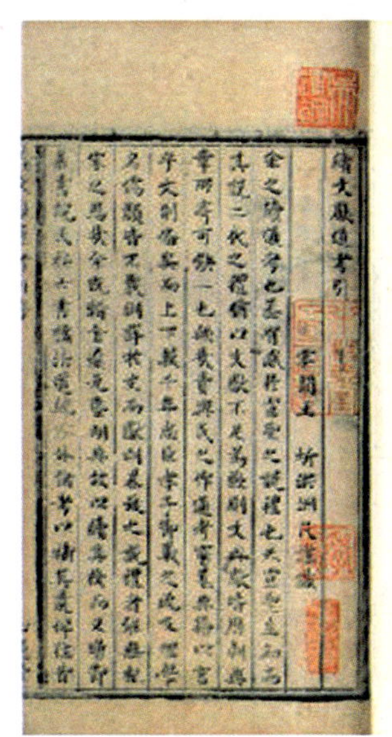

◀《文献通考》书影

元代官修史书

元朝建立后，沿袭中原汉制，组织史官于每帝死后，编修《实录》。明初编修《元实录》，就是以元朝各帝《实录》及《后妃功臣列传》为蓝本的。《元实录》今已佚失，仅能从明初所修的《元史》中略窥其梗概。元代的官修史书，流传下来的主要是《宋史》500 卷（二十五史中篇幅最多）、《辽史》116 卷与《金史》135 卷。三史均是元末同时修撰的，所有底本是三朝所留下的国史与实录。初稿很快完成，但最后定书却费一番争执。有人主张以《宋史》名称，包括三朝。而也有人认为辽、金不是宋的属国，主张以辽、金为《北史》，北宋为《北宋史》，南宋为《南宋史》。各种意见一直争执不下。元顺帝时，丞相脱脱主张分修为三史，顺帝同意，三史同时修撰成书，均以脱脱为监修兼总裁。现在三史均署脱脱为撰作人，其实际工作者是欧阳玄、张起岩等人，以及畏兀尔学者沙剌班、廉惠山海牙，蒙古学者伯颜、帖木尔达世兄弟等，从而开创了中国史学史上各民族史学家合作修史的先例。这三部史书是研究宋、辽、金历史的重要著作。

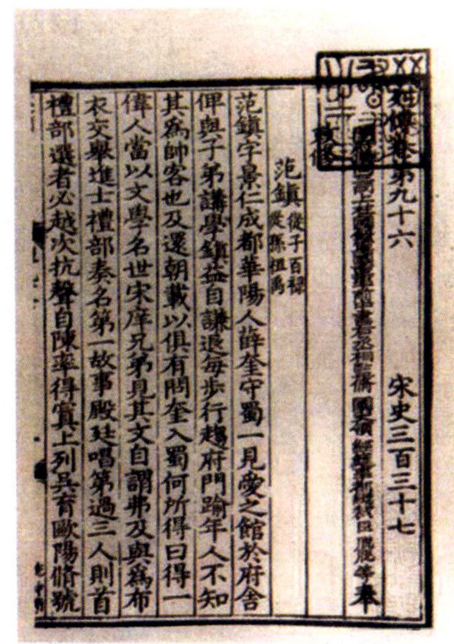

列傳卷第九十六　宋史三百三十七

范鎮 從子百祿 從孫祖禹

范鎮字景仁成都華陽人薛奎守蜀一見愛之館於府舍俾與子弟講學鎮益自謙退每步行趨府門踰年人不知其為帥客也及還朝載以俱有問奎入蜀何所得曰得一偉人當以文學名世宋庠兄弟見其文自謂弗及與為布衣交舉進士禮部奏名第一故事殿廷唱第過三人則首禮部選者必越次抗聲自陳率得寘上列吳育歐陽脩號

▲元代刻印的《宋史》书影

王祯发明的转轮排字盘(模型)

元朝的经济和交通

元朝的经济仍以农业经济为主，但生产技术、垦田面积、粮食产量、水利兴修以及棉花的广泛种植等都超过了前代。棉花的种植范围进一步扩大，为棉纺织业的发展创造了条件。松江地区的棉纺织业尤为兴盛，那里出产的"乌泥泾被"名闻远近。当地农家妇女黄道婆，从黎族人民学到了先进的棉纺织技术，她把这些技术在家乡传播开来，并改进了棉纺织工具，为棉纺织业的发展作出了贡献。元朝畜牧业的发展体现在牧地的扩大、牧养设施的改进等方面。元朝的手工业生产除官办作坊外，民间手工业比较发达，行业种类超过前代。特别是新兴棉纺业已达到相当高的水平，瓷器、印刷业也有较大进步。由于驿传制度的完善和海运的开通，国内外交通空前发达，商业比唐、宋时代有了很大的发展。城市繁荣，盛况空前，出现大都、杭州、泉州、广州等闻名世界的大都市。泉州是元朝最大的对外贸易港口，经常停泊着数百艘海船，大量货物在那里汇集和起运。至今屹立在泉州附近的六胜塔，就是当年引导海船进出港口的灯塔。

农业

元朝时，江南地区农业生产仍能在南宋基础上缓慢向前发展，东南地区每年北运的粮食逐年有所增加，南粮北运最多时年达三百五十多万石。北方的农业生产，在北方人民的劳动下，也比金代有了发展。棉花也在黄河流域普遍种植起来。农业生产工具也有了改进。从

◀郭守敬纪念馆前的郭守敬雕像

十四世纪初期王祯编写的《农书》中可以看出，犁的耕槃部份改进得更加灵活了；节省单独施肥工序的下粪耧耘式耧车出现了；减轻除草、疏泥等劳动的耘锄、镫锄、耘荡等中耕农具发展起来了；收割用的镰刀的种类也增加了，其中如收荞麦用的推镰和开荒用的䥥刀，更是当时的新创造。此外，还可以看到，在农产品加工过程中对于水利的利用也有了进步，水转连磨这时已可以兼任磨面、碾米和熟米的工作。耕耘、中耕、收割和加工等各种工具的发展，是劳动人民通过生产斗争促使农业生产有所提高的反映。元代劳动人民兴修了不少水利工程，改善了农业生产的条件。当时最大的水利工程是在科学家郭守敬指挥下开凿的通惠河，从大都一直通到通州，连接了南北大运河。大运河的沟通，使南北运输方便了，对农业灌溉也是有利的。江南地区的水利工程，有疏导吴淞江、淀山湖、练湖等，扩大了灌溉面积。另外，还多次修治黄河，在关中等地区也兴修了一些水利工程。

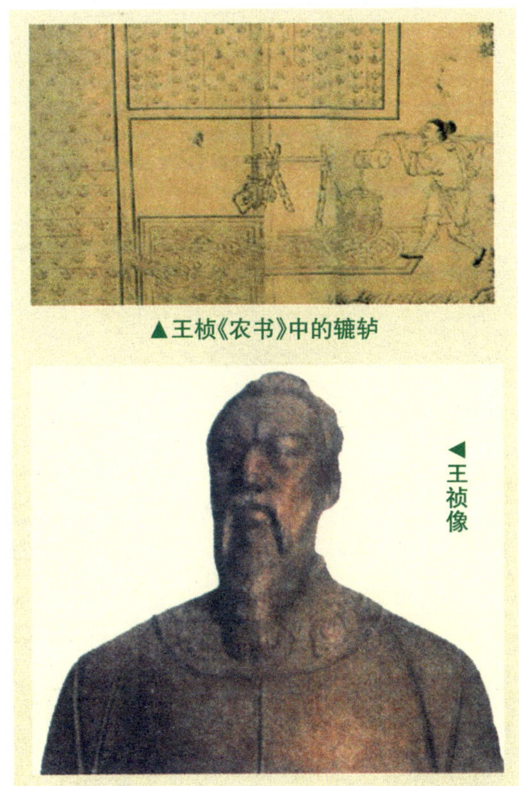
▲王桢《农书》中的辘轳

◀王祯像

瓷器业

▶元代青花『鬼谷下山』罐

元朝时，瓷器业在南北各地都发展起来。在北方，山西南部的蒲州、潞安等地出现了许多新瓷窑，河北南部的漳水设立了官窑，它们能烧制各种窑系的产品，但主要还是继承宋代定州系、磁州系的白瓷和钧窑系的青瓷。在南方，江西的景德镇和浙江的龙泉，仍是最重要的瓷产区。景德镇的官窑垄断了全国最高技术的工匠，生产冠于全国的白瓷；民窑则创造了青花和釉里红装饰。青花在官窑中也得到了发展，当时风行全国。龙泉和景德镇的瓷器，还远销国外市场，包括日本、南洋和中亚各地，一直远销到也门和摩洛哥一带。

琢玉业

▲元·春水玉(带扣)

元在灭金以前，几乎没有琢玉业。灭金后，特别是建立元朝，将首都迁至大都入主中原后，由于受金代文化和汉文化的影响，元朝琢玉业得到很大发展。元代玉器更加世俗化、装饰化，其中民间收藏品中常见两种玉挂件是环饰“春水玉”、“秋山玉”。“春水玉”反映北方游牧民族的游猎生活，主要表现为鹘捕鹅的情景，鹘居鹅首，或鹘居雁首。还有一种为镂雕荷芦鹘攫鹅，天鹅、鹘、荷叶为一层，芦叶、荷梗、茨菰为一层，首创“花下压花”玉雕手法。“秋山玉”表现北方少数民族射猎场面，采取管钻镂空法，多向打孔，使作品出现多层次。元代玉器在器型、琢制工艺方面表现出对唐代作风的崇沿模仿，花鸟纹饰较唐代更富于生活气息。民族风情图景及柞树叶齿状外缘的琢法，成为元代部分玉器明显的特征。

▲元·玉镂雕戏狮人纹带板

元代玉雕喜欢用深痕阴线，线条粗重，使纹饰起凸高，但线纹起止痕明显、线条不匀齐，常有失控的出锋痕迹，显得粗糙。元代琢玉擅长透雕技法。透雕层次略深的可能是元代或辽金时的玉帽顶，在明清时改制成薰炉盖顶纽用。元代玉器在宋辽金三朝琢玉工艺基础上得到了发展。不论宫廷还是民间，都以“碾玉”行为手玉业的重要部门，反映了蒙古族统治集团秉承汉族文化系统，崇玉观念及用玉制度依旧。

棉纺织业和丝织业

元朝江南地区盛产棉花，黄河两岸也已普遍种棉花，因而棉纺织业是重要的手工业生产部门。元成宗大德年间，我国劳动人民出身的杰出的纺织家黄道婆，流落海南崖州几十年后返回故乡松江府，她不仅带回了黎族人民先进的制棉纺织工具和技术，她还根据自己的实践经验，系统地改进了由碾子、弹花、纺花到织布的全部生产工具。这些先进工具和先进技术在内地很快广泛传播起来，从而提高了生产效率，推动了棉纺织业的发展。至元二十六年(1289 年),元朝政府设置了浙江、江东、江西、湖广、福建等省木棉提举司,年征木棉十万匹。成宗元贞二年(1296 年),元政府规定江南夏税折征木棉等物。这都反映了棉织业在江南地区已普遍发展起来。元朝时丝织业也很发达,是江南地区农民的重要家庭手工业。元初来中国的西方旅行者马可·波罗曾看到全国多数城市生产丝织品。元代丝织业上突出的特点是在宋代技法和纹饰的基础上,大量地使用了奢华的金线,织成金锦缎等。

▲元·五彩缝合锦

▶黄道婆雕像

▶黄道婆墓

纺织先祖黄道婆

黄道婆是我国十三世纪杰出的棉纺织革新家,松江乌泥泾人(今上海华泾镇)。民间传说黄道婆自少流落到崖州(今海南崖县),在崖州生活了三十多年,从海南黎族人民那里学会了制造纺织工具和织布技术,元贞年间(1295 年~1297 年)始遇海舶得以返回故里。她在松江纺织木棉花,织崖州被自给,将黎族的先进棉纺织工具和纺织技术,传授给松江府乌泥泾人民,改进了植棉方法,革新捍、弹、织工具和织造错纱、配色、综线、挈花技术,使制棉工艺从辗子、弹花、纺纱、轧籽到织布,有了一套完整的操作规程。黄道婆把黎族的居处、习俗、宗教、生产、生活,乃至历史和审美意识,都融化在服饰图案中,织出折技、团凤、棋盘、文字、花卉、人物等美丽的图案,灿然若画,一时行销广远,织户激增,改变了松江府一带的“厥功甚艰”的落后纺织业,促进了我国棉纺织业的繁荣和发展。她那“有志覆赤子、遗爱在桑梓”的优良品德和勇于改革的精神,为我国棉纺织业创造了光辉的业绩。

商业

◀六胜塔位于石狮市石湖村钗山上，是八角五层塔心柱仿木楼台阁式花岗岩石结构，为北宋政和年间僧人募资建造，元代重修，是海船进出泉州湾的重要航标。

农业生产的逐步恢复和手工业的发展，政治上的南北统一，特别是东西方交通空前扩大，都为元朝商业的发展提供了条件。当时的沿海城市广州、泉州、杭州，以及内地的大都、太原、长安、成都、淮安、建康、扬州等，都是大商业城市。大都是政治中心，也是全国最大的商业城市，城内经常流通的商品有粮食、茶、盐、酒、绸缎和珠宝等，这里还有米市、铁市、皮帽市、牛马市、骆驼市、珠子市等。据《马可·波罗行记》记载，大都“外国巨价异物及百物之输入此城者，世界诸城无能与比”，“百物输入之众，有如川流不息，仅丝一项，每日入城者，计有千车（每车五百斤）”。泉州是最大的对外贸易港，输出品主要为金、银、瓷器、茶叶、丝棉织品、铜钱、铁器、粮食等等，输入品为丁香、豆蔻、胡椒、钻石、珠宝等。元时指示海上航行的灯塔六胜塔，至今仍完整地保存在泉州。

运河的开凿

元朝以前，南北运河基本上仍是隋炀帝时所开凿的那条迂回曲折的运河。为了改变河运的困难，元朝政府决定重新开凿沟通南北的大运河。至元十八年（1281 年），开凿济州河，北起汶水，南至徐州，以衔接扬州至淮河的扬州运河（即隋之山阴渎）。至元二十六年（1289 年），凿会通河，南起东平路须城县（今山东东平）西南之安山，经东昌路（今山东聊城），西北至临清，达于御河，全长 250 余里。至元二十八年（1291 年），都水监郭守敬主持修凿通惠河，引大都西北之白浮、瓮山诸泉水，起昌平白浮村，至西水门入都城，东南出文明门，东至通州高虎庄入白河，全长 164 里。至此，南北大运河全线凿成。元代新运河的开凿为南北交通的沟通和物资交流提供了重要条件，至是“江淮、湖广、四川、海外诸番土贡、粮运、商旅、懋迁毕达京师”。

▲元代大运河（今会通河）一景

驿站与急递铺

元代疆域辽阔，中央与地方、内地与边疆需要通过便捷的交通加强联系，驿站制度的完善基本上满足了这一需要。以大都为中心，四通八达的驿道，东连高丽，东北至奴儿干，北抵吉利吉思，西通伊利、钦察两汗国，西南达乌斯藏，南接安南、缅国。共设驿站约1500处。驿站有水陆之分，陆站用马、牛、驴、车，辽东有狗站。驿站设驿令、提领管辖，有大批站户提供驿站所需的物资和劳役。与驿站相辅而行的有急递铺，是为转送朝廷和地方州郡紧急文书而设立的。每10里、15里或20里设一急递铺，每铺设兵5名，10铺设一邮长，京师有总急递铺提领所。

◀始建于元代的鸡鸣山驿

海运

我国自秦汉以来即有海运，但“用之于足国，则始于元焉”。至元十三年(1276年)，伯颜下临安，取南宋库藏图籍，由于两淮地区尚为宋有，不能北运大都，于是招亡命海上的朱清、张瑄自崇明入海道运往直沽(今天津市内旧三汊口一带)，转至大都。此为元代海运之始。之后，朱清、张瑄三次开辟海道。至元十九年(1282年)，自刘家港(今江苏太仓浏河)北经崇明入海，沿海门县黄连沙头和万里长滩开洋，沿海山屿北行，历东海县(今江苏连云港)、密州、胶州(今山东胶县)沿海，放灵山洋(今青岛以南海面)，至成山(今山东半岛东端)，西航入渤海，沿界河(今海河)至杨村码头(今天津武清)，航程13350里；至元二十九年(1292年)，朱清、张瑄开辟一条绕过沿岸沙滩的新航线，自刘家港至三沙、洋子江(长江北口)，过万里长滩，放大洋至青水洋，经黑水洋至成山、刘岛，至芝罘、沙门二岛(今山东烟台北)，放莱州(今山东掖县)大洋，直抵界河口(今天津大沽)；至元三十年(1293年)，海运千户殷明略自刘家港入海，至崇明三沙放洋东行，入黑水洋，至成山转西，经刘家岛、登州(今山东蓬莱)沙门岛，于莱州大洋入界河，更为便捷。元代海运开辟是中国海运史上划时代的大事。每年通过海运粮食以天历二年(1329年)最多，达300多万石，大大解决了大都的粮食和物资需要。

元·赵孟頫·浴马图

元朝的文学艺术

戏曲艺术在元代有很大的发展，元曲和南戏先后出现繁荣局面。元曲包括杂剧和散曲，而杂剧以其艺术上的创造性、内容的现实性，成为这个时代文学的突出成就。元代创作杂剧见于名目的共约六百多种，现存两百多种，杂剧作家有两百人左右，其中关、马、郑、白被誉为“元曲四大家”。元代不设画院，故元代画家摆脱了南宋画院的形式主义习气。前期书画家以赵孟頫为最著名，后期画家有黄公望、王蒙、倪瓒、吴镇，称“元四家”。元代壁画艺术也很出色，现存山西永济县永乐宫壁画是极其珍贵的实物。

◀元·王蒙·太白山图

元杂剧

元杂剧，或称“元曲”、“北杂剧”，金末元初产生于中国北方，是在宋杂剧和金院本的基础上广泛吸收了宋金以来的音乐、说唱、歌舞等艺术成分发展而成。元杂剧的形成，是中国戏曲艺术发展到成熟阶段的重要标志。它的表演艺术，除直接继承宋杂剧、金院本外，还融合了话本、诸宫调、舞蹈、武技、傀儡、皮影等其它艺术，形成为一种有说有唱、载歌载舞的表演艺术。元杂剧一本通常由四折组成，一折用一套曲。除四折外，一般还有一个或两个楔子。所谓楔子，即填补的意思，在第一折之前的楔子，用来交代人物和故事的前因，以引出正戏，相当于开场戏；在折与折之间的楔子，则起着承上启

▲山西洪洞县明应王殿元杂壁画（复制）

下的作用，相当于过场戏。楔子与折的区别在于，楔子只用一两支曲调，不必如折那样，必用一套曲调。有的杂剧作家突破了一本四折的限制。元杂剧的脚色大致可以分为末、旦、净、杂四类。一本杂剧只限一个脚色唱，或正旦，或正末，由正旦主唱的称为“旦本”，由末旦主唱的叫“末本”。其他脚色只能念白。动作和效果称为“科”，凡需演员表演某一动作，剧本上都标明“某某科”。元剧使用的曲调全为北曲，比南曲高亢激越。关汉卿、白朴、马致远、郑光祖代表了元代不同时期、不同流派杂剧创作的成就，他们被称为“元曲四大家”。

◀马致远像

关汉卿

▲关汉卿像

关汉卿（约 1225～1302 年），号已斋，大都（今北京）人，元代杰出的杂剧作家，生平事迹不详，元代钟嗣成的《录鬼簿》说他任过金末太医院尹。金亡之后，他不愿做官，便出入歌楼、酒肆、瓦舍、戏场之中，为人倜傥不羁，滑稽多智，具有坚强不屈的性格。在元代杂剧作家中，他的创作活动开始得比较早，他和当时志同道合的一些作家保持着友谊，著名的女演员珠帘秀也和他有来往。他对人民疾苦深为了解，对各种艺术形式极为爱好。他擅长歌舞，精通音律，不但创作了大量为人民所喜爱的戏剧，而且能粉墨登场，亲自表演。他一生共创作 63 个剧本，保留至今的还有 15 个。关汉卿的作品主要有《窦娥冤》、《救风尘》、《望江亭》、《单刀会》等，其中《窦娥冤》被称为世界十大悲剧之一。关汉卿是我国戏剧的创始人，一生创作的杂剧数量超过英国的“戏剧之父”莎士比亚，被称为中国的莎士比亚。1958 年，世界和平理事会把关汉卿与达·芬奇等同列为世界文化名人。关汉卿的戏剧语言，被称为本色派之首。

▶《窦娥冤》插图

散曲

白朴雕像

散曲包括小令和套数两种：小令是只曲，套数是小令联组而成的。小令和套数是词体的一种解放和发展，也是民歌和市民小唱的一种演进。小令主要是民间小曲，也有少数脱胎于诗词；套数则融合并发展了唐宋以来大曲、鼓子词、传踏、诸宫调和赚词的联缀方式。散曲每支都有个牌名，以代表其谱式，如《普天乐》、《天净沙》等皆是。每一曲牌又必须隶于其所用宫调之下，如刘致的《端正好》隶属正宫，马致远的《天净沙》隶属越调。所谓宫调，是指乐谱上曲调高低的分别。元朝是散曲发展的黄金时代，其发展大致可分前后两个时期。自金末至元成宗大德年间，为前期；大德至元亡，为后期。前期主要作家有关汉卿、马致远、白朴、张养浩等，后期主要作家有张可久、乔吉、睢景臣、刘时中、贯云石等。早期作品，民间生活气息浓厚，语言通俗、口语化，风格朴实清新，泼辣粗犷。后期作品，风格趋于清丽典雅，使散曲逐渐走向诗词化，离开了散曲的本色特点。

南戏

《琵琶记》的作者高则诚画像

南戏又称“戏文”，原来是浙江温州一带的地方性剧种，在宋徽宗宣和年间已开始流行，到南宋时已很盛行。由宋入元后，正如“南人”受到压制和歧视一样，“南戏”也被当作“亡国之音”而遭受着极大的歧视。到了元朝后期，由于元朝在南方统治的削弱和杂剧的衰微，南戏才得到了进一步的发展。杂剧大都限于四折，每折限一宫调，又限一人唱，“其律至严，不容逾越”。南戏则比较自由和灵活，一本剧没有一定的出数，一出中不限于通押一韵，也不限于一个宫调的曲牌；登场演唱的角色可生可旦，不必一人独唱到底，甚至二人互歌，或数人合唱，完全不受约束。同时，它的声腔也有了发展，“腔有数样，纷纭不类。各方风气所限，有：昆山、海盐、余姚、杭州、弋阳”。到了明代又有了进一步的发展。南戏剧目现存约有二百三十多种，绝大多数产生于元代，可见元代南戏之盛。到了元末，出现了《琵琶记》、《拜月亭记》等优秀的作品，标志着南戏达到了成熟的阶段。

《琵琶记》

◀《琵琶记》书影

高明字则诚，号菜根道人，温州瑞安(今浙江瑞安)人。他博学多才，元末顺帝至正五年(1345 年)中进士，在杭州、处州等地作过几任小官。至正八年(1348 年)，曾在镇压方国珍起义的统帅府中任都事。后来大半时间隐居著书，以词曲自娱，《琵琶记》是其代表作。《琵琶记》是高明根据民间长期流传的南戏《赵贞女》改编的。《琵琶记》改变了原来“背亲弃妇”的主题，标举“子孝妻贤”，用正面的形象来感染世风，是作品的目的所在。作品中塑造了恪守传统美德的贞孝妇女形象赵五娘，她是具有高度的人民性的美的形象；而剧中通过“三不从”和“三辞”塑造的并没有做到全忠全孝的蔡伯喈是一个现实的、个性鲜明的艺术典型，这个形象的复杂性和矛盾性是处于那个时代环境中必然形成的。作为艺术形象，赵五娘和蔡伯喈都是真实的、成功的。《琵琶记》在艺术上也取得了巨大的成功。在关目结构上，采用蔡伯喈和赵五娘双线发展，交错映衬，一哀一乐，一悲一喜，一贫一富，反差强烈，对比鲜明，时空跨度广，反映社会内容丰富。在语言上，高明将宋元南戏质朴通俗的语言和文人精练优美的语言融为一体，从而创造了兼有浅深、浓淡、雅俗之美为一体的独特的个性语言。《琵琶记》的问世，标志着南戏创作在艺术上的成熟，对后来南戏诸腔的发展有着深远的影响，所以《琵琶记》又有“南曲之祖”的说法。

绘画

◀黄公望像

山水画是中国画中重要的画科。起初，山林、树木只是作为人物画的陪衬，画得比人物还小。到了宋代，山水画达到鼎盛，宋代山水画的共同特点也像当时的花鸟、人物画一样，强调师法造化，比较写实。元代画家把山水画又推上一个新的高峰，出现了“元四家”。“元四家”指黄公望、王蒙、倪瓒、吴镇。元四家对于山水画起到了举足轻重的作用，他们四人均是江浙一带人，都擅长水墨山水并兼工竹石，为典型的文人画风格。他们生活在元末社会动乱之际，虽然每个人社会地位及境况不尽相同，但他们不得意的遭遇是相似的。在艺术上都受到赵孟頫的影响，通过他们的探索和努力，使中国山水画的笔墨技巧达到了一个高峰，对后世的绘画，尤其是“南宗”

▲元朝·黄公望·快雪时晴图

一派影响巨大。黄公望为全真教道士,曾得到赵孟頫的指点,自称"松雪斋中小学生"。山水主要表现常熟的虞山、浙江富春山一带景致,多以披麻皴画法,传世作品有《富春山居图》卷、《九峰雪霁图》、《快雪时晴图》等。吴镇工诗文善草书,除山水外精梅竹。他在绘画上也吸取董源、巨然的皴法,笔墨雄秀清润,有苍茫气象,传世作品有《渔父图》、《竹谱册》、《秋江渔隐图》等。倪瓒的山水主要表现太湖风光,创"折带皴",意境清幽萧索,表现了孤高的气息,极为明清文人画家推崇,作品有《渔庄秋霁图》、《虞山林壑图》、《容膝斋图》等。王蒙山水也多写黄鹤山景,他的山水皴法丰富,章法稠密,景色郁然深秀,是元四家中极具绘画功力的一位,有《春山读书》、《青卞隐居》、《夏日山居》、《葛稚川移居》等作品传世。

▲元朝·赵孟頫·人骑图(局部)

赵孟頫

赵孟頫(1254~1322年),字子昂,号松雪道人,号松雪,又号水晶道人,浙江吴兴(今湖州)人。在宋曾任小职,入元后累官至翰林院学士承旨、荣禄大夫。据载,他生前"被遇五朝,官居一品,名满天下",卒后封魏国公,谥号文敏。赵孟頫博学多才,能诗善文,懂经济,工书法,精绘艺,擅金石,通律吕,解鉴赏。特别是书法和绘画成就最高,开创元代新画风,被称为"元人冠冕"。在绘画上,山水、人物、花鸟、竹石、鞍马无所不能;工笔、写意、青绿、水墨,亦无所不精。他在我国书法史上也占有重要的地位。自五岁起,赵孟頫就开始学书,几无间日,直至临死前犹观书作字,可谓对书法的酷爱达到情有独钟的地步。他善篆、隶、真、行、草书,尤以楷、行书著称于世。《元史》本传讲,"孟頫篆籀分隶真行草无不冠绝古今,遂以书名天下"。元鲜于枢《困学斋集》称:"子昂篆、隶、真、行、颠草为当代第一,小楷又为子昂诸书第一。"其书风遒媚、秀逸,结体严整、笔法圆熟、世称"赵体",与颜真卿、柳公权、欧阳询并称为楷书"四大家"。赵孟頫传世书迹较多,代表作有《千字文》、《洛神赋》、《胆巴碑》、《归去来兮辞》、《兰亭十三跋》、《赤壁赋》、《道德经》、《仇锷墓碑铭》等。

▲这幅元代壁画表现了唐玄宗李隆基在泰山封禅时的场面

元代壁画

元朝政府为了利用宗教维护其统治，采取了保护宗教的政策，从而使佛教和道教颇为盛行。为了鼓励宗教的发展，元政府还下令全国兴修佛寺、道观，佛寺、道观壁画也随之应运而生，并多邀民间高手绘制。甘肃敦煌莫高窟第3窟和第465窟佛教密宗壁画，山西稷山县兴化寺、青龙寺佛教壁画，山西芮城县永乐宫、洪洞县广胜寺水神庙道教壁画，均属于元代壁画代表作。特别是永乐宫壁画，规模宏大，描绘人物众多，内容丰富，技艺精湛，为存世古代道教壁画之最佳作品。西藏的拉当寺、夏鲁寺，内蒙古、辽宁、甘肃、四川和华南许多地区的佛寺、道观中，当时都绘有佛道壁画。元代皇家宫殿和贵族达官府邸，曾盛行用壁画进行装饰。元代宫中建嘉熙殿，一些著名画家曾应召为该殿画壁画。一些贵族、达官为附庸风雅，也请名画家在府邸厅堂内画一些山水、竹石、花鸟一类题材的壁画。

▲萨迦寺位于日喀则市西南约180公里萨迦县境内，寺内保存有大量元代壁画、雕像，素有“中国第二敦煌”之称。

▶王冕像

元代诗词

元代诗词没有突出创新和成就。虞集、杨载、范梈、揭傒斯被称为元诗四大家。萨都剌的诗词风格豪迈，“其诗诸体俱备，磊落激昂，不猎前人一字”。元后期诗人有杨维祯、王冕、迺贤等，杨维祯的七古歌行追求新异，竹枝词清新通俗；王冕诗暴露了社会矛盾，如《江南妇》、《伤亭户》等；哈剌鲁人迺贤诗多反映劳动人民苦况，如《新乡》、《颍州老翁歌》等。

元·金蜻蜓头饰 元·玉镂雕双狮 元·金飞天头饰

元朝的科学技术

元代国家统一，版图辽阔，东至东海，南抵云贵，西极阿母河，北达北冰洋，运河、海运、驿道有利于国内各族、各地区之间经济、文化联系。在科学技术方面，元朝也有许多发明创造。国家的统一为天文、地理、农学、医学等发展创造了条件，另外，元代在印刷术、火炮技术、造船术、航海术、水利工程技术等方面也有许多成就。13、14世纪的欧洲尚处在“黑暗时代”，而元代的天文学、数学和医学居于当时世界先进地位。

▶元·砖雕

▲元·青花瓷枕

金元四大家

金元四大家是指金、元时期医学上的四大学派，即以刘完素（守真）、张从正（子和）、李杲（东垣）、朱震亨（丹溪）四个著名医学家所代表的寒凉、攻下、补上和滋阴四大医学流派。刘完素认为疾病多因火热而起，倡“六气皆从火化”之说，治疗多用寒凉药，世称“寒凉派”；张从正主张治病应着重驱邪，“邪去正安，不可畏攻而养病”，治病善用汗、吐、下三法，世称“攻下派”；李杲认为“人以胃气为本”，长于温补脾胃之法，世称“补上派”；朱震亨认为“阳常有余，阴常不足”，治病多用滋阴降火的方法，世称“养阴派”。他们的学术主张在当时及后世都有很大的影响。

▲李杲画像

外科的发展

▲这幅元代壁画描绘了治疗眼疾的场景

在外科方面，著名的外科医生危亦林在麻醉和骨折复位手术上有很大贡献。危亦林，字达斋，南丰（今江西南丰）人，他集五代祖传医方，著《世医得效方》十九卷。其中关于麻醉药物的使用记录，是世界上最早的全身麻醉的记载，所用麻药草乌散等，是以洋金花（曼陀罗花）、乌头等药为主配成的。他在治疗骨折、脱臼，特别是脊柱骨折方面达到了很高的水平，他的悬吊复位法和用大桑树皮固定等方法，与现代的整复手术和石膏固定法基本原理是一致的。齐德之的《外科精义》，综合了当时十多家外科著作的成就，反映了元代中医外科方面的成就。

医学分科

随着医学的发展，元代医学分科比前代更细，计有十三科：大方脉科、杂医科、小方脉科、风科、产科兼妇人杂病科、眼科、口齿兼咽喉科、正骨兼金镞科、疮肿科、针灸科、祝由科。而金代只分十科。在针灸学方面，则以滑寿最著名。滑寿，字伯仁，号樱宁生，祖籍襄城（今河南襄城），曾就学于东平高洞阳。他曾著《十四经发挥》三卷，对十四经穴循行部位、所主病症和奇经八脉均作了专题论述。元代回回的医药术是很受人们欢迎的。太医院广惠司专管回回药物，大都和上都专门设置过回回药物院，并译出《回回药方》等医药专文，以推广回回医术。回回人聂只儿、畏兀儿人答里麻，就官设回回药院里任过职，畏兀儿人贯云石、回回人丁鹤年曾在民间行过医。

▶这幅元代壁画描绘妇女分娩时的情景

营养学

回回人忽思慧自延祐中任饮膳太医，天历三年（1330 年）编成《饮膳正要》一书，该书对饮食卫生、育婴妊娠、食品营养、疾病治疗、植物品种等很有研究。如饮食卫生方面，他主张“先饥而食，食勿令饱；先渴而饮，饮勿令过；食欲数而少，不

▶元·青花八棱罐

欲顿而多。益饱中饥,饥中饱;饱则伤风,饥则伤气;若食饱不得便卧,即生百病"是很符合科学道理的。在食品营养方面也很讲究,他吸收了汉、蒙、回回、女真等族人民的饮食经验,总结出了许多菜谱。书中还介绍了许多植物品种,对于我们了解元代植物栽培情况和来自中亚、西域的植物品种在中国传布情况很有帮助。所以,《饮膳正要》对研究中国古代的植物学、营养学、饮食史,具有重要的参考价值。

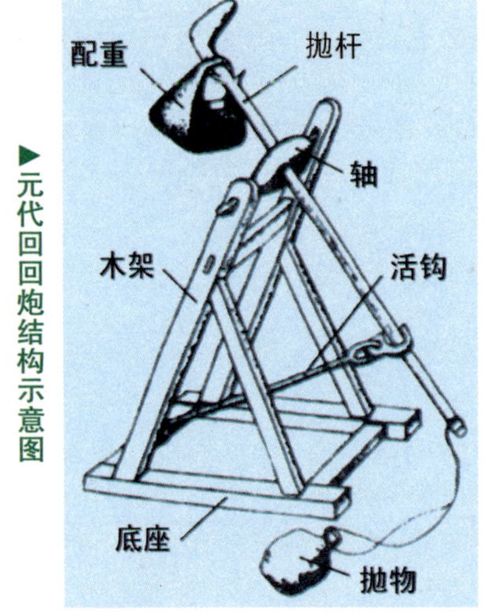

▶元代回回炮结构示意图

火炮技术

早在一千多年前我国就已经发明了火药。火炮技术的改进不仅是兵器技术的进步,也是人们对火药性质认识不断提高的标志。火药爆炸是一种威力很大的杀伤武器。宋代时,中国已有了抛石机,即运用杠杆原理将火药包抛射出去;还有用竹筒装火药和子窠的突火枪,这是管形火器的开始。到了元代,这种形式的火器都有了发展。西域人亦思马因所献的"回回炮",其原理与抛石机相同,不过威力更大。回回炮在襄樊战役中发挥了巨大威力后,忽必烈更加重视火炮技术的改进。至元十六年(1279 年),来自南北各地和各民族的造炮工匠都被召集到京师,终于研制成为火铳这种新式武器。火铳是世界上第一次出现的金属管火炮。

火铳

▼元代铜火铳(复制品)

现存世界上最早的两尊火铳,一尊是至顺三年(1332 年)所造,铜质,铳口直径 10.5 厘米,铳身较粗,可以发射大型炮弹,适合于攻城破坚;另一尊是至正十一年(1351 年)所造,铳身长 443.5 厘米,铳口直径 3 厘米,这是一种远程炮,用的弹丸较小。这两尊铜火铳制作精细,冶铸要求高,用途各不相同,所用弹丸有大有小,说明当时已能根据不同需要制作不同型号的火铳,也能根据不同的要求配制大小不等的弹丸。

公元 1281 年 颁行《授时历》

▲位于河南省登封县的观星台遗址，是郭守敬主持天文测量时建造的，是我国现存最古老的天文观测建筑。

元初沿用金历法，因年久月深，误差极大，且境内南北历法不统一，造成诸多不便。忽必烈因下令于至元十三年（1276 年）成立太史局，负责新历法的编制工作。王恂、郭守敬等在研究出一批更精确科学的天文观测仪器基础上，派员在元朝辽阔版图内，开展了费时一年的“四海观测”工作，最北的测点是铁勒（在今西伯利亚的叶尼塞河流域），最南的测点在南海（在今西沙群岛上），选派了 14 个监候官员分别到各地进行观测。四海观测为制定新历法提供了宝贵的数据。新历编纂过程中，王恂、郭守敬等人遍考自汉代以来历书 40 余家，创垛叠招差法（即三次等间距内插法）和近似球面三角的简化公式，经数年精心计算，终于在至元十七年（1280 年）六月完成新历编制工作。至元十八年（1281 年），《授时历》颁行天下。《授时历》是中国古代创制的最精密的历法，自元及明行用了 360 余年，它作为我国古代传统历法发展的高峰，同时也是终结而载入史册。

▶元·青花釉里红开光镂花盖罐

《元一统志》的编纂

元朝建立后，全国出现了空前大统一的局面。由于全国行政区域的变更，路府州县的名称也多有更改，加上连年战争，各郡邑的图志也残缺不全，因此客观上急需一部全国性的地理著作。元朝统治者为了更有效地统治全国各族人民，显示“皇元疆里无外之大”的盛况，也十分需要编纂一部全国地理著作。至元二十三年（1286 年），元世祖命札马鲁丁、虞应龙等开始编撰《元一统志》，至元三十一年（1294 年）书成。以后又陆续得到《云南图志》、《甘肃图志》、《辽阳图志》，因而倡议重修，元成宗大德七年（1303 年）书成，凡一千三百卷，定名为《大元大一统志》。

◀元·螭虎纹玉璧

明朝

（公元1368年～公元1644年）

红巾军领袖朱元璋在元末大动乱中脱颖而出，翦灭群雄，于洪武元年（公元 1368 年）建立明朝，是为明太祖。朱元璋在政治、军事等方面进行制度革新，加强中央集权，在经济上采取一系列恢复和发展社会经济的措施，为明代社会经济的繁荣奠定了良好的基础。永乐年间，明朝着力向海外拓展，曾派遣郑和率大规模船队到海外宣扬国威，最远到达非洲东海岸。明末，宦官专政，明政府为对付女真族后金的外侵和镇压闯王李自成的流寇，不断加税，给百姓带来沉重负担，同时政治腐朽，为官贪污成风。崇祯十七年（1644 年），清军攻克南京，明朝灭亡。在明代，封建文化极为繁盛。思想界产生了王守仁、李贽等著名人物；小说成就辉煌；徐光启、宋应星、李时珍及徐霞客等科学家都做出了杰出的贡献。当时，还出现了中国历史上最大的类书——《永乐大典》。

帝王世系表

太祖朱元璋(1368~1398)——惠帝朱允炆(1399~1402)——成祖朱棣(1403~1424)——仁宗朱高炽(1425)——宣宗朱瞻基(1426~1435)——英宗朱祁镇(1436~1449;1457~1464)——代宗朱祁钰(1450~1457)——宪宗朱见深(1465~1487)——孝宗朱祐樘(1488~1505)——武宗朱厚照(1506~1521)——世宗朱厚熜(1522~1566)——穆宗朱载垕(1567~1572)——神宗朱翊钧(1573~1620)——光宗朱常洛(1620)——熹宗朱由校(1621~1627)——思宗朱由检(1628~1644)

大事年表

1368 年　朱元璋在应天称帝,国号明,都应天府(今南京)。

1374 年　定屯田法。严海禁以防倭。颁《大明律》。

1375 年　始行钞法,造大明宝钞。

1376 年　废元行中书省,分全国为十三布政使司。空印案发,入狱数百人。

1380 年　以谋反罪杀胡惟庸,株连数万人。罢中书省,废丞相制,政归六部。

1381 年　分里甲登记户口,定赋役编订黄册。建山海关。

1387 年　编绘鱼鳞图册,与黄册并行。

1393 年　蓝玉坐谋反族诛,株连死者 1.5 万余人。

1397 年　南北榜案发,开取士分南北之先例。

1398 年　朱元璋葬于孝陵。建文帝议定削藩。

1399 年　燕王朱棣起兵北平,靖难之役起。

1402 年　燕王即帝位,是为明成祖。

1407 年　《永乐大典》成书。

1411 年　开会通河通漕运,罢海运。

1421 年　迁都北京,以南京为留都。始建社稷坛。

1424 年　在北京昌平始建明十三陵。

1429 年　初设钞关,始收船税。

1430 年　各省专设巡抚。

1435 年　以王振掌司礼监。明代宦官乱政始此。

1449 年　土木堡之变。

1457 年　夺门之变,于谦被害。

1477 年　置西厂,太监汪直领之,权焰出东厂上。

1518 年　葡萄牙使者至中国。

1550 年　蒙古俺答汗攻宣府,至通州,逼京师,史称庚戌之变。

1557 年　葡萄牙侵占澳门,作为贸易据点。戚继光台州抗倭,九战九捷。

1563 年　戚继光、俞大猷等大破倭寇,收复兴化。

1570 年　海瑞抑制豪强,被劾罢官。

1571 年　明封俺答汗为顺义王,开放大同、宣府互市。戚继光修成蓟镇长城,调浙兵加强边军训练。

1578 年　潘季驯总理河漕。两年内完成治黄治淮。李时珍的《本草纲目》成书。

1581 年　张居正改革赋役制度,推行一条鞭法。

1588 年　努尔哈赤统一建州 5 部。

1594 年　顾宪成等讲学于无锡东林书院,讽议朝政,东林党议始于此。

1620 年　明万历帝入葬定陵。

1621 年　后金攻陷沈阳、辽阳,随即迁都辽阳。

1623 年　魏忠贤提督东厂。

1625 年　后金迁都沈阳,是为盛京。魏忠贤兴大狱。杨涟、左光斗、魏大中等受毒刑死。阉党杀熊廷弼,罢孙承宗,尽撤关外要塞。

1626 年　苏州民变,反对阉党滥捕东林党人;颜佩韦等 5 人挺身投案被杀,葬于虎丘,称五人之墓。

1627 年　皇太极攻宁远,围锦州,被袁崇焕击退。明思宗宣布魏忠贤罪状,魏自缢。

1628 年　陕西连旱。王嘉胤、高迎祥等起义,明末农民战争爆发。

1629 年　后金三路攻明,围京师,袁崇焕入援。崇祯帝中反间计,将袁下狱,次年杀之。

1630 年　张献忠在陕西米脂起义。

1644 年　李自成在西安称王,国号大顺。李自成攻占北京。崇祯帝自缢死,明亡。山海关之战,吴三桂引清军入关,李自成败退。明福王朱由崧在南京即帝位,建立南明弘光政权。清颁圈地令,大规模圈占土地。

明·陈道夏·红梨诗话图卷

朱元璋建明

明朝是在元末农民大起义之后建立起来的封建王朝。开国皇帝朱元璋于元末“群雄纷起”时起兵淮右，他以韩林儿、刘福通领导的红巾军为屏蔽，并受其“节制”，逐渐发展势力。渡江之后，以应天（今江苏南京）为根据地，先后消灭了各地的武装割据集团，于1368年称帝南京，建元洪武，国号明。不久，兴师北伐，攻下大都（今北京），推翻蒙古贵族统治的元朝。接着，用兵西南、西北、东北等地，“禹迹所奄，尽入版图”。

▶明·青花罐

公元1368年　明朝建立

元朝末年，统治黑暗，经济崩溃，天灾连年。农民无法生活下去，爆发了红巾军起义。朱元璋参加起义后，逐渐成为一支起义军的重要领袖，势力迅速壮大。朱元璋，字国瑞，生于1328年，父母早逝，家境贫寒，年轻时曾入寺为僧。1352年率众投红巾军，参加元末的农民起义，朱元璋注意招揽人才，吸收李善长、刘基、朱升等知识分子充当谋士。他采纳朱升“高筑墙，广积粮，缓称王”的建议，巩固后方，发展生产，壮大实力，逐渐控制了长江中下游地区。1368年，朱元璋在应天称帝，建立明朝，年号洪武，朱元璋就是明太祖。同年，明军攻占大都，结束了元朝在全国统治。接着，明朝又用了近20年的时间，扫平了各地割据势力，完成了统一。统一全国后，朱元璋采取加强封建专制主义统治的措施；改革中央的地方的行政机构；废除丞相制，设立六部，直接由皇帝负责；调整军事机构，推行科举制度，加强法制，加强了皇帝的统治。

刘基

刘基像

刘基，字伯温。浙江青田人。《明史》称其“博通经史，于书无不窥，尤精象纬之学”，“学为帝师，才称王佐”，时人比为诸葛亮。元元统元年(1333 年)进士，曾任元江西高安县丞、江浙行省都事等职，因反对招抚割据浙东的方国珍被罢职。继受命参与镇压方国珍部，任处州路总管府判。因不与兵事，愤而弃官还乡，著《郁离子》，并组织地方武装自保乡里。元至正二十年(1360 年)，被朱元璋聘至应天(今南京)，充任谋臣。针对当时形势陈时务 18 策，提出避免两线作战、各个击破建议，为朱元璋采纳。辅佐朱元璋集中兵力，先西后东，攻灭陈友谅、张士诚、方国珍等势力。至正二十四年(1364 年)，朱元璋自立为吴王，命刘基为太史令。至正二十七年(1367 年)，升御史中丞兼太史令，参与朱元璋制定先取山东、旋师河南，然后进兵大都(今北京)的灭元方略，并得以实现。共参与军机八年，筹划全局，朱元璋赞其有定策之功。明洪武元年(1368 年)，奏立卫所军制，加强沿海边防建设。洪武三年(1370 年)封诚意伯。后遭诬陷，忧愤成疾，洪武八年(1375 年)四月卒于故里，年 65 岁。有《诚意伯文集》传世，载其军事谋略等论述。

公元 1368 年　攻占大都

常遇春像

元至正二十七年(1367 年)，朱元璋命徐达为征讨大将军，常遇春为副将，率领 25 万大军，沿淮河、运河、黄河进军，北上进攻山东、河南。得知朱元璋派大军北上，元朝遂命令山东省东西道宣抚使普颜不花坐镇益都(今山东省益都)，率领大军与徐达的部队作战。十二月，徐达的军队拿下益都、东平、济宁、济南等地。在攻打益都的战斗中，元军统帅普颜不花誓死不降，直到战死。紧接着，徐达率领大军向西推进，攻占汴梁(今河南省开封)、归德(今河南省商丘)、许昌(今属河南省)等地。1368 年四月，徐达的军队在洛水北塔儿湾(今河南省偃师境内)，大败元军，使元军损失 5 万人。明朝的军队乘胜进取洛阳、潼关，朱元璋为了加快消灭元朝的进度，亲自来到开封坐镇指挥。七月，徐达率领主力沿运河水陆并进，攻占长芦（今河北省沧州），继攻通州（今北京通州），重创元军。八月初，徐达攻入元朝的大都（今北京）。元顺帝在明军攻城前，与后妃、太子等人往北逃走，躲进上都开平（今内蒙古多伦西北）。八月初二日，北伐军进入大都，结束了元朝的统治。

公元1368年　克定太原

公元1368年，朱元璋得知大都已入明军之手，十分高兴，改大都为北平府。然后，派徐达、常遇春率领大军进攻山西。九月，常遇春率领部队攻占保定（今属河北）、真定（今河北省正定）。十月，冯宗异率领部队也进入山西，占领泽州（今山西省晋城）、潞州（今山西省长治）。这个时候，元朝太原守将王保保，率领军队从雁门关（今山西省代县北部）出发，企图进入居庸关（今北京昌平西北部），对北平发起进攻。听说王保保想偷袭大都，徐达留下部队坚守，自己率领精锐部队直捣王保保的老巢太原。王保保没有料到徐达有如此一着棋，吓出一身冷汗，赶紧回师，两军在太原附近相遇。徐达在夜晚对王保保的军队发起突然进攻，打得王保保措手不及，俘虏王保保军4万人。王保保奋力拼杀，等他冲出重围时，回头一看，身后仅有18个骑兵，得以逃脱。徐达挥师西进，攻占太原、大同（今属山西省），又马不停蹄，进军陕、甘，取得全胜。至此，元朝统治被彻底推翻。

◀徐达像

▲位于广西省桂林市中心的靖江王城，住过12代14个藩王，是明太祖朱元璋的侄孙朱守谦被封为靖江王的王府，是全国保存最完好的明代王府。

公元1369年～公元1391年
分封藩王

朱元璋为了确保明王朝的长治久安，实行了分封制。他总结了宋元两代宗室衰弱、孤立无援的历史教训，认为非亲子弟不足以镇抚而捍外患。于是，从公元1369年到1391年间，朱元璋先后分封皇子二十四人及从孙一人为藩王，驻守全国各地，以拱卫京师。明初分封诸王大致分为两种，一是边塞地区，如驻守大宁（今河北平泉北）的宁王权、驻守广宁（今辽宁北镇）的辽王植、驻守西安的秦王樉、驻守北平的燕王棣、驻守大同的代王桂等都是塞王，他们都拥有护卫甲士：宁王有八万，燕王有十万，其他人也都在数万以上。塞王除镇守封地外，还有防御蒙古贵族侵扰的任务，所以兵力最强。他们有统兵之权，附近的国家军队，也归其指挥，晋、燕二王都曾多次奉命出征蒙古。二是内地，如驻长沙的潭王梓、驻武昌的楚王桢、驻青州的齐王榑等，他们护卫甲士较少，主要是镇守封地，军权较塞王为小。诸王除驻守封地、监视地方军队外，在必要时，并有移文中央索取奸臣的权力，甚至可以领兵靖难，以清君侧，其权力是很大的。后来，诸王的兵力越来越多，他们逐渐形成为强大的割据势力。

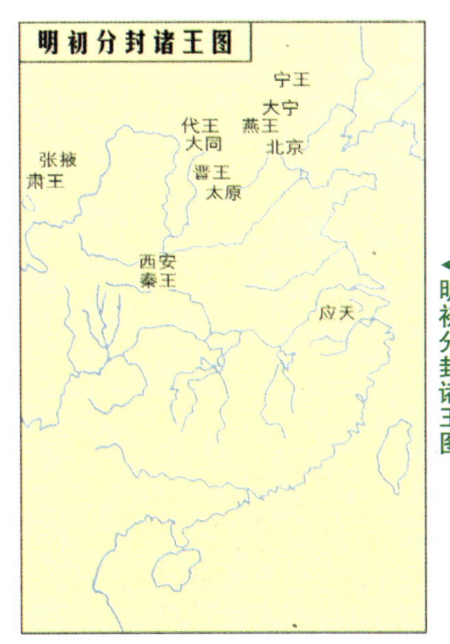

◀明初分封诸王图

公元 1386 年　营建南京

元至正十五年（1356 年），朱元璋攻下集庆（今南京），改称应天府，以此作为根据地。第二年，朱元璋召见朱升。朱升提出了“高筑墙，广积粮，缓称王”的建议。元至正二十五年（1366 年），也就是朱元璋称帝前两年，朱元璋就开始修筑城墙，营建皇宫。洪武元年（1368 年），朱元璋定都应天府。从 1366 年到 1386 年，朱元璋用 21 年时间，修建了南京城。南京城是明太祖朱元璋亲自精心设计的杰作。为了利用险要地势进行防卫，南京城平面呈南北长、东西窄的不规则形状。城周约 67 公里长，城垣高度大多为 14~21 米，基宽 14 米，顶宽 4~9 米。城基全部用石头砌成，上砌特制的大砖，开有 13 个城门，尤其是聚宝门最为宏伟壮观。城墙内有藏兵洞，可供三千士兵驻守。后又于都城外围建外廓城，长 120 公里，很多是依天然地势形成土垒城。外廓城墙早已被毁，都城城墙则保留至今。皇城在城东，平面呈方形，内有宫城。皇城以南北中轴线为主干，自洪武门至承天门筑有大

▲明代南京城聚宝门瓮城

街，东侧有礼、户、吏、兵、工五部，西侧是五军都督府。宫城内依中轴线建奉天、华盖、谨身三殿与乾清、乾宁二宫，为皇帝举行大典、处理朝政及居住场所。城中心建有钟楼、鼓楼，在鸡笼山和聚宝山各自设有观象台。鼓楼东南为当时全国最高学府国子监。南京的宗教建筑亦很多，著名的有灵谷寺、报恩寺、天宁寺等，尤其是报恩寺内有一座九级玻璃宝塔，白天在阳光下熠熠生辉，夜晚点灯百余盏，成为一大奇观。明代的南京城，东连钟山，西据石头，南贯秦淮，北带玄武，城周 33.68 公里，规模盛大，气势磅礴，不仅为我国现存的第一大城，也是世界最大的一座砖石城。

▲南京古城墙

明初文字狱

朱元璋出生贫寒，文化水平甚低，又因当过和尚，参加过红巾军，故深怕别人揭其老底，时生猜疑，屡兴无中生有的文字狱。浙江府学教授林元亮替人写《谢增俸表》，中有“作则垂宪”句；北平府学训导赵伯宁替人作《万寿表》，中有“垂子孙而作则”句。“则”与“贼”同音，明太祖认为是骂他做过贼，一概处死。常州府学训导蒋镇为本府作《正旦贺表》，内有“睿性生知”句，“生”被读作“僧”；尉氏县教谕许元为本府作《万寿贺表》，内有“体乾法坤，藻饰太平”八字，“法坤”被读为“发髡”，“藻饰太平”当作“早失太平”，作笺者也被处死。苏州知府魏观在元末豪雄张士诚的宫殿遗址上修衙门，并请名士高启写《上梁文》，内有被视为帝王所居之地专用的“龙蟠虎踞”四字，明太祖知道后大怒，魏观和高启均被腰斩。类似文字狱对明朝的文化发展，有极大的破坏性。

▶明太祖朱元璋陵神道

明·沈周·京江送远图

“靖难之役”和明朝的巩固

明成祖朱棣是朱元璋的第四子，被封为燕王，藩镇北平。1398 年朱元璋死，明惠帝朱允炆即位。惠帝即位后，感藩王势力过大，威胁到他的皇位，计策削藩。朱棣发现后，起兵“靖难”。经三年的战争，于 1399 年夺得帝位，年号“永乐”，是为明成祖。他对建文时的逆命诸臣，残酷屠杀，大肆株连。当其皇位较巩固时，五次亲征漠北，迁都北京，消除藩王势力，继续执行垦荒、屯田、兴修水利建设等政策，加强对北方的管理，对明王朝的建设做出了很大的贡献，成明朝强盛之主。后继者仁宗朱高炽和宣宗朱瞻基以守成为宗旨，各项国策由洪武、永乐时的严急趋向平稳，由此出现了一代清明之治。

公元 1398 年　建文帝即位

建文帝朱允炆，明太祖孙，朱标次子。朱允炆早慧、孝顺、正直，备受太祖喜爱。洪武二十五年(1392 年)，太子朱标英年早逝，太祖坚持嫡长子继承制度，朱标的嫡妻所生的长子已在 10 年前死去，朱允炆便被立为皇太孙，尝受命省决章奏，改定洪武律畸重者七十三条。洪武三十一年(1398 年)即帝位，次年改元建文。朱允炆即位之后，重用黄子澄、齐泰、方孝儒等文人，一反明太祖的做法，推行了一系列新政。首先是重德省刑，锐意文治，崇尚礼教，以致刑部的囚犯比往年减少了三分之二。同时又选派廷臣二十四人为采访使，分巡天下，观风俗，烛幽隐，兴办利民之事。其次是均免赋役，减免历年逋租和天下荒田租税。针对江浙赋役过重的情

◀明惠帝朱允炆像

◀明·架火战车(模型)

况,建文帝特下诏"江浙赋独重,宜悉与减免,亩不得过一斗。"对于佛道势力多占良田的情况加以限制。在朝廷内,建文帝对宦官管教甚严,同时又诏谕地方官,一旦发现宦官奉使横暴、虐害士民即擒送京师,加以严惩。这也引起了一些宦官的怨恨,在日后靖难之役中或投靠燕王朱棣,或是做为内应。建文帝在官吏任用方面也进行了改革,重新更定官制,大力精简机构,革除冗员。在建文帝在位的四年间,撤消了九个州、三十九个县以及一大批冗官冗吏和税务机构,增加了中央财政收入,减轻了人民的负担。可以说建文帝的一系列措施,充分体现了他以仁义礼乐化民的治国思想,改革了洪武时期的不少弊政,给社会带来了一阵清风。创造了一个宽松的社会环境,缓和了社会矛盾,对社会的安定产生了积极作用,一时政通人和,所以后人有"四年宽政解严霜"之誉。

公元 1402 年　靖难之役

明初,明太祖朱元璋推行分封制,先后封子孙 25 人为藩王。当时长城以北的北元势力相当活跃,常至塞下,威胁明朝。朱元璋起用皇族中有才干者,如秦王、晋王、燕王、代王、宁王、韩王等,"据名藩,控要害"以分封海内外,各王拥有甲士三千人至一万九千人不等。镇守北方边塞的诸王因参与对蒙古的用兵,有权节制诸军,势力渐强。皇太孙朱允炆即帝位,诸王尾大不掉,乃用齐泰、黄子澄计,先后削废周、齐、湘、代、岷五王,形成对燕王的压迫之势。建文元年(1399 年)七月,朱棣在北平(今北京)援引"祖训",以讨伐"奸恶"为名举兵,自称"靖难"之师。首先袭击大宁,与宁王朱权联兵,先后与官军在真定、河间、济南、东昌等地发生激战。燕军虽得地,但旋得旋弃,战死者甚多,而官军军源颇盛,时时告捷。因宫中宦官不得意者密谋拥戴燕王,告以京师空虚。燕王决计乘间疾进,逾城不取,直趋京师。建文四年(1402 年),燕军先后在灵璧(今属安徽)等地大败官军。六月,渡江,下镇江,直逼京师,守军迎降。宫中起火,建文帝下落不明,燕王即位,是为成祖。

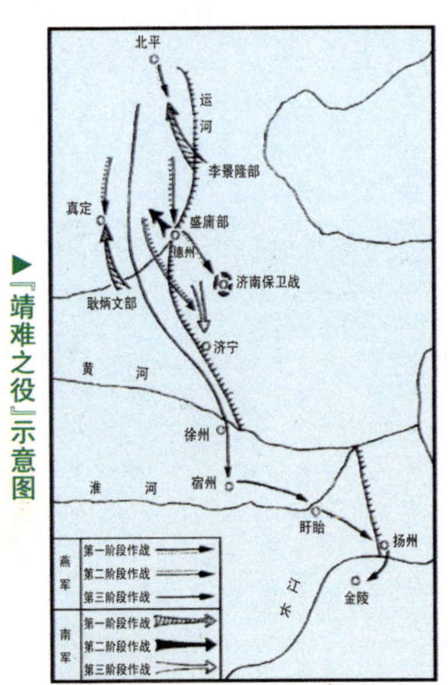

▶『靖难之役』示意图

▶方孝孺像

公元 1402 年　方孝孺拒命而死

方孝孺（1357~1402 年），字希直，人称正学先生，宁海（今浙江宁海）人。早年拜宋濂为师，学识渊博。洪武二十五年（1392 年），任汉中教授。建文帝即位后，召为翰林侍讲，旋迁侍讲学士，后改文学博士，咨询政事，修《太祖实录》，命为总裁。方孝孺为建文帝师，因帮助建文帝削藩得罪燕王朱棣。建文四年（1402 年），燕王朱棣起兵，攻破南京，自立为皇帝，命令方孝孺起草登基的诏书。方孝孺不愿意，他把笔扔在地上，一边哭，一边大骂。朱棣再强迫他写，方孝孺便提笔写了“燕贼篡位”四个字。明成祖朱棣勃然大怒，命令把方孝孺在市上分尸，方孝孺的弟弟方孝友也被处死，妻子郑氏及两个儿子方中宪、方中愈上吊而死，两个女儿投秦淮河而死，牵连十族（传统意义上的九族加其后学一族），被杀者 873 人。

公元 1410 年～公元 1424 年　经营北方和东北地区

自元顺帝北迁以后，到永乐年间，蒙古势力又逐渐强盛起来，鞑靼和瓦剌二部先后兴起，屡次侵扰明朝边地。为巩固边防，保卫北方的农业生产，自永乐八年至二十二年（1410～1424 年）的 14 年间，明成祖曾五次亲自统率军队北征，打败了鞑靼和瓦剌。明初，东北地区主要有兀良哈和女真二部。兀良哈是蒙古族三大部之一，散居于西辽河流域，明太祖时即已归附，并于洪武二十二年（1389 年）设置朵颜、泰宁、福余三卫，以兀良哈部首领充任都督、指挥使、千户、百户等官职。这三卫蒙古兵在朱棣的靖难之役中，曾立下不少战功。为此，当上皇帝的明成祖将大宁地区划给他们管辖，以资奖励。明初，女真人分为建州、海西、野人三大部，散居于牡丹江、松花江、黑龙江、乌苏里江一带，明成祖时归附。明朝设置了建州卫以统辖。永乐二年（1404 年），又设立奴儿干卫，统辖黑龙江下游地区。永乐七年（1409 年），又增设奴儿干都指挥使司，下领 384 卫，其管辖范围西起鄂嫩河，东至库页岛，北抵外兴安岭，南濒日本海。明朝政府经常派出官员至各处巡视，宣扬朝廷旨意，安抚边民。永乐九年，又派宦官亦失哈率军巡视，并兴建永宁寺，立碑记文，这是我国在整个黑龙江流域行使主权的历史见证。

▲明·花口金盏

公元1421年 迁都北京

明成祖朱棣像

明成祖即位后，决定迁都北京。明初，朱元璋之所以建都于南京，一方面是由于经济的原因，“财富出于江南，而金陵为其会”；另一方面是，他认为北京是亡元旧都，而南京则是自己的发祥之地，以南京为都，可以山河永固。虽然他也看到了北元的威胁，但认为分封诸王就可以抵御。明成祖即位后，之所以要迁都北京，一方面是由于北京是他的根基之地，另一方面，这时的蒙古族分裂为三大部，即鞑靼、瓦剌和兀梁哈，其中鞑靼、瓦剌先后兴起，不断南侵。以攻为守，迁都北京，也是为了更好地防御蒙古和经营东北。永乐五年（1407年）五月，明成祖从全国征调工匠、役夫到北京，开始营建北京。营建北京的工程主要分内城、皇城与紫禁城三部分，工程历十三年，到永乐十八年（1420年）十二月最后完工。永乐十九年（1421年）正式迁都北京，改称京师，以南京为留都，其两京所在地区并称“南北两直隶”。迁都后，原南京中央五府六部依然存在，称为“留守”。从此，北京成为全国的政治、经济、文化中心。

公元1409年~公元1424年 明成祖五征漠北

元灭亡以后，其残余势力退往塞外，不时南下骚扰。成祖为消除边患，采取积极防御措施，于是有五征漠北之举。永乐七年（1409年）六月，鞑靼杀明朝使者，成祖派人领精骑10万北征，又为鞑靼击败。成祖于翌年三月亲率明军50万北征。五月斡难河之役，明军大败鞑靼可汗。此为第一次北征。永乐十一年（1413年）十一月，瓦剌顺宁王马哈木兵渡饮马河，将欲南犯。次年二月，成祖率军征瓦剌，六月至忽兰忽失温（今蒙古乌兰巴托东南），瓦剌以三万人迎战。成祖亲统铁骑驰击，所向披靡，斩瓦剌王子十余人、部众数千级。不久，马哈木遣使贡马谢罪。此为第二次北征。阿鲁台内附明朝，经过十年生聚，势力复强。永乐十九年（1421年），阿鲁台屡次兴师犯明。次年春，成祖统军征讨之。阿鲁台闻讯，尽弃辎重马畜率部北走。成祖令焚其辎重，收其牲畜。旋又挥师征讨暗中帮助阿鲁台的兀良哈人，大破之。此为第三次北征。永乐二十一年（1423年）秋，谍报阿鲁台又将南犯，成祖遂挥师北上，抵西阳河，得悉阿鲁台已为瓦剌所败，于是驻军不进。后遇王子也先土干率部来降，成祖乃撤军。此为第四次北征。永乐二十二年（1424年）春，阿鲁台再次南犯，成祖进行第五次亲征。军至答兰纳木儿河时，闻阿鲁台已逃，成祖乃下诏历数阿鲁台罪状，且饶恕其所部来降者，随即撤军，成祖在途中病逝。

公元 1425 年～公元 1435 年　仁宣之治

仁宗（1425 年）、宣宗（1426~1435 年）两朝为明代鼎盛时期，史家以此比之于周朝成康、汉朝文景，遂称“仁宣之治”。此时明朝立国已有五十余年，其间经过洪武、建文、永乐三朝的苦心经营，典章制度已成规模。仁宗朱高炽和宣宗朱瞻基以守成为宗旨，各项国策由洪武、永乐时的严急趋向平稳，由此出现了一代清明之治。其表现一是政局安定。当时阶级矛盾比较缓和，边防比较巩固，明朝的统治处于相对稳定的局面。洪熙元年（1425 年）虽爆发了汉王朱高煦叛乱，但很快就被平定。此后，再无干戈之患。朝廷任用“三杨”（杨士奇、杨荣、杨溥）掌阁务，内阁制度确立，阁职尊崇，其权重于部权，进一步完善了国家机构。二是体察民情，废除扰民之举。仁宗、宣宗善于纳谏，采纳户部尚书夏原吉建议，罢西洋取宝船及云南、交趾采办。又屡次减免被灾地方赋税，以苏民困。三是严厉控驭宦官。仁宗即位，即令宦官在外采办者悉召还。宣宗将暴虐吏民之宦官数十人下狱论死。仁、宣两朝，虽以宦官监军、监政，但并未出现宦官擅权之祸。四是注重文教。仁宣时改革科举取士法，会试分南、北卷，分配录取比例，扭转了会试多取南士的局面，得到北方士人的拥戴，并有助于明政府网罗更多的人才。仁宣两朝呈现的繁荣与升平气象，为明中后期经济繁荣、文化发展奠定了基础。

◀明仁宗朱高炽像

公元 1425 年　高煦之叛

朱高煦是燕王朱棣次子，英勇善战，在“靖难之役”中屡立战功。永乐二年（1404 年），明成祖立世子朱高炽为太子，封高煦为汉王。高煦谋夺太子位，不肯就藩，且不时暗中说高炽坏话。永乐十三年（1415 年）五月，改封高煦于青州，高煦仍留南京不去，并私下招募士卒，纵其劫掠。成祖于永乐十五年（1417 年）三月改封高煦于乐安州（今山东广饶），限令即日成行，高煦怨恨更甚。永乐二十二年（1424 年），成祖病逝，朱高炽继位，是为仁宗。高煦每天派人至京师侦察，谋举事。洪熙元年（1425 年），朱高炽享国不及一年而死，其子朱瞻基即位，史称宣宗。高煦于是乘势起兵，宣宗统大营五军将士御驾亲征。8 月 20 日，抵乐安，宣宗致书高煦，劝其投降，擒献倡谋者。高煦害怕，第二日出城降。九月，高煦父子皆被执至京师。宣德四年（1429 年），高煦父子都被处死。因高煦之叛牵连被杀或充军者，达两千余人。

明·中都皇陵石刻群

封建专制的加强

明代前期，采取了一系列强化中央集权的措施。在中央行政机构方面，废中书省，罢丞相，六部直接听命于皇帝。同时，监察机构、军事机构都作了较大的变革。地方的行政、监察、军事组织都与中央相对应作了因革损益。于是，从朝廷到地方都听命于皇帝一人，形成了高度集权的封建专制制度。在洪武、永乐年间，设立了锦衣卫、东厂，后在成化年间又设立了西厂。这是捍卫皇权的特务机关，是皇帝的私人监狱。至此，封建专制独裁统治达到登峰造极的地步。

▶明·洪武通宝

公元1370年　制定科举

明太祖朱元璋很懂得人才对夺取政权和巩固政权的重要意义。洪武三年(1370年)，朱元璋诏告天下："自今年八月始，特设科举。务取经明行修、博通古今、名实相称者，朕将亲策于廷，第其高下而任之以官。使中外文臣皆由科举而进，非科举者，毋得与官。"这一年，京师和行省都分别举行乡试。又从各行省的举人中选拔一些"年少俊异者"担任翰林院编修、秘书监直长等官职，让他们在宫中文华殿学习。明代正式科举考试分为乡试、会试、殿试三级。一级为乡试，即府州县的生员(即秀才)到省府所在地考试，每三年一次，考中的人称"举人"；二级考试称为"会试"，由礼部主持，参加者为各省的举人和监生，考取者称贡士；三级考试为殿试，由皇帝亲自主持，也叫"廷试"，考中的都称进士。一甲三名，称为"状元"、"榜眼"、"探花"，统称为"赐进士及第"，二甲称"赐进士出身"，三甲称"赐同进士出身"，人数不等。明代乡试、会试头场考八股文。而能否考中，主要取决于八股文

▲明·金盏托白玉碗

的优劣。八股文是由宋代的经义演变而成，即用八个排偶组成的文章，一般分为六段。以首句破题，两句承题，然后阐述为什么，谓之起源。八股文以四书、五经中的文句做题目，只能依照题义阐述其中的义理。八股文的危害极大，严重束缚人们的思想，是维护封建专制统治的工具，同时也把科举考试制度本身引向绝路。

◀明·铜鎏金苏频陀尊者像

公元 1374 年　颁《大明律》

朱元璋非常重视封建法制建设，他总结历代封建王朝的统治经验，把“明礼以导民，定律以绳顽”作为制定明律的指导思想。1367 年十月，吴王朱元璋命左丞相李善长、御史中丞刘基等议定律令。十二月，编成《律令》四百三十条，其中律二百八十五条，令一百四十五条。同时又颁《律令直解》，以训释《律令》文意。洪武六年(1373 年)十一月，明太祖朱元璋命刑部尚书刘惟谦等以《律令》为基础，详定大明律。洪武七年(1374 年)二月修成，颁行天下。其篇目仿《唐律》，分为《卫禁》、《斗讼》、《诈伪》、《杂律》、《捕亡》、《断狱》、《名例》等十二篇。为把《大明律》贯彻到社会的各个方面，朱元璋还汇集官民“犯罪”事例来解释律条。洪武十八年(1385 年)颁行《大诰》，次年又颁《大诰续编》、《三编》，洪武二十一年(1388 年)又颁赐《大诰武臣》，令全国官吏军民诵习。其目的是通过律令的教育和宣传，使广大人民服从封建统治。《大明律》是中国封建社会后期的典型法典，具有鲜明的时代特色。它虽然以《唐律》为蓝本，但在形式和内容上都有发展。在形式上，结构更为合理，文字更为简明；在内容上，经济、军事、行政、诉讼方面的立法更为充实；

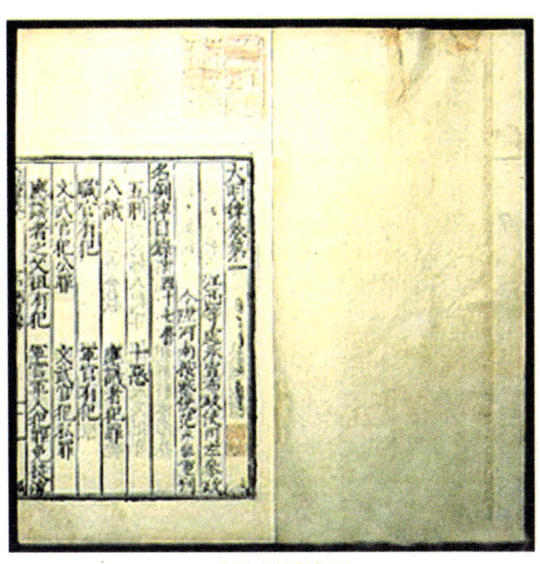

▲《大明律》书影

在定罪判刑上，体现了“世轻世重”，“轻其轻罪，重其重罪”的原则。即“事关典礼及风俗教化等事，定罪较轻；贼盗及有关帑项钱粮等事，定罪较重”。其律文结构和量刑原则对《大清律》有较大影响。

公元 1376 年　空印案

▲朵颜卫指挥使司之印，这是一枚明代地方机构的官印。

明初规定，每年各布政使司、府、州、县均需派遣计吏至户部，呈报地方财政的收支账目及所有钱谷之数。府与布政使司、布政使司与户部的数字必须完全相符，稍有差错，即被驳回重造账册，加盖原衙门官印后，方为合法。各布政使司计吏因离户部道远，为免往返奔走，耽误时间，便预持盖有官印的空白账册，遇有部驳，随时填用。该空白账册盖有骑缝印，不能做别的用途，户部对此从不干预，率以为常。洪武九年(1376 年)，朝廷考校钱谷书册，明太祖得知空印之事后大怒，认定系地方官吏藉此舞弊贪污，下令严办，致自户部尚书至各地守令主印者皆处死，佐贰以下杖一百，充军边地。在《大明律》中规定：对于受财枉法的“枉法赃”，从严惩处，一贯以下杖七十，八十贯则绞；对于监守自盗，不分首从，并赃论罪，满四十贯即处斩刑；对于执行监察职务的“风宪官”的御史，若犯贪污罪比其他官吏加重两等处刑。像明朝这样用严刑惩治贪官污吏，在历史上是空前的。

公元 1380 年　废除丞相

▶李善长像

君权与相权历来存在矛盾，朱元璋是位精明的君主，他不会允许宰相权力过重。明朝第一任丞相是李善长和徐达，前者事事谨慎，后者常年领兵在外，与君权的矛盾不甚明显。汪广洋为相后，自行其是，矛盾便加剧了，结果被“赐死”。洪武六年(1373 年)，胡惟庸为丞相，“专肆威福，内外诸司封事入奏，惟庸先取视之，有病己者，辄匿不闻”。一些投机钻营之徒，纷纷投其门下，逐渐形成了一个官僚集团。胡惟庸在朝中排斥异

▶胡惟庸像

己，独断专行。大臣刘基与胡惟庸意见不合，刘基病危，胡惟庸带医生前去看望，刘基服用其药后身亡。胡惟庸的权势越来越大，对君权形成威胁。为了加强君权，洪武十三年（1380年）朱元璋以谋反罪将其“凌迟”处死，并下令废中书省，不再设丞相，使吏、户、礼、兵、刑、工六部分理朝政。六部各设尚书一人，左右侍郎各一人，直接对皇帝负责，集君权、相权于一身，秦汉以来的宰相制度从此废除。

▲天顺二年（1458年）英宗赐给右军都督府右都督李文的铁券

公元1380年　置五军都督府

洪武初，设大都督府，统领全国军队，以朱文正为都督，总理其事。文正虽是朱元璋之亲侄，但大都督手握全国兵权的体制毕竟不利于君主专制。于是，朱元璋于洪武十二年（1380年），废大都督府，分置中、左、右、前、后五军都督府，每府以左、右都督为长官，各领所属都指挥使司和卫所。为使五军都督府与兵部相互牵制，又规定都督府只掌管军籍和军政，而无调兵之权；兵部有任免军官和调遣军队之权，但不统兵。这样就便利了皇帝对军队的控制，加强了皇权。

公元1382年　设立锦衣卫

明初的军制比较简单，其基层单位是“卫”和“所”，每卫辖正规军士约5000人，其下设所，分为千户所和百户所，京城的禁卫军所辖卫所为48处。到洪武十五年（1382年），朱元璋决定改革禁卫军，建立了十二个亲军卫，其中最重要的就是“锦衣卫”。明太祖为加强专制统治，使锦衣卫的权力扩大，兼管刑狱、侦察、缉捕盗贼奸党、

◀明·锦衣卫木印

明·龙泉窑广口刻花梅瓶

监视文武百官。最高长官为指挥使，常由功臣、外戚充任，设同知、佥事等官职，其下有官校，专司侦察。锦衣卫的官职允许世袭。锦衣卫所属之镇抚司分南北两部，北镇抚司专及诏狱，直接取旨行事，用刑尤为酷烈。太祖时许多案件就是通过锦衣卫执行的，“幽絷惨酷，害无甚于此者，太祖时，天下重罪逮至京者，收系狱中，数更大狱，多使断治，所诛杀为多。”

公元 1382 年　设置都察院

洪武十五年（公元 1382 年）。朱元璋改革监察制度，改御使台为都察院，设左右都御史，领有监察御使一百一十人，以一布政司为一道，分掌十三道，监察各地官员。监察御史的职权是“纠内外百司之官邪，或露章面劾，或封章奏劾”。其在京城，则巡视京营，监临乡试、会试，巡视仓场、内库、皇城等；出使地方，则巡按、清军、提督学校、茶马、巡漕、巡关；师行则监军记功。另外还设巡按御史若干人，代表皇帝出巡地方，小事立断，大事奏裁，起到了以小制大、以内制外的作用。在中央还设六科给事中，稽察六部百司之事，从而加强了皇帝对百官的控制。

明·御林军佩牌

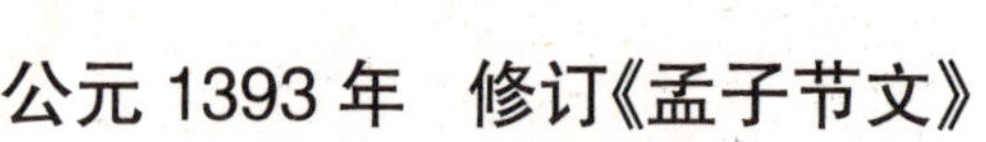

公元 1393 年　修订《孟子节文》

明·德化窑观音像

明太祖曾读过《孟子》一书，认为其中“草芥”、“寇仇”诸语非臣子所宜言，命罢祀孟子。刑部尚书钱唐抗疏入谏，太祖无奈于洪武六年（1372 年）诏复孟子配享，但对孟子的某些言论还是耿耿于怀。洪武二十七年（1393 年）乃命删改《孟子》，成《孟子节文》一书。其中《尽心篇》的“民为贵，社稷次之，君为轻”；《梁惠王篇》的“时日曷丧，予与汝偕亡”；《离娄篇》的“桀纣之失天下也，失其民也。失其民者，失其心也”；《万章篇》中的“天视自我民视，天听自我民听”，“君有大过则谏，反复之而不听，则易位”，及类如“闻诛一夫纣矣，未闻拭君也”诸语，共85条，尽皆删去。余下170余条，刻版颁行全国学校。所删部分“课士不以命题，科举不以取士”。修定《孟子节文》目的在钳制天下士人思想，维护君权尊严。

公元1396年　设置三司

◀明·龙泉窑八卦圆形香炉

明初，地方统治机构沿袭元制，设行中书省。行中书省的丞相权力很大，专制一方，有的甚至专横跋扈，对中央集权极为不利。因此，洪武九年（1396年），朱元璋撤销行中书省，改设承宣布政使司（简称布政司），设左、右布政使，作为朝廷派往地方的代表，秉承皇帝的意旨，管理民政和财政；又设提刑按察使司（简称按察司），其长官为按察使，管地方司法、刑狱；又设都指挥使司（简称都司），长官为都指挥使，主管军事。三司长官地位平等，行省权力一分为三，互相牵制，上统于中央，从而加强了中央对地方的控制。

公元1420年　设置东厂

明成祖夺取帝位后，为打击建文余党，巩固自己的统治，开始设立专司侦缉和刑狱的特务机构，谓之东厂。永乐十八年（1420年）迁都北京后，东厂被置于东安门之北。常以司礼监秉笔太监之第二、第三人主持厂内事务，称“钦差总督东厂官校办事太监”，简称“提督东厂”（厂内人员称之为“督主”或“厂公”）。下设掌刑千户、理刑百户各一，由锦衣卫千户、百户充当，称贴刑官。其下有掌班、领班、司房、役长和番役负责侦察缉访。活动范围上及官府，下至民间，大凡关防出入、人命案件、地方失火等均得详报。东厂奏本昼夜均可径送皇帝。神宗初年，冯保以司礼太监兼东厂事，设立内厂，而以初建者为外厂。东厂与锦衣卫并列，从事特务统治。宦官藉此擅权，为害甚烈。

▲天坛始建于明永乐十八年（公元1420年）

明·成化“天”字款斗彩海水云龙纹瓷盖罐

明·一窝蜂火箭(模型)

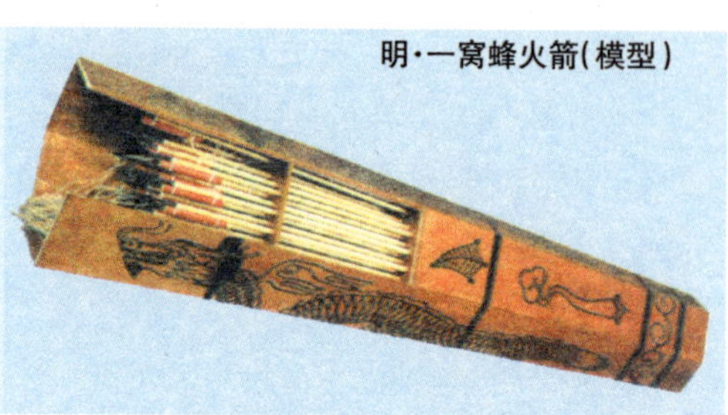

明朝的中衰

明朝自英宗以后就逐渐走下坡路。“土木堡之变”中，英宗作了蒙古瓦剌部的俘虏，成为明王朝盛衰转折的重要标志。自此之后，各代皇帝大多荒淫昏暗，纵情享乐，不理朝政，宠信太监，导致宦官专权。从王振、刘瑾到魏忠贤等人酿成的“阉党之祸”，致使明王朝统治危机日益加深。万历年间首辅张居正进行改革，由于明王朝江河日下的大势已定，这次改革也无法力挽狂澜，并以失败而告终。

▲明·金爵、金盘

公元1435年 王振专权

朱元璋建国伊始，规定内官不许习字，只供洒扫驱使。又令宦官不许干政，违者斩。终洪武一朝，无宦官干政的现象。靖难之役时，大批宦官投奔朱棣，报告朝中虚实，为朱棣夺取江山立有功绩。成祖朱棣因此信任宦官，允许读书习字，逐渐委以重任。到宣德年间，皇帝便会让侍候左右的司礼监太监替他批复奏章，日久成例，称为“批朱”。宣德十年(1435年)正月，宣宗病死，英宗即位，改元正统。这时，英宗年仅9岁，太皇太后张氏垂帘听政。张太后秉政，把国家一切政务

▲朱棣像

交给内阁大臣杨士奇、杨荣、杨溥处理。王振是山西蔚州人，入宫前就曾读过书并当了几年的教官。据称其任职数年，毫无建树，为逃避罪责而自行阉割入宫，后来被派到东宫，陪太子朱祁镇读书。英宗即位后，任命王振为司礼太监，总管宫中宦官事务，提督东厂等特务机构，替皇帝掌管内外一切章奏和文件，代传皇帝谕旨等。由于此职事关机要，并有“批红”之权，英宗把这样一个重要官职交给王振，为他日后擅权开辟了道路。正统初年，外廷有“三杨”，内宫有太皇太后张氏，王振尚处处小心，不敢嚣张。正统七年(1442 年)，张太后去世，“三杨”也先后去世，使得王振可以肆无忌惮地弄权，大兴土木，广收贿赂，使用重刑，威势倾朝廷。正统十四年(1449 年)，也先率兵犯边。王振认为这是扬威远方的机会，怂恿英宗贸然亲征。英宗自己也想仿效曾祖父成祖扫荡漠北，因此不顾大臣们的劝谏，草率亲征。结果，英宗被俘北去，王振被打死。

◀明英宗朱祁镇像

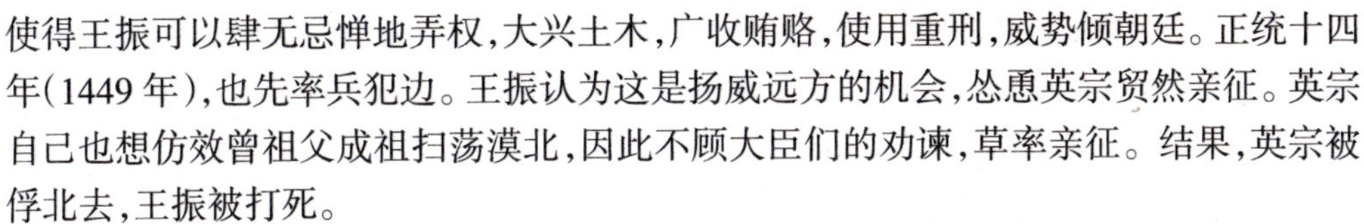

公元 1464 年　宪宗即位

正统十四年(1449)八月，明英宗在土木之变中被俘。九月，兵部尚书于谦、吏部尚书王文等拥立英宗弟朱祁钰为帝，是为景帝，遥尊英宗为太上皇。次年，英宗被释归，为景帝幽禁于南宫。景泰八年(1457 年)正月，景帝病重，不能临朝，石亨见帝疾甚，即与都督张軏、太监曹吉祥等密谋发动政变，拥英宗复辟。英宗复位后，下于谦、王文于狱。后又以谋逆罪杀于谦、王文，迫害于谦所荐之文武官员。论复辟功，对石亨、徐有贞等人分别晋官加爵。二月，废景帝仍为郕王，迁于西内。天顺八年(1464 年)，英宗皇帝去世，太子朱见深继承皇位，次年改元“成化”。宪宗即位后，平反了于谦冤狱，恢复了于谦之子的官职。又不顾明代宗曾废掉自己的太子之位，以德报怨，恢复代宗帝号，重修代宗陵寝，博得了朝野的一片称颂之声。

◀明宪宗朱见深像

▶明宪宗元宵行乐捶丸图

朱见深任用李贤为相，阁臣之中还有彭时、商辂等人，人才济济，朝政清明。但是随着明朝土地兼并的严重，官吏对百姓的压榨，许多农民流离失所，并且这种情况不断恶化。百姓终于忍无可忍，荆襄爆发了刘千斤起义，广西爆发了少数民族起义，虽然这些起义都归于失败，但已经为明朝的政治敲响了警钟。成化二十三年(1487年)，宪宗去世，为太子朱祐樘留下了一个千疮百孔的江山。

公元1488年～公元1505年　弘治中兴

▲明孝宗朱祐樘像

成化二十三年(1487年)春，万贵妃病死，宪宗也因悲伤过度于八月去世，太子朱祐樘于九月壬寅日继位。第二年改年号为“弘治”，是为明孝宗。孝宗即位之初，就着手改革弊政。孝宗“恭检仁至、勤政爱民”，“更新庶政，言路大开”，使英宗朝以来奸佞当道的局面得以改观。弘治年间除河套、哈密等地区与少数民族有小规模军事冲突外，全国主要地区均无大的动乱。从弘治二年(1489年)至弘治八年(1495年)，以治黄为主，兼及苏、松水利，先后用民工近六十万人，历时六七年。调动力量固然很大，在一定程度上也解决了灾区人户的失业与救济。由于孝宗的励精图治，使得当时明朝政治清明，经济繁荣，百姓富裕，天下小康，被称为“弘治中兴”。

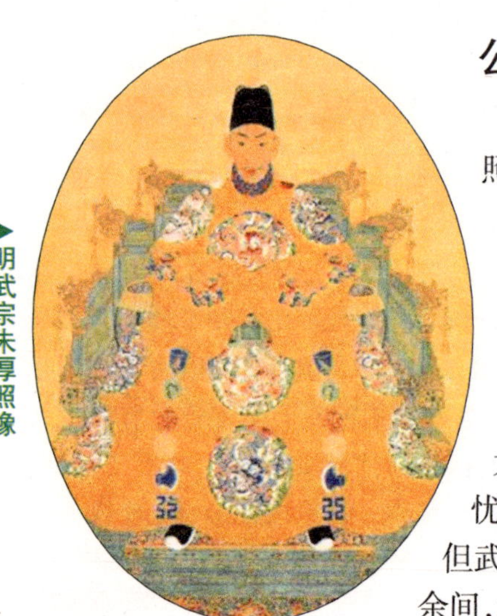

▶明武宗朱厚照像

公元1505年　武宗即位

弘治十八年(1505年)孝宗去世后，太子朱厚照即位，次年改元正德，是为明武宗。明武宗即位时，年仅十五岁，童心不改，一心贪玩，怠于政事，而且热衷于骑射游猎，纵情声色。正德二年(1507年)，明武宗于西华门筑别殿，造密室，选美人，供其淫乐，称之为“豹房”。宦官刘瑾等人为了巩固自己的地位，更是投其所好，日献鹰犬、歌伎，供其玩乐。武宗游嬉无度，对臣下一些忧国忧民的建议，置若罔闻。后来刘瑾不法被诛，但武宗的腐朽生活并不收敛，他扩建豹房，增修二百余间，浪费了大量资财。武宗还喜欢猛兽，曾因“狎虎

明·掐丝珐琅龙纹长方炉

被伤”，致使一个多月不能上朝。除此之后，武宗还常常微服巡游，“凡车驾所致，近侍先掠良家女以充幸御，至数十车”。在巡游途中，他还以英雄自居，经常戎服，乘马佩剑，踌躇满志。有一次，还亲率士兵与鞑靼作战，险些被俘，事后却让人“以捷闻于朝”，回朝后并大言不惭地说：“朕在榆河亲斩首虏一级，亦知之乎？”武宗长年出巡，不理政事，致民间怨声载道。在位期间，北直隶、江西、湖广、四川、陕西等地民变纷起，宗室相继反叛。

刘瑾

明朝文官雕像

刘瑾是是明朝揽权乱政、影响最大的三个权宦之一，在当时有“立皇帝”之称。本姓谈，领他进宫的宦官姓刘，所以冒姓刘。孝宗时，在东宫侍候武宗。武宗即位，掌管钟鼓司，是“八虎”（八个最受宠的宦官）中最狡猾狠毒的一个。他仰慕英宗时权宦王振为人，引诱皇帝游乐，微服出行。后升内官监，总督京师武装，劝皇帝令各地镇守宦官各自进贡万金，并将皇庄增至三百余处，致京畿一带大受骚扰。大学士刘健等大臣群起上疏请求处死刘瑾，并得到司礼太监王安等的支持。刘瑾却得到吏部尚书告密，先发制人，连夜使皇帝发配了王安等，由他掌管了司礼监。刘瑾得势后大肆受贿弄权，控制特务机构东、西厂，加设内行厂，使缉事人员四出活动，斥逐大臣，大量引进私党。正德五年（1510年），安化王借讨伐刘瑾罪行为名，起兵造反，与刘瑾有矛盾的太监张永和都御史杨一清受命指挥部队讨伐。在杨一清的策划支持下，张永乘班师献俘的机会，告发刘瑾谋反。皇帝亲自去抄家，搜出许多违禁品和刘瑾随身携带的匕首，这才下令处死刘瑾，并恢复他所改变的法制。

英宗被俘图

公元 1521 年　世宗即位

明世宗像

正德十六年(1521 年),武宗死,武宗无子,皇太后张氏以孝宗亲弟兴献王长子朱厚熜继位,是为世宗,改元嘉靖。明嘉靖帝继位之初,下诏废除了武宗时的弊政,诛杀了佞臣钱宁、江彬等,在抑制宦官和外戚勋贵势力的发展上颇有成效;清查庄田,还田于民,对赋役制度的改革,利国利民。然而,这些改革仅是在局部范围内,未能全面而持久地展开。世宗非常崇信道教,好神仙老道之术,一心求长生不老。他到处搜罗方士、秘方,许多人因此而一步登天,一些文人也因为给嘉靖皇帝撰写青词(道教仪式中向上天祷告的词文)而入阁成为宰相,权臣严嵩就是通过写青词而升任为首辅。世宗由严嵩主持朝政,自己则深居皇宫专心于成仙修道。在他在位的 45 年间,由严嵩擅权达 17 年之久。严嵩立朋党,除异己,造成兵备废弛,财政拮据。倭寇扰掠东南沿海,蒙古鞑靼贵族大举入掠京畿,农民起义频繁,社会危机日益加深。

张璁像

内阁纷争

内阁是明朝权力的核心,为了争权夺利,阁臣之间也互相倾轧,纷争不已。英宗即位时,年仅九岁,不能理政,太皇太后乃委政于内阁,令大学士杨士奇对臣下章奏拟出处理意见,交皇帝裁决,这也就是"票拟"制度的开始。一般大学士无权"票拟",只有位高望重的首辅大学士才有这一权力。因此,阁臣为了当首辅,相互之间展开了激烈斗争。明武宗无子,死后堂弟朱厚熜即位,是为明世宗。世宗欲尊生父兴献王为皇考,结果引起一部分官僚的反对。围绕皇统继承问题,官僚之间展开了明争暗斗。内阁首辅杨廷和等认为,继统就要继嗣,世宗应尊孝宗为皇考,生父兴献王只能尊为皇叔考。南京刑部主事张璁等人则迎合世宗,上疏说"继统"不同于"继嗣",应尊兴献王为皇考,这就是所谓"大礼议"之争。斗争结果,杨廷和被罢官,张璁被任为首辅。张璁任首辅后,恃宠跋扈,结怨太多,受到以阁臣夏言为首的官僚们的弹劾，结果张璁被革职，夏言代之为首辅。夏言上台后，欺凌礼部尚书严嵩，严嵩借朝臣争论兴献王附宗庙一事，极力逢迎世宗，取得了世宗的信任。严嵩更攻击夏言倡议收复河套之役“误国”有罪，结果夏言被杀，严嵩被任命为首辅。严嵩当政后，“遍引私人居要地”，其子严世蕃为工部左侍郎，并代严嵩票拟，时有“大丞相，小丞相”之谣。嘉靖末年，严嵩被弹劾撤职，严世蕃被杀，徐阶出任首辅。穆宗隆庆初年，高拱原系东宫讲官，受到信任，终于取代徐阶为首辅。但不久，高拱又被张居正排挤罢官，张居正成为内阁首辅。纵观明中期的内阁纷争，几乎完全是为了个人的私利，明争暗斗，尔虞我诈，十分卑鄙，以致这一时期的政治更加腐朽，明朝的统治危机也日趋加深。

◀张璁碑亭

公元1572年　神宗即位

▶明神宗像

隆庆六年（1572年），穆宗死，十岁的朱翊钧登基做皇帝，是为明神宗。神宗在位前十年，励精图治，重用张居正从事改革，使明王朝在政治、经济、军事等方面都有所振兴。万历十年（1582年）朱翊钧亲政后，追夺张居正官阶，逐步废止其改革措施。他晏处深宫，不常视朝，声色犬马，荒废政事；又大肆兼并土地，溺志于财货。万历二十四年（1596年）起，派遣大批宦官充任矿监税使，到全国各地开矿征税，疯狂掠夺，不断激起农民起义和城市市民阶层的反抗。万历中期以后，封建统治集团内部的危机日益加深，党争与宫闱之争相互纠结。后期，神宗荒怠益甚，朝中齐楚浙党鼎立，职守尽弛，上下解体。神宗初年比较重视军务，在张居正的影响下，曾两次亲临教场检阅军队。万历二十年至二十八年间（1592~1600年），先后赢得平定国内叛乱和援助朝鲜、抗击日本侵略战争的胜利。此后即不问边计，对建州女真弄兵塞外、蚕食疆土不以为意。努尔哈赤于万历四十六年（1618年）攻占抚顺，挑起后金与明之间的战争，神宗则力主讨伐。次年，明军在萨尔浒（今辽宁抚顺东浑河南岸）惨败，此后明对后金取守势，无力进攻。在明与后金的战争中，神宗3次下诏增派辽饷，加重了对内地人民的剥削，民族矛盾与阶级矛盾日益激化。

▶张居正像

公元1573年~公元1582年

张居正改革

张居正(1525~1582年),字叔大,号太岳,江陵(今属湖北)人。嘉靖二十六年(1547年)进士,隆庆元年(1567年)任吏部左侍郎兼东阁大学士。隆庆时与高拱并为宰辅,为吏部尚书、建极殿大学士。万历初,他与宦官冯保合谋逐高拱,遂成首辅。当时神宗年幼,一切军政大事均由张居正主持裁决,前后柄政10年,实行了一系列改革措施。他锐意革新,整顿吏治,收到一定的成效。万历元年(1573年)六月,实行"考成法",对官员进行考察,提高了行政效率。加强内阁,抑制宦官,巩固中央政权。任用戚继光、李成梁等名将,加强北部边防,整饬边镇防务。万历六年(1578年)他下令清丈土地,清查权豪势家隐瞒的土地。三年后在全国范围内推行一条鞭法,改革赋役制度,赋役合并,以丁田分担役银,按亩征银。他积极整顿财政,量入为出,节缩开支,任用潘季驯主持浚治黄河淮河,均见成效。他还注意改善与周边民族的关系。万历十年(1582年)卒,赠上柱国,谥文忠。张居正的改革使国家财政状况得到改善,也在一定程度上减轻了农民的负担,但改革也遭到官僚地主的强烈反对。死后为宦官张诚及守旧官僚所攻讦,籍其家。天启时,恢复名誉,予葬祭。有《张太岳集》、《书经直解》等。

海瑞

◀海瑞像

海瑞(1514~1587年),字汝贤,海南琼山县人,嘉靖二十八年(1549年)举人。海瑞历任福建延平府南平县儒学教谕(正教官)、浙江淳安县知县、嘉兴通判(知府的副职)等职,因受反对者诬告,被降为江西兴国县知县。后因政绩显著,于嘉靖四十三年(1564年),被调升进京任户部云南司主事。隆庆元年(1567年),迁升南京通政司右通政,后又调升为都察院右佥都御史,总督粮储,提督事务,巡抚应天府。后因匡正时弊,令朝中大部分官员不满,被迫于隆庆四年(1570年)辞去南京户部侍郎官职。之后复出,就任南京都察院右佥都御史。海瑞一生经历了正德、嘉靖、隆庆、万历四个皇帝,仕途坎坷,屡次受到排挤,曾因批评皇帝被罢官入狱。他始终刚直不阿,执法公正,惩贪抑霸,整顿吏治,并平反了一些冤案,被誉为"海青天",亦称"包公再世"。

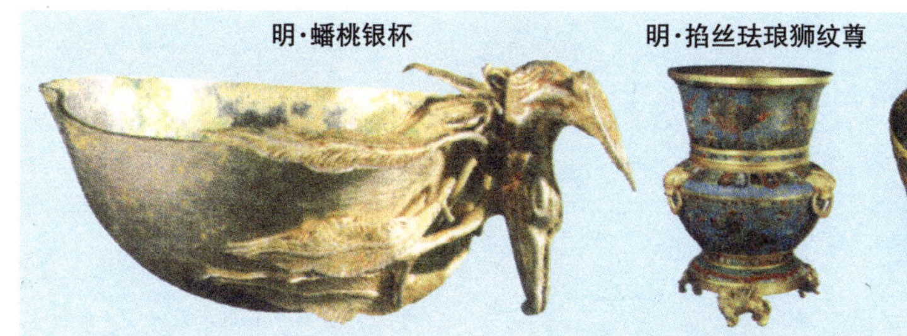

明·蟠桃银杯　明·掐丝珐琅狮纹尊　明·掐丝珐琅海马纹大碗

明后期的社会危机

万历中叶以后，明朝在政治、经济、军事、财政诸方面，出现了越来越严重的危机，日益削弱着明朝的统治，促成和加速了明朝的崩溃。明朝后期，各种社会矛盾极端尖锐：官场黑暗，宦官专权，党争激烈。特别是明朝中后期的皇帝，大多非昏即愚。到神宗和熹宗两朝，政治达到腐败不堪地步。在经济上，统治者疯狂掠夺土地，对农民进行敲骨吸髓的剥削。同时还把各种赋役负担转嫁到农民身上，尤其是“辽饷”、“剿饷”、“练饷”的征收，使广大的农民已到了无法生存下去的地步。各地官吏更是贪赃枉法，无所顾及。这些都直接地动摇了明朝的统治基础。处于水深火热之中的劳苦大众，纷纷起来反抗；而在关外迅速兴起的满洲贵族，利用他们已有的优势，不断进攻关外的明军重镇。这样，明王朝的统治者们东讨西杀，疲于奔命，处于内外交困的危险境地。

公元1586年～公元1614年　国本之争

从万历十四年（1586年）到四十二年（1614年），万历朝围绕确立太子的“争国本”斗争历时近30年。神宗万历皇帝的王皇后无子，王恭妃生子朱常洛（即后来的明光宗），郑贵妃生子朱常洵（即后来的福王）。朱常洛年长，按立嫡以长不以贤的礼法原则，朱常洛应该被立为太子。但万历皇帝宠爱郑贵妃，准备立朱常洵为皇太子。朝臣果然依据封建王朝太子立嫡、无嫡立长的法纲力争。首辅申时行于万历十四年（1586年）二月，上《请册立东宫以重国本疏》，

▲明光宗朱常洛像

明·平番得胜图(局部)

拉开了长达近30年的波及整个朝廷的国本之争的序幕。申时行的奏请立即引起了满朝文武的共鸣,各部府司道诸衙门都纷纷上章奏请。户部给事中姜应麟、吏部验封司员外郎沈璟、刑部山西司主事孙如法、河南道御史杨绍程等人的奏章言辞尤为激烈,万历皇帝一怒之下,将这四人严厉降处。万历十七年(1589年)十二月,大理寺左评事又上奏章,指明神宗有“酒色财气”四病,深得群臣赞同,又受到大学士王家屏等阁臣的袒护。此后,申时行、大学士许国、吏部尚书朱纁、礼部尚书于慎行等人除了继续陈请早行册立之外,还陈请神宗对朱常洛及早进行“预教”(出阁读书),事实上承认了朱常洛的太子地位。万历二十一年(1593年)正月,神宗以手诏示大学士王锡爵,拟把皇长子常洛、皇三子常洵和皇五子常浩一并封王,待以后再从三人中选有才能者立为太子。后来神宗迫于群臣的强大压力,被迫放弃了“三王并封”的谕旨,但又抱着“待嫡”之说不放。后来经过群臣连续八年之久的几百次顽强的奏请,直至皇太后施加压力,才在万历二十九年(1601年)十月立朱常洛为皇太子,同时也封常洵为福王,藩国洛阳。朱常洛被立为太子后,朝廷大臣奏请福王就藩之国的奏章不断,万历皇帝一直在拖延。直到万历四十一年(1613年),万历皇帝再也拖延不下去了,才以第二年春天为期,但又同时提出条件,福王庄田要达到四万顷。然而,又无法凑足四万顷之数,朝廷大臣,特别是东林党人上书反对,万历皇帝被迫让步,减为二万顷。万历四十二年(1614年)三月,皇长孙由校(常洛长子)也已九岁,神宗看废长立爱的可能性已经不复存在,才将朱常洵封国洛阳,满朝文武才如释重负。沸沸扬扬近三十年的“国本”之争至此告终。

明·楼阁人物金簪

公元1596年　矿监税使的掠夺

明朝中期以后,随着商品经济的繁荣,工商业城市有了发展,市民阶层得到壮大,首次登上历史舞台,使社会阶级斗争更加尖锐复杂,并增添了新内容。明神宗贪得无厌,爱财如命,生活上奢侈糜烂,挥金如土。朝廷上下更是贪污成风,以致国库空虚,入不敷出。为了广开敛财门路,增加剥削收入,从万历二十四年(1596年)起,他亲自派出大批宦官去全国各地充当矿监税使,大肆进行搜刮和掠夺。矿监，名为监督开采，征收矿税，其实是指鹿为马，进行敲诈和勒索。他们随意指指点点，到处掘人家坟墓，毁人家住宅，胡乱声称地下有矿，逼得人家送上金钱才肯罢休。弄得人心惶惶，民怨沸腾，没有一块安宁的地方。税使则在各工商业城市和水陆交通沿线乱设税卡，横征暴敛，鱼肉人民，折辱地方官员。仪征与镇江一江之隔，要抽税两次，长江上船行一天要抽税五六次，运河两岸更是"层关叠征"。这些矿监税使以一部分敲诈勒索来的金银财宝孝敬皇帝，而大部分都进了他们私人腰包。

公元 1601 年　苏州市民抗暴

矿监税使的倒行逆施不仅破坏了工商业的发展，扰乱了人们的正常生活秩序，还激起了商人、作坊主、手工业者、市民乃至富户和地方官员的强烈不满和反抗，反对矿监税使的斗争遍及全国各地。万历二十九年(1601 年)，苏州爆发了激烈的反对税监孙隆的斗争。宦官孙隆负责苏杭税监，常驻苏州。他勾结当地恶棍，到处设卡抽税，搞得"百物腾贵，民不堪命"。又对染织作坊"擅自加征"，规定每张织机要征收税银三钱，逼得机户"杜门罢织"，染坊也被迫歇业，使得许多织工、染工失去生活来源。在织工葛贤的领导下，几千名愤怒的失业工人汇集到玄妙观，焚香发誓："欲为吴民剿乱"，"拼死救此一方"；不杀税棍、不赶走孙隆，誓不罢休。他们先后击杀了孙隆的帮凶黄建节等人，又打死好几个税官，放火烧了十几个爪牙的住宅，包围了孙隆的官署。孙隆连夜逃奔杭州，才免于一死。神宗被迫撤回了孙隆，派来了宦官刘成。不到一年刘成又步孙隆的后尘，故技重演，继续大肆盘剥、欺压商民和织工，再一次激起公愤，苏州商民在管文的领导下，又掀起了反对新税监刘成的斗争。

▶明·剔犀葫芦式漆执壶

▶明·龙凤纹菊瓣形雕填漆盘

由于明朝后期商品经济的发展还没有达到形成全国市场的水平，城市人民反对矿监税使掠夺的斗争仍处于分散的、各自为战的状态，但他们已首次登上政治舞台，初步显示了斗争的力量和勇气，这预示着明朝的封建统治已经危在旦夕，即将土崩瓦解。

公元 1604 年　东林党形成

▲“东林书院”旧址

神宗统治时期，以皇帝、宦官、王公、勋戚、权臣为代表的封建统治阶级中最反动腐朽的势力，操纵朝政，政治黑暗，军事窳败，财政拮据，而苛征暴敛益加繁重，人民反抗事件也层出不穷。由于明朝国力渐衰，崛起于关外的满洲贵族也逐渐不服明朝中央政府的管辖，以至成为对明朝的威胁。面临这种国事日非的形势，一些政治头脑比较清醒的地主阶级知识分子发出了关心国事、改革弊政的呼声。万历三十二年(1604 年)，被革职还乡的顾宪成在常州知府欧阳东凤、无锡知县林宰的资助下，修复宋代杨时讲学的东林书院，与高攀龙、钱一本、薛敷教、史孟麟、于孔兼及其弟允成等人，讲学其中，“讲习之余，往往讽议朝政，裁量人物”，其言论被称为清议。朝士慕其风者，多遥相应和。这种政治性讲学活动，形成了广泛的社会影响。“三吴士绅”、在朝在野的各种政治代表人物、东南城市势力、某些地方实力派等，一时都聚集在以东林书院为中心的东林派周围。时人称之为东林党。明神宗朱翊钧统治后期，宦官擅权，倒行逆施，政治日益腐化，社会矛盾激化。针对这一现象，东林党人提出反对矿监税使掠夺、减轻赋役负担、发展东南地区经济等主张。他们还主张开放言路、实行改良等针砭时政的意见，得到当时社会的广泛支持，同时也遭到宦官及各种依附势力的激烈反对。东林党人在明朝末年的政治活动，经历了神宗万历、熹宗天启和思宗崇祯三朝，长达半个世纪。

▲神宗万历皇帝出警入跸图(局部)

▲高攀龙雕像

公元 1615 年　梃击案

▲明·大彬款提梁壶

神宗皇后无子，王恭妃生子常洛，郑贵妃生子常洵。常洛为长，按皇明祖训“立嗣以长”，而宠妃郑贵妃所生皇三子朱常洵为神宗所钟爱，神宗欲册立常洵，乃迁延不立皇太子，内阁大学士方从哲又依违其间，东林党人上疏反对。至万历四十二年(1614 年)，福王离开北京赴洛阳就国才真正确立了朱常洛的太子地位。但宫闱的权力之争仍未停止。万历四十三年(1615 年)五月，宫外男子张差手持木棒闯入大内东华门，一直打到皇太子居住的慈庆宫，后被内监捕获。对张差梃击太子宫之事，朝内争论不一。支持郑贵妃、倾向福王为太子的臣僚认为是张差疯癫所为；支持皇太子的大臣认为是陷害太子的阴谋。经刑部十三司会审，查明张差系京畿一带白莲教的一支红封教的成员，其首领为马三道、李守才，他们与郑贵妃宫内的太监庞保、刘成勾结，派张差打入宫内，梃击太子宫。此案结局，张差磔死，马三道、李守才发远方戍守，太监庞保、刘成在内廷击毙，梃击案掀起的轩然大波暂时平息。

公元 1620 年　红丸、移宫二案

梃击案以后宫闱争斗并未真正结束，在泰昌、天启年间更为剧烈地展开，“红丸案”、“移宫案”接踵发生。红丸、移宫二案发生在光宗泰昌元年(1620 年)，八月光宗即位，不久身患重病，内侍崔文升进泻药，随后鸿卢寺丞李可灼又进红丸两粒，光宗服药后就一命归天。许多大臣怀疑这又是郑贵妃的阴谋，又展开了大争论。光宗死后，与郑贵妃来往密切的李选侍挟太子朱由校居乾清宫，朝臣们认为李选侍心怀叵测，逼她立即移出乾清宫。这三案本不是什么重大事件，但在统治集团内部思想混乱、互争长短的情况下，都成了十分敏感和争论最激烈的政治案件。在激烈争论这些案件的过程中，由于观点和态度的不同，就形成了东林党和以浙党为代表的非东林党，历史上又把东林党称为“清流”，非东林党称为“邪党”。

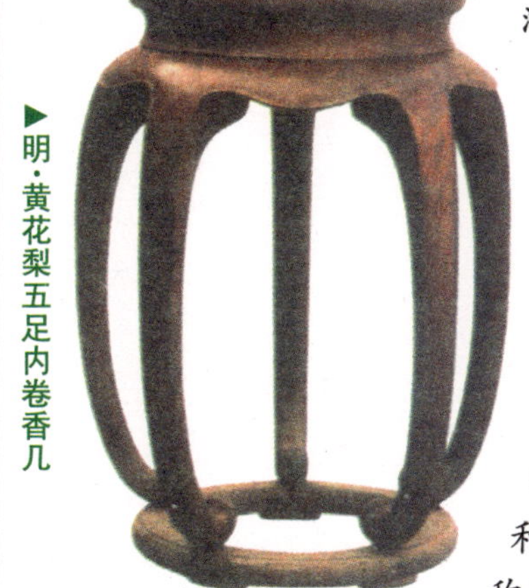
▶明·黄花梨五足内卷香几

公元 1628 年　思宗即位

▶明思宗像

天启六年(1627 年)八月，熹宗死，由于没有子嗣，其弟朱由检受遗命于同月继承皇位，次年改元“崇祯”。朱由检继位伊始，面对着危机四伏的政治局面，殷切地寻求治国良方，勤于政务，事必躬亲。与前两朝相比较，朝政有了明显改观。天启七年(1628 年)十一月，崇祯皇帝在铲除魏忠贤的羽翼之后，再将其贬至凤阳，途至直隶阜城，魏忠贤得知崇祯要逮捕他，遂与一个关系密切的太监自缢而亡。此后将阉党二百六十余人或处死、或发配、或终身禁锢。与此同时，平反冤狱，重新启用天启年间被罢黜的官员。起用袁崇焕为兵部尚书，赐予尚方宝剑，托付他收复全辽的重任。无奈积重难返，各地民变不断爆发，北方皇太极又不断骚扰入侵，加上明思宗求治心切，生性多疑，刚愎自用，因此在朝政中屡铸大错：前期铲除专权宦官，后期又重用宦官；中后金反间计，自毁长城，冤杀袁崇焕。他又增加赋税，增调重兵全力防范雄居东北的后金政权和镇压李自成、张献忠领导的农民军。因对外廷大臣不满，朱由检在清除魏忠贤为首的阉党后，又重用另一批宦官，给予宦官行使监军和提督京营大权。大批宦官被派往地方重镇，凌驾于地方督抚之上。甚至派宦官总理户、工二部，而将户、工部尚书搁置一旁，致使宦官权力日益膨胀，统治集团矛盾日益加剧。无奈中，他不断反省，四下罪己诏，减膳撤乐，但终无法挽救明王朝于危亡。

▶袁崇焕像

阉党与东林党之争

▶明熹宗像

天启年间，熹宗以做工匠活为乐事，不问朝政。太监魏忠贤与熹宗的奶妈客氏相勾结，乘机专权，以浙党为代表的非东林党投靠魏忠贤，串通一气，形成了阉党。阉党头目魏忠贤本是市井无赖，万历时自阉入宫，因与熹宗奶妈客氏勾通，升为司礼秉笔太监，得到熹宗的信任，权势很大。他的党羽遍布全国，还有五虎、五彪、十狗、十孩儿、四十孙等称号。他们无耻地为魏忠贤歌功颂德，大建生祠，甚至称魏阉为“九千岁”、“九千九百岁”。他们把持朝政，胡作非为，猖狂杀害异己，气焰十分嚣张，政治腐败到了极点。天启年间，东林党与阉党的斗争空前激烈。天启四年（1624年），杨涟揭发魏阉二十四大罪状，魏忠贤诬陷杨涟受过杨镐、熊廷弼贿赂，被捕下狱，以“土囊压身，铁钉贯耳”，被残酷折磨而死。天启六年（1626年），魏忠贤大肆镇压东林党人，按照他们拟订的“东林点将录”、“东林同志录”名单逐一搜捕，著名的东林党人左光斗、袁化中、魏大中、高攀龙等，都先后被迫害而死，还有许多人被囚禁和流放。崇祯即位，由于魏阉和客氏作恶多端，民愤极大，才被处死。阉党虽然遭到沉重打击，但东林党与阉党的斗争，直到南明弘光时期仍未止息。

▲熊廷弼像

三饷加派

明朝末年，土地高度集中的情况已经到了空前严重的程度。江南的一般地主豪绅通过巧取豪夺，“求田问舍而无所底止”。土地的高度集中，迫使自耕农大量破产和流亡，因而导致政府赋税收入相应减少，而皇室仍旧大肆挥霍。万历时皇室婚礼一项开支就用银一千万两，修缮宫殿时仅木料费用就达九百万两。此外政府的正常开支有增无减，尤其是军费开支连年剧增，以致全年收入不足开支的一半。为了解决这一财政危机，明朝政府就不顾人民死活，强行加派赋税，肆意进行收刮。早在嘉靖二十年（1551年）就曾因军饷短缺，在正赋之外，加派了120万两。明末的“三饷加派”——辽饷、剿饷、练饷，数额更为巨大。辽饷是为了解决在辽东对努尔哈赤用兵所需军饷而加派的赋税，万历四十六年（1618年）为200万两，到崇祯四年（1631年）猛增到1029万多两，短短13年增加了五倍。剿饷是用来镇压农民起义的，每年330万两。练饷是用来训练军队的，每年700万两。三饷合计高达2000多万两，比明朝末期每年正常赋税收入的1400多万两还要多600万两。这些加派的赋税又主要落在农民和部分中小地主身上。

▶明·紫檀五开光坐墩

明·蓝釉白花盘

明·神道石象

明末农民大起义

天启、崇祯年间，随着明朝政治的日益腐败、经济剥削的苛重，社会矛盾益趋激化，各地农民起义再度兴起，最终推翻了明朝的腐朽统治，为一个新的皇朝的诞生铺平了道路。崇祯年间，农民起义队伍主要分为二支。一支是闯王李自成领导的起义军，主要转战于中原地区；一支是张献忠领导的农民起义军，转战到四川。两支起义军遥相呼应，多次打败明军的围剿。1644年，李自成改西安为长安，称西京，建国号大顺，建元永昌。1644年11月，张献忠在成都称帝，国号大西，建元大顺，称成都为西京。李自成建立了大顺农民政权后，率部渡黄河，克太原，以摧枯拉朽之势，连下大同、宣府，夺取居庸关、昌平，直逼北京城。3月19日，李自成攻克北京，崇祯帝在煤山自缢。统治近300年的明王朝，被轰轰烈烈的农民起义推翻了。

公元1629年
李自成起义

崇祯元年(1628年)，府谷王嘉胤、汉南(成县)王大梁、安塞高迎祥和清涧王左卦等人，先后起义。此后，各地起义军越来越多。崇祯二年(1629年)，明末农民大起义杰出领袖李自成也率领一部分边兵在甘肃金县起义。李自成(1606~1645年)，陕西米脂人，家世业农。明天启、崇祯年间，陕北连年旱荒，农民纷起暴动。天启六年(1626年)，李自成投银

◀李自成起义

川驿当驿卒。银川驿裁撤后，李自成失业。后因向同邑乡绅借贷无力偿还，被械系到街上示众。继而，他逃出米脂，聚集三万人造反起义。崇祯三年（1629 年），李自成率部投靠闯王高迎祥，是为八队闯将，转战陕、晋、豫、楚等地。崇祯七年（1634 年），奉令殿后的李自成部误入兴安（今陕西安康）附近车箱峡，被明军围困。李自成设计得以脱围后，势力愈强，连破永寿等七县。崇祯九年（1636 年），高闯王战败于陕西盩厔（今周至）被俘牺牲，李自成承袭闯王名号。

公元 1635 年　荥阳大会

崇祯八年（1635 年）正月，明政府以洪承畴为晋、陕、川、豫、湖广五省总督，出兵陕西，命山东巡抚朱大典出兵山东，从两面夹击农民军。为了粉碎官军的进攻，农民军十三家七十二营的首领，大会于河南荥阳，商讨对敌作战方略。会上，李自成分析了敌我形势，认为“官兵无能为也”，提出对敌联合作战、分兵迎击的办法。会议采纳李自成的建议，决定农民军十三家七十二营分为东、西、南、北四路出击，另外一路往来策应，把主力放在敌军最薄弱的东路，以便集中力量击溃敌人的夹攻。荥阳大会是明末农民大起义发展过程中的重大事件，它体现了农民军团结对敌、联合作战的要求，标志着农民起义已进入了一个新的阶段。虽然后来没有很好地贯彻这次会议的决定，但是，像这样众多的农民军首领聚会商讨对敌作战计划，在中国农民战争史上还是一个创举。

◀洪承畴像

▶明末农民战争示意图

公元 1638 年　起义军受挫

为了镇压农民起义，明朝政府把镇守辽东的主力军也抽回来了。崇祯十年（1637 年），采用兵部尚书杨嗣昌议，制定了“四正、六隅、十面网”之策，即以陕西、河南、湖北、江北为四正，延绥、山西、山东、江南、江西、四川为六隅，合为十面网，从四面八方对农民军进行围攻，妄图把农民军杀尽斩绝，一时气焰十分嚣张，对农民军展开了更残酷的围攻。崇祯十一年（1638 年）春，李自成在川北梓潼，遭到洪承畴军队的伏击，十一月又在潼关为孙传庭的优势兵力所败，只剩下李自成、刘宗敏、田见秀等少数将领，率领余部突围到陕南的商雒山中。同年，张献忠也在湖北谷城“受抚”，但他不交军权，屯田谷城四郊，观望形势。其他各支农民军大都退入山区，也有的“受抚”。总之，这时农民起义遭受到严重的困难和挫折，但一个新的高潮在迅速形成中。

▶杨嗣昌像

公元 1639 年　谷城再起

崇祯十二、十三年之间（1639~1640 年），河南、山东、河北等地又连续发生了严重的旱灾和蝗灾。山东的灾荒，有人说是明朝二百年来第一次变异。河南更是灾荒的中心地区，以致“人相食，草根俱尽，土寇并起”，甚至有父食其子、夫食其妻的惨事。因此，起义烈火烧遍中原大地，大大小小的起义军遍布河南全省，仅黄河两岸，农民起义就不下百余起。随着形势的高涨，崇祯十二年（1639 年）五月，张献忠再起于谷城，西向四川，粉碎了明政府“四正、六隅、十面网”的计划，并在四川境内牵制明军的 10 万主力部队，从而支持了李自成在河南的斗争。崇祯十四年（1641 年），张献忠乘湖广明军空虚，由四川回师，一举攻占襄阳，杀了襄王朱翊铭，杨嗣昌畏罪自杀。

公元 1640年　冲出商雒

李自成经过在商雒山中的一段休整，总结了起义十年来的斗争经验，研究了历次战斗成败的原因，于崇祯十三年（1640 年）也冲破官军的重重包围，经由郧（湖北郧阳）、均（湖北均县）转入河南。各地起义军争相依附，农民纷起参加和支援，不出几月，队伍发展到几十万，一个新的起义高潮又出现了。在农民起义的巨大浪潮中，有些失意的地主知识分子，如杞县举人李岩（原名信）、卢氏举人牛金星、江湖术士宋献策等，也带着不同的目的参加到起义军中来了，并很快得到李自成的信任，特别是李岩对农民起义军的发展起了一定的作用和影响。第二年正月，李自成一举攻占洛阳，杀了福王朱常洵，把一部分缴获的粮食、财物散发给贫民，进一步壮大了声势。不久，又攻克豫南重镇南阳，杀了唐王朱聿镇；又夺取了禹县，处决了延津王朱常淦；五次击溃了官军的进攻，活捉了兵部右侍郎傅宗龙，占领了河南全境。这时，李自成的势力已超过了张献忠，并成为明军攻击的主要对象。

公元 1644 年　大西政权的建立

▲张献忠塑像

张献忠于崇祯十六年(1643 年)五月攻占汉阳、武昌,称大西王,改武昌为天授府,建立政权。因避免与在襄阳称王的李自成冲突和防止明军左良玉的进攻,七月,放弃武昌,挥军南下,攻占长沙,大封功臣,开科取士,并张贴告示,宣称:“所属州县士民,照常乐业,钱粮三年免征。”大受城乡平民百姓欢迎,很快就控制了湖南南部、江西中部、福建西部和两广北部的广大地区。经过一番经营,张献忠深感这一地区开拓不易,难以固守,于是放弃长沙,挥军北上。崇祯十七年(1644 年)正月,张献忠攻入四川,迅速占领重庆、成都,控制四川全境。十一月,在成都正式建国,定国号为大西,年号为大顺,以成都为西京,建立内阁、六部等机构。又设五军都督府,下设 120 营,总兵力几十万人。又设四将军,孙可望为平东将军,李定国为安西将军,刘文秀为抚南将军,艾能奇为定北将军,并封为王。四将军共领 70 营,是大西军的主力部队。同时颁布新历书,开局造钱,开科取士,一切诏令敕书改用口语。并禁止官员私藏金银,严格军队纪律,革除民间铺张浪费的旧习俗等等,很有一番开国的新气象。

▶张献忠铸西王赏功铜币(复制品)

公元 1644年　大顺政权的建立

崇祯十五年(1642 年)十二月,李自成攻占襄阳、荆州。第二年正月破承天(今湖北钟祥),发布通告,声讨“明朝昏君不仁”。数月之间,控制了今湖北全境,并分兵驻守,派官治理,以作长久之计。五月,李自成在襄阳称新顺王,改建阳为襄京,设官分职,建立中央和地方政权机构。同时整顿内部,统一思想,杀了反对“据土称王”、闹分裂的昔日战友,吞并了他们的部众。并在这一基础上统一整编军队,上设五营,下设小队,每小队有马兵 50 名,步兵 100 至 150 名,总兵力约 60 万人。九月,李自成统率大军北上,与明军决战于汝州(今河南临汝),歼敌四万余人,乘胜夺取潼关,击败明兵部尚书孙传庭。十一月,攻占西安,迅速夺取了陕西全境,并分兵攻占今宁夏银川、甘肃兰州、武威、张掖等战略要地,以作关中的屏障。崇祯十七年(1644年)正月，改西安为西京，正式宣布建立以"大顺"为国号的政权，用"永昌"为年号，改崇祯十七年为永昌元年。扩大政权机构，以天祐殿为最高行政机关，任命牛金星为天祐殿大学士，大封有功将领刘宗敏、刘体纯等160余人为侯、伯、子、男等爵。开科取士，改八股文为散文。制订并颁布军队纪律条令，颁布新历，铸造钱币。又镇压地主豪绅，并责令他们出钱助饷。这时李自成已拥有百万大军。

▲李自成行宫

公元1644年　明朝灭亡

李自成建立了大顺农民政权后，率部渡黄河，从西安出发，向山西进军，除在宁武关(故址在今山西宁武境内)遇到明太原总兵周遇吉的猛烈抵抗外，一路势如破竹，明军望风归附，地方官开门迎降，人民夹道欢迎。崇祯十七年(1644年)三月十六日，李自成由居庸关入昌平，烧了明十二陵的享殿。十七日，大军进围北京，明军精锐三大营不战而降。十八日，明太监曹化淳打开彰义门(今广安门)，农民军进占外城。三月十九日，明崇祯帝朱由检在煤山(今景山)自缢。李自成入承天门(今天安门)，登皇极殿，明亡。由于起义军在胜利时丧失了警惕，明山海关守将吴三桂于四月引来清军入关。四月下旬，李自成率20余万大军迎战，于一片石失利后返京。永昌元年(1644年)四月二十九日，仓卒即帝位，翌日离京西走。次年四月，在湖北通山的九宫山下为地主武装所围困，李自成牺牲，余部由刘宗敏、李过率领南下，联明御清。

▲皇极殿

▲李自成进京

满族的兴起

满洲族的前身女真族世居于东北地区的白山、黑水之间，是中国的一个古老民族。明后期，建州女真在汉族影响下，经济文化发展很快，是后来形成满族的核心力量。清太祖努尔哈赤出自建州女真的贵族之家，姓爱新觉罗氏。他于万历十一年(1583年)起兵，经三十余年奋战，基本统一了女真诸部。在统一过程中，他创立了八旗制度，又命人创制了满文，使分散的女真人结成了牢固的整体。万历四十四年(1616年)，努尔哈赤称汗，国号大金(史称后金)。万历四十六年(1618年)，他以“七大恨”誓师伐明，次年又在萨尔浒之战中大破明师，保卫了后金政权。天启六年(1626年)，努尔哈赤进攻宁远(今辽宁兴城)，兵败后忧愤病逝，其第八子皇太极继位。皇太极厉行改革，大力吸取汉族文化，加强汗权，仿效明制，设立六部。崇祯九年(1636年)，皇太极称帝，改国号为大清，改族名为满洲，使清政权粗具封建朝廷的规模。崇祯十五年(1642年)，又在松山(今辽宁锦县西南)之战中大败明军，摧毁了明朝的宁锦防线。

公元1616年　努尔哈赤建后金

女真族是我国东北一个古老的民族，元朝末年以后，女真族散居在东北地区，分为好多部落。在吉林绥芬河流域，有一支比较大的女真部落，明朝在这里建立了三个卫所(建州卫、建州左卫和建州右卫)，实行统治。这片地区的女真族，叫做建州女真。另外还有野人女真、海西女真等较大的部落。努尔哈赤出身建州女真的贵族家庭。

◀努尔哈赤像

明万历十一年(1583年),努尔哈赤不屈奋起,以父、祖遗甲十三副起兵,“自中称王”。他率领八旗子弟转战于白山黑水之间,临大敌不惧,受重创不馁,以勇悍立威,受部众拥戴,历时30多年,统一女真各部,推动了女真社会的发展和满族共同体的形成。统一战争过程中,努尔哈赤在部落内制订了法律和制度,建立起八旗制度,创制了女真族自己的文字;加强与明朝、朝鲜之间的贸易,对明朝继续保持臣属和恭顺的态度,同时又拉拢蒙古和朝鲜,创造了一个相对安定的环境。公元1616年,他认为时机成熟,就在八旗贵族拥护下,在赫图阿拉(今辽宁新宾附近)即位称汗,国号大金,史称后金。

▲后金·铁剑、铁刀和铁盔

八旗制度

在逐步完成统一的过程中,努尔哈赤正式建立了从民族部落组织基础上发展起来的八旗制度。他规定女真壮丁三百人为一牛录,首领称“牛录额真”(汉语称佐领);五牛录为一甲喇,首领称“甲喇额真”(汉语称参领);五甲喇为一固山,首领称“固山额真”(汉语称都统);一固山为一旗,七千五百人,共有八旗;旗分为黄、红、蓝、白、镶黄、镶红、镶蓝、镶白八色,全部女真人都被编在八旗之中。八旗各级首领都由各氏族贵族充任,而旗主(都统)则都是努尔哈赤的亲近家族。他们都拥有大量的财富、土地和奴隶,是大奴隶主。一般女真人则称为“旗下”,他们的身份虽然比奴隶自由,一般都有耕地和牲畜,但他们要服兵役和各种杂役,还受到其他勒索。他们“出则为兵,入则为民”,“无事耕猎,有事征调”。旗主既是军事统帅,也是政治首领。八旗制度是一种军政合一的组织,是维护奴隶制统治的工具。八旗的建立,提高了女真军队的战斗力,加速了奴隶制的发展。

公元1618年　萨尔浒大战

◀萨尔浒大战的遗物——明军铁炮

努尔哈赤建立后金后,又花了两年多时间整顿内部,发展生产,扩大兵力。万历四十六年(1618年),努尔哈赤召集八旗首领和将士誓师,宣布跟明朝有七件事结下了冤仇,叫做“七大恨”。第一条就是明朝无故挑衅，害死了他的祖父和父亲。为了报仇雪恨，决定起兵征伐明朝。努尔哈赤亲自率领二万人马进攻抚顺。抚顺守将李永芳看后金军来势凶猛，没有抵抗就投降了，后金军俘获了人口、牲畜三十万。明神宗大怒，决定派杨镐为辽东经略，讨伐后金。杨镐经过一番紧张的调兵遣将，才集中了十万人马。万历四十七年（1619 年），杨镐分兵四路，由四个总兵官率领，进攻赫图阿拉。中路左翼是山海关总兵杜松；中路右翼是辽东总兵李如柏；北路是开原总兵马林；南路是辽阳总兵刘铤。为了扩大声势，号称四十七万。杨镐坐镇沈阳，指挥全局。后金八旗军兵力，合起来不过六万多。努尔哈赤连攻明中路、北路军，中路右翼的辽东总兵李如柏向来胆小，行动也特别迟缓，接到杨镐命令，急忙撤退。后金军里应外合，四面夹击刘铤军。刘铤寡不敌众，他左右两臂都受了重伤，终于倒下。这场战争从开始到结束，只有五天时间，杨镐率领的十万明军损失了一大半，文武将官死了三百多人。这就是历史上著名的“萨尔浒之战”。萨尔浒之战后，明朝大伤元气，后金步步进逼，过了两年，努尔哈赤又率领八旗大军，接连攻占了辽东重要据点沈阳和辽阳。天启五年（1625 年）三月，努尔哈赤把后金都城迁到沈阳，把沈阳称为盛京，威胁明王朝。

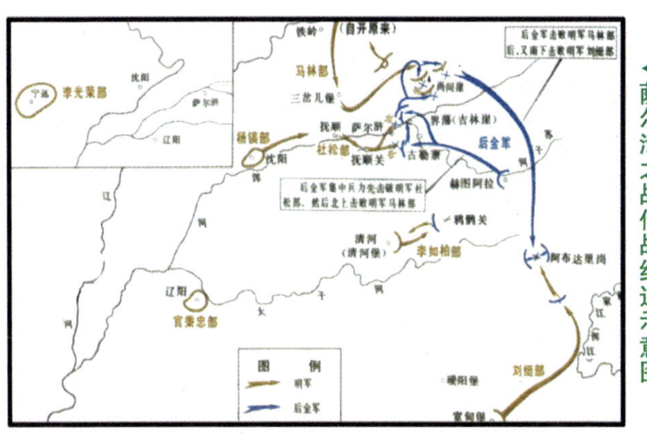

▶萨尔浒之战作战经过示意图

公元 1619年　熊廷弼经略辽东

萨尔浒惨败之后，杨镐被捕下狱，明廷任命熊廷弼为兵部右侍郎，经略辽东。他根据当时的实际情况，决定采取积极防御、先守后攻的方针，修缮城防，整饬军纪，严明赏罚，招抚流亡，加强战备，严阵以待，使努尔哈赤不敢贸然进犯，辽东形势暂趋稳定。不久，由于明朝统治阶级内部党争纷杂，为官清正、性格刚强的熊廷弼遭到阉党猛烈攻击，被诬以无谋欺君、攻战不力的罪名，他抗辩无效，愤而辞官。明光宗泰昌元年（1620 年），袁应泰接任辽东经略，一反熊廷弼的积极防御方针，不顾战场实际形势，企图转守为攻，加之治军不严，麻痹轻敌。天启元年

▶努尔哈赤雕像

▶努尔哈赤铸天命通宝满文、汉文小平各一枚

(1621年),努尔哈赤发动进攻,一举夺取了沈阳、辽阳等辽东七十余城,迁都沈阳。袁应泰兵败自杀。明廷在遭到第二次惨败的情况下,再度起用熊廷弼,但又任命阉党王化贞为巡抚,予以牵制。熊廷弼率5000兵驻扎山海关,力主固守广宁(今辽宁北镇),加强天津、登、莱水师,再联络朝鲜,待时机成熟,三方出兵,一举收复辽阳。王化贞拥兵13万,驻扎广宁,主张立即进兵,一举荡平后金。二人战守意见不一。王化贞的错误主张得到明廷的支持,遂不断发动进攻,屡战屡败。努尔哈赤乘胜西渡辽河,进攻广宁,王化贞不战而逃,在熊廷弼掩护下撤入山海关。明军再一次惨败,丧失了辽东。在阉党操纵下,熊廷弼被冤杀,传首九边。

公元1626年　宁远之战

天启三年(1623年),大学士孙承宗出镇辽东,他采纳袁崇焕的建议,以宁远(今辽宁兴城)为据点,筑城固守,以控制后金兵入关的通道。经过袁崇焕的苦心经营,收复了锦州、松山、大、小凌河等地,使辽东形势再度转危为安。天启五年,孙承宗又遭阉党排斥,继任的高第主张全部放弃关外地方,驱迫汉民入关。袁崇焕拒不执行高第的错误命令,团结广大军民,固守孤城宁远。天启六年(1626年),努尔哈赤以13万铁骑,大举进攻宁远,袁崇焕率军英勇抗击。努尔哈赤久攻不克,伤亡惨重并身负箭伤。他自叹:“自二十五岁征战以来,战无不胜,攻无不克,惟宁远一城不下。”“遂大忿恨而回”。这就是著名的宁远之战。不久,努尔哈赤病愤而死,他的第八个儿子皇太极继承汗位,改元天聪。第二年,为报父仇,皇太极再攻宁远、锦州,又遭到明军的坚决抵抗,后金兵受到沉重打击,皇太极被迫撤军。崇祯三年(1629年),后金兵避开宁远、锦州,绕道突入长城,进犯北京,袁崇焕奉命回救京师,皇太极使用离间计,诱使明廷杀害了保卫宁远、屡建奇功的袁崇焕。

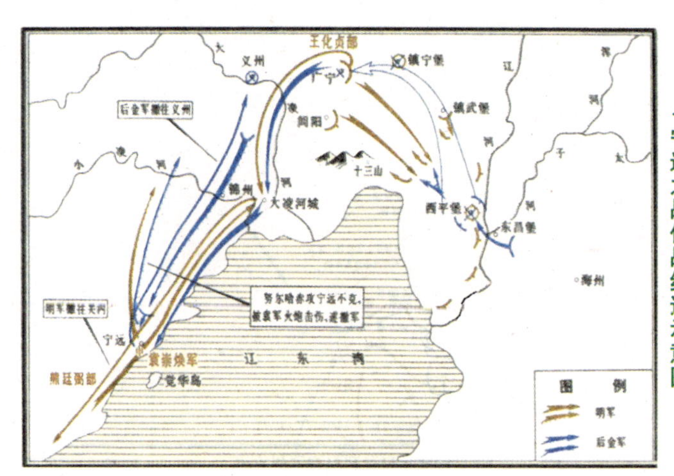

◀宁远之战作战经过示意图

公元 1636 年　皇太极建清

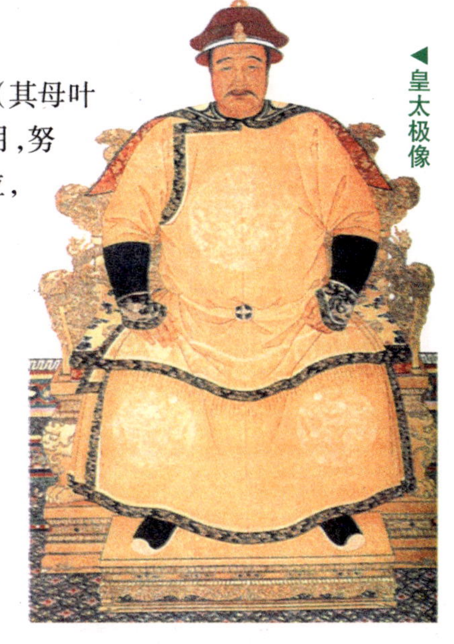
皇太极像

爱新觉罗·皇太极，是清太祖努尔哈赤第八子（其母叶赫那拉氏），生于万历二十年（1592 年）。1626 年八月，努尔哈赤在宁远战败，不久病死，皇太极即后金汗位，皇太极初登汗位即用心着力地加强君权和中央集权，削弱八旗贝勒的势力，逐步改革努尔哈赤所定下的一些成规陋习。努尔哈赤生前规定“八和硕贝勒，同心谋国”，共理国政，由四大贝勒按月轮值，执掌政务，这实际上还是带有奴隶制烙印的体制。1629 年正月，皇太极以“三大贝勒，向因值月之故，一切机务，辄烦诸兄经理，多有未便”为由，改为三大贝勒以下诸贝勒“代理值月之事”，以削弱三大贝勒的权力。同时，又设“八大臣”、“十六大臣”，他们或与诸贝勒共同议政，或出兵驻防，从而又削弱八旗诸贝勒的权力。这些措施虽然使君权得以加强，但还未改变八旗旗主并立的局面。1631 年 7 月，皇太极依据大臣建议，仿明制设立六部，以贝勒管部事，设承政、参政。皇太极还设置了文馆，掌出纳奏章，可上书言事。后又改文馆为内三院（内国史院、内秘书院、内宏文院），有如明之内阁。这就使后金政权在封建化过程中前进了一大步，行政效率也大大提高。1635 年，皇太极控制了两黄、两蓝、两白六旗，并将势力渗入到镶红旗，结束了“八王共治”的局面，实现了皇权的集中和统一。翌年（1636 年），皇太极被拥立为皇帝，定国号为“清”，改元“崇德”，完成了满人由奴隶社会向封建社会的转化。

皇太极调兵木信牌

公元 1642 年　锦州失守

公元 1641 年，皇太极命多尔衮等攻锦州，战斗十分激烈。明守将祖大寿势孤力单，告急求援。第二年七月，明朝派洪承畴统率大军十三万前去援救，被清军围困于松山（锦州南十八里）。崇祯十五年（1642 年），松山失守，洪承畴被俘降清，祖大寿也在锦州投降。锦州失守后，明在关外仅剩下宁远孤城，山海关完全暴露在清军面前。至此，皇太极已在政治上、军事上为大举进军中原，夺取全国政权，奠定了稳固的基础。

明·黑漆嵌螺钿大案　　明·龟船(模型)

明朝的民族关系

明朝治理边疆的思想和政策是由太祖和成祖奠定的。明初奠定中原以后,便向边疆地区进发,力图实现全国的大统一。为达到这一目的,对边远地区少数民族的治理,仍采用"以夷制夷"的羁縻政策。在东北地区以及西北等地建立羁縻卫所;对北部边疆蒙古鞑靼、瓦剌诸部则分别封王,使之互相牵制;对西藏地区多封众建以分其势;对西南地区则推行土司制度。总之,由于明朝各边区形势不一,明朝边防的侧重点及具体措施亦有所不同。

明·白玉龙鱼式花插

公元1368年　改土归流

明朝在西南少数民族地区沿袭元朝的统治办法,实行土司制度。明永乐年间,平定西南地区两个宣慰司叛乱,改设贵州布政使司,取消土司衙门,改由朝廷派遣流官直接统治,称为"改土归流"。明朝的改土归流主要在贵州、四川、云南、广西4省进行。明代在广西改流较早,从洪武年间就开始了。据统计整个明朝在广西地区改土归流共16处。洪武元年(1368年)将忻城土司改为流官知县;弘治十八年(1505年)上思州黄姓土司"叛服无常",被明军讨平后改设流官知州;嘉靖年间因思恩土府土官岑濬屡出兵侵掠邻境,明朝出兵征讨,杀了岑濬,改设流官知府。明代的改土归流总的说是不彻底的,并曾遭到土司的强烈反抗,因而出现了许多反复,在许多改设流官的府、州、县中,流官政权很不巩固。这是因为明代土司制度还处在全盛时期,一方面土司制度对明王朝的统治还能起到一定的作用;另一方面土司势力还比较强大,可以利用群众的力量起来反抗改流。同时明代改流的土司地区,大部分处于地主经济兴起的时期,还未能彻底战胜领主经济，就是说土司统治的社会基础还没有受到根本的破坏，明王朝也没有力量对改流地区进行完全的控制，决定了明代改土归流的不彻底性和反复性，改土归流就只有在条件完全成熟的清朝才能彻底进行。

设立乌斯藏都指挥使司

藏族聚居的西藏，明代称乌斯藏。藏族以畜牧业为主，仅在雅鲁藏布江沿岸种植一些青稞、小麦、荞麦等农作物。由上层喇嘛和各部首领组成的封建领主占有许多田庄和奴婢，残酷剥削广大农奴。洪武时，明朝政府在西藏设立乌斯藏都指挥使司，又委派藏族的上层僧侣充任宣慰使、宣抚使和安抚使等官职，赐给他们印信，通过他们向藏人征收赋税。当时西藏喇嘛教的教派很多，而以噶举教派帕木竹巴法王权力最大。明朝在帕木竹巴设万户府，并封帕木竹巴法王为“国师”。以后每一代的帕木竹巴法王都由明朝政府册封为阐化王。这些事实说明西藏与明朝政府始终保持着隶属关系。明时，汉藏两族经济文化交流也日益频繁。藏族主要是用马来换内地的茶。除茶马贸易外，明朝政府还向藏族供给布帛及食盐等，藏族向内地供给犀角、画佛、铜佛等。

▲美岱召是明朝土默特蒙古族首领阿拉坦汗兴建的，它是仿中原汉式，融合蒙藏风格，城寺结合，人佛共居的喇嘛庙。美岱召是喇嘛教传入蒙古时的一个重要弘法中心，它对于研究明代蒙古史、佛教史、建筑史、美术史都具有重要价值。

公元 1386 年　蒙古族分裂

元亡以后，蒙古贵族被迫退回蒙古草原，但势力还相当强大，不断袭击明朝，成为明朝严重的威胁，所谓“北虏南倭”。为了巩固北边的边防，从明朝初年起，先后用了将近二百年的时间，实行重兵防守的政策。除筑“九边”外，还修筑了北边的长城，东起鸭绿江，西到嘉峪关，气势雄伟，蜿蜒 13000 余里。这些历史遗迹大部分至今仍然基本完好。1386 年，骚扰明朝的蒙古贵族被明军打败之后，势力大为削弱，蒙古族便分裂为瓦剌部、鞑靼部和兀良哈三部。但瓦剌和鞑靼仍不断与明朝发生战争。

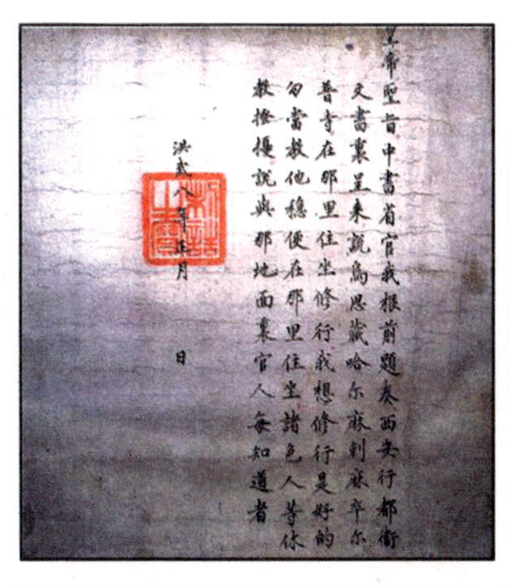

皇帝聖旨中書省官我根前題奏西安行都衛
文書裏呈來說烏思藏哈尔麻剌麻卒尔
普寺在那里住坐修行我想修行是好的
勾當教他穩便在那里住坐諸色人等休
教攪擾說與那地面裏官人每知道者
洪武八年五月　日

◀洪武八年太祖皇帝给乌斯藏哈尔麻的旨诰

▶嘉峪关

嘉峪关

嘉峪关，位于甘肃河西咽喉之地——嘉峪关西南隅的嘉峪关山麓。南面是终年积雪的祁连山，北面是连绵起伏的马鬃山，两山之间夹有一条长 15 公里的狭窄地带，地势平坦，水源充足，东有繁华兴旺的酒泉郡，是古丝绸之路必经的关隘和东西文化交流的要道，有“河西第一隘口”之称。嘉峪关关城始建于明洪武五年(1372 年)，从初建到筑成一座完整的关隘，经历了 168 年(1372~1539 年)的时间，是明代长城沿线九镇所辖千余个关隘中最雄险的一座。嘉峪关由内城、外城、城壕三道防线成重叠并守之势，壁垒森严，与长城连为一体，形成五里一燧、十里一墩、三十里一堡、一百里一城的军事防御体系。现在关城以内城为主，周长 640 米，面积 2.5 万平方米，城高 10.7 米，以黄土夯筑而成，西侧以砖包墙，雄伟坚固。内城开东西两门，东为“光化门”，意为紫气东升，光华普照；西为“柔远门”，意为以怀柔而致远，安定西陲。门台上建有三层歇山顶式建筑。东西门各有一瓮城围护，西门外有一罗城，与外城南北墙相连，有“嘉峪关”门通往关外，上建嘉峪关楼。嘉峪关内城墙上还建有箭楼、敌楼、角楼、阁楼、闸门楼共十四座，关城内建有游击将军府、井亭、文昌阁，东门外建有关帝庙、牌楼、戏楼等。整个建筑布局精巧，气势雄浑。嘉峪关自建以来，屡有战事。明正德年间的 1515~1522 年，吐鲁番满速尔兵数犯河西。当时嘉峪关只是座孤城，以致满速尔兵两破关城，并屡掠附近诸部民众牛羊。直到 1539 年嘉峪关建成为一座完整的军事防御工程后，关城锁钥边陲，又有明墙暗壁相合，才真正成为固若金汤的天下第一雄关。

▲关帝庙

公元1449年　土木堡之变

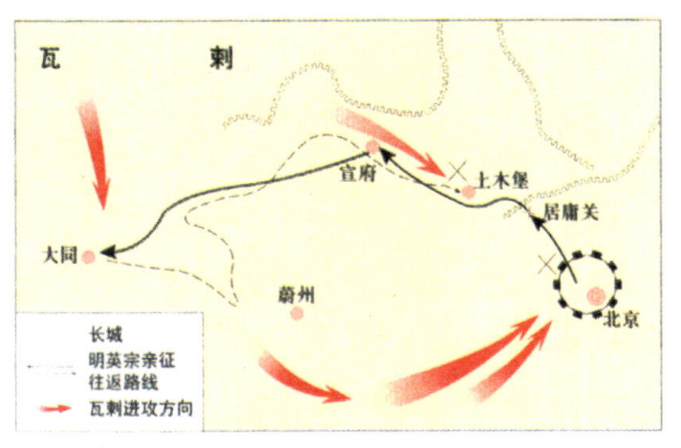

▲土木堡之变双方进兵路线图

英宗正统初年，蒙古瓦剌部强盛起来。瓦剌是蒙古族的一部。元朝灭亡以后，一部分蒙古族退回蒙古草原和东北等地。后经朱元璋数次打击，内部发生混乱，逐步分裂为鞑靼、瓦剌和兀良哈三部分。永乐以后，瓦剌部日益强大，正统初年，瓦剌统一了蒙古三部。瓦剌本与明朝有朝贡贸易关系，但每假朝贡名义大肆讹诈明朝物品。正统十四年(1449年)春，也先遣使二千人到北京贡马，而诈称三千人，要求按虚报名额给予赏品。王振平时勾结瓦剌，这次又轻心戏弄，一定要按照实际人数给赏，而且又大减其马价。也先闻报大怒，遂于这年七月分兵四路，大举南下，也先亲自领兵进攻大同。王振不作充分准备，即挟英宗领兵五十万亲征，群臣皆言不能轻易出兵，但王振不听。大军离京之后，北出居庸关，过宣府(河北宣化)，向大同进发。8月，明军进到大同。也先为诱明军深入，主动北撤。王振看到瓦剌军北撤，仍坚持北进，后闻前方惨败，则惊慌撤退，狼狈逃到土木堡，瓦剌军已紧逼明军。土木堡地高无水，将士饥渴疲劳，仓猝应战。瓦剌军四面围攻，骑兵蹂阵而入，挥长刀砍杀明军，"大呼解甲投刀者不杀"。于是明军士兵"裸袒相蹈藉死，蔽野塞川。"英宗与亲兵乘车突围，不得出，被俘。随征大军几乎全部战死，王振被护卫将军樊忠以棰棰死，明50万大军"死伤过半"。史称"土木堡之变"。

北京保卫战

正统十四年(1449年)八月十六日，土木堡战败的消息传到京城，皇宫上下惊慌一片。十八日，皇太后命郕王朱祁钰监国，京城大官富户纷纷南逃，有的大臣也主张南迁。于谦、陈循、王直坚决反对，主张保卫京师为天下根本。于谦临危受命，任兵部尚书。朱祁钰九月六日即皇帝位，是为景帝，遥尊英宗为太上皇，以明年为景泰元年。也先挟英宗要挟明廷之计不逞，遂于十月率大军进犯北京。十月十一日瓦剌军抵北京城下，列阵西直门外，把英宗放置在德胜门外空房内。十三日，于谦、石亨率军与瓦剌军战于德胜门外，瓦剌军大败。随后又转战至西直门进攻明军，也被明军击退。瓦剌军不甘失败，又在彰义门组织进攻，

▲景帝朱祁钰像

明军失利，瓦剌军追到土城，遇居民阻遏，不得推进。加上天寒地冻，京师外围守军也奋力抵抗，到十一月八日，瓦剌军退出塞外，京师解围。于谦和主战派官员领导和组织的京师保卫战，终于取得了胜利，粉碎了瓦剌军想夺取北京的野心，明王朝转危为安。也先退兵后，于谦继续加强北方边镇的防务。也先多次出兵南征，皆被击退，于景泰元年（1450 年）与明议和，放回英宗。景泰八年（1457 年），英宗复辟，改元天顺。也先在内部斗争中被杀，瓦剌的势力逐渐衰落，鞑靼势力复起，使瓦剌对东蒙古的统治陷于瓦解。

▲于谦墓

公元 1550 年　庚戌之变

▲明·嘉靖素三彩瓷绣墩

明朝初年，退居蒙古草原的元皇室残余势力同明朝对立。明太祖朱元璋和明成祖朱棣一再派兵北伐，逐步扩大北部的广大地区。为了加强对北方的控制，明成祖在长城以北蒙古部落集中的地区，设立卫所 20 多处。16 世纪中叶，蒙古地方势力中鞑靼部首领俺答，成了明北部地区的主要对手。俺答曾向明廷要求给他封爵，允许每年进贡，在长城关口恢复互市贸易，但以嘉靖皇帝为首的明王朝拒绝了这些要求。俺答的真心求贡得不到批准，导致了双方军事冲突进一步扩大。嘉靖二十九年（1550 年）六月，俺答集合 10 余万蒙古骑兵，准备大举南下。这时靠贿赂严嵩而官居大同总兵官的仇鸾，派人送重金贿赂俺答，请求勿攻大同，移攻他处。俺答遂引兵东去，自古北口入犯，长驱至通州，直抵北京城下。嘉靖皇帝催促诸将出城作战，而严嵩等投降派，却执行“饱将自去，惟坚壁为上”的失败主义方针，听任俺答兵

▲严嵩像

在城四周滥肆掳掠,不敢出战。俺答兵围京城3天,在城外抢掠大量财物、牲畜及人口后,满载而归。因这年为农历"庚戌年",故称"庚戌之变"。此后20余年,俺答连年南下掳掠,长城沿线的百姓深受其害。至1570年双方最终达成和议,明廷封俺答为顺义王,俺答服属中央朝廷,长城一带才开始得到安宁。

管辖维吾尔族地区

维吾尔族是明代居住在新疆地区的一个主要民族。在维吾尔人聚居的地区除去别失八里和撒里维吾尔人仍旧从事游牧外，其他居住在于阗、喀什噶尔、哈密、吐鲁番等地的维吾尔人都以农业为主要生产,于阗"桑麻禾黍,宛如中土"。手工业也很发达,于阗的胡锦、花蕊布,哈密的镔铁器都是维吾尔人精美的手工艺品。维吾尔族地区的城市都是各自为政,互不相属,"地大者称国,小者只称地面"。洪武、永乐间,这些"小国"或"地面"很快与内地恢复了联系,以后向明朝称臣奉表的有"七八十部"之多。明朝政府在新疆地区设立了蒙赤斤、沙州、哈密、安定、曲先、阿瑞、罕东、罕东左卫等八个卫所,对新疆地区进行管辖。1405年,哈密地区统治者发生内乱,忠顺王安克帖木儿死,朱棣派留居在外地的安克帖木儿侄脱脱为忠顺王去统治,并任命周安为忠顺王长史。从此,忠顺王及哈密主要官员都由明朝任命,忠顺王的政权就是明朝的地方政权。

◀明·银爵

▲明·十二旒冕

经营台湾

台湾主要是高山族人。在明代,高山族由于长期受到汉族先进经济文化的影响,社会经济有了较大的发展。汉族人民与高山族人民有着悠久的历史关系。到明代,大陆沿海的汉族人民到台湾定居的逐渐增多,至17世纪初,在台湾的汉族人已达10多万人。明政府继承了元朝的统治,设澎湖巡检司管辖澎湖与台湾。万历时,为了防备倭寇侵犯台湾,明政府在澎湖增加驻兵,加强了海防力量。

明·田黄兽钮引首章

明·宝石红僧帽壶

明·黄釉双龙牡丹纹瓷碗

明朝的对外关系

明代积极拓展与周边国家的友好关系,扩大交流。永乐至宣德年间,明朝政府7次派遣郑和率领庞大舰队下“西洋”,极大地促进了中国与亚洲、非洲各国的友好往来。嘉靖年间是倭寇在中国东南沿海活动最猖獗的时期,给中国人民造成巨大的灾难,抗倭名将戚继光与其他抗倭志士一起,清除倭患。公元16世纪末,中国军民和朝鲜军民一道英勇击败了日本军阀对朝鲜的侵略。与此同时,随着新航路的开辟,西方殖民者陆续来到中国沿海,这给中国带来了机会,使中国有可能融入世界潮流,“走上与西方世界同步发展的轨道”,但也蕴藏着危机。

▲明·藏传佛教的铃钹

公元1405年～公元1433年

郑和下西洋

郑和,原是燕王府的一名太监,后随燕王朱棣南征北战,立下战功,很受燕王赏识。朱棣即位,赐他郑姓,他是一生都受到明成祖重用的地位特殊的内臣。明成祖为向海外宣示明朝的强大,让海外西洋各国纷来中国朝贡,同时,又进行经济、文化交流,于是派郑和于永乐三年(1405年)率庞大的船队,第一次出使西洋。船队规模宏大,船种齐全,船员齐备。据载,船

◀郑和像

队共有船只 208 艘，其中大船 62 艘，小船 146 艘，有战舰，有供应船。船员来自各行各业，有官兵、水手、翻译、书生、商人、医生、教师、工匠等，计有 27800 人。他们所带的物品，包括粮食、药品、淡水、盐酱、茶油、烛柴等，应有尽有。所带的货物，包括丝绸、绢缎、瓷器、水银、麝香、米谷、雨伞、草席、铁器、铜器等几十种，一概俱全。同时，还带了许多稀奇的珍宝。

◀郑和七宝宝船模型

这次航行充满了艰难险阻，但是他们胜利地完成了任务，船队最远抵达印度半岛，每到一国，郑和便宣示明成祖诏书，赏赐金币。1407 年，经两年多的航行，顺利地回到了祖国。自 1405 年至 1433 年的 28 年间，郑和七次出使西洋。其中，有六次是奉明成祖谕旨成行的。郑和七次出使西洋，同 30 多个国家加强了往来，进行了各个方面的交流，密切了同这些国家的双边关系。这种大规模的海外贸易，是中国航海史，乃至世界航海史上的壮举，其历史意义非常深远。

华侨对南洋地区的开发

明朝海上贸易的发达和航海事业的进步，为人口外流提供了便利条件。更由于当时东南沿海各省土地高度集中，人口密度大，赋税沉重，破产失业人口很多，所以出现了相当数量的劳动人民出海移居南洋各地，成为海外华侨。到了明代后期，在南洋各地的华侨大约有十万人以上。这些留居南洋各地的中国人，从祖国各地带去了许多先进的生产工具，又带去了栽培茶种和胡椒的技术。他们和当他人民共同开辟山林，采掘锡矿，培育橡胶、咖啡等经济作物，中国的侨民对南洋的开发做出了重大的贡献。中国人不仅是对南洋地区的农业做出了贡献，而且也促进了当地手工业的发展。大批中国木匠、成衣匠、制鞋匠侨居南洋各地，制造器物，供给居民日常生活所需。南洋各地还有许多中国人从事商业，从祖国运去各种货物，满足当地居民的需要，其中有瓷器、丝绸、铁器、铜器、金属货币、水果，甚至有墨汁和纸张等；又从南洋运回胡椒、棉花、谷米等。在万历时，进口的货物品种达一百多种，大大地促进了中国与南洋的商业贸易。

▲明·高底弓鞋

▶雪舟的《破墨山水图》，现藏于东京国立博物馆。

中日的友好往来

中日两国人民有两千年的深厚友谊，在经济和文化上一直保持密切的联系。到了明代，两国的文化、经济交流更进一步。在足利幕府时期，日本的贡使不断地来到中国，他们从宁波登陆到北京，沿途在杭州、南京等处都进行交易，其中一次交易日本就售出硫磺三十九万七千五百斤，铜十五万四千五百斤。又买进了大量的中国铜钱、瓷器、药材、丝织品和其他许多工艺品，连中国的诗书、法帖、名画及古奇器、十三经、二十一史，日本人民也"往往不惜千金"购买。这时，大批的中国商船开到日本的贸易港长崎进行贸易，许多中国商人群集聚居，还形成了"大唐街"。日本画家雪舟曾在明朝来到中国，在与中国画家交往中，接受了宋元以及明代浙派画家的影响。他回国后，创立了云谷画派，为日本水墨山水画的发展作出了积极的贡献。又有一批中国的雕板工匠，如著名的工匠俞良甫、陈孟荣等先后东渡日本，对日本的雕版印刷业起了很大的作用。

沿海倭患与抗倭斗争

元末明初，日本沿海地区一些失意封建主纠集浪人、海盗等，武装骚扰中国和朝鲜沿海，杀人放火，抢劫财物，史称"倭乱"。太祖洪武八年(1357 年)四月，设立金州卫。从此以后，金州成了明政权在辽东半岛南端的军政中心。明初至中叶，中国东部和北部沿海屡遭倭寇袭扰，其"来若奔狼，去若惊鸟，烧杀奸淫，劫掠财物，无恶不作"。望海埚地处辽东重镇金州腹地，位于金州城东 30 公里的金顶山，山下便是金皮大道(金州至九连城干线)。这里山势平缓，登上高处可东望盐大澳长山列岛，南望青云河口常江澳，是古时沿海通往内地的必由之路，可谓咽喉要塞，故名"望海埚"。刘江巡海时见望海埚地势险要，旁可驻兵千人，宜于设堡。于是，刘江奏明朝廷，于望海埚垒堡筑城，置烟墩了望，以防倭寇。永乐十七年(1419 年)6 月 3 日晚，望海埚烟墩上的"斥侯"发现东海王家山岛火光冲天，送来倭寇来犯的信号。次

▲洪武九年(1376 年)建成的备倭城——蓬莱水城

明军抗倭图

日拂晓，倭寇分乘31艘大船闯入青云河口常江澳，船泊马雄岛登岸。倭寇排成长蛇阵，手执火把直奔望海埚杀来。刘江命指挥使徐刚率步军埋伏在望海埚山下，命另一指挥使钱真率马队隐于丛林，又命百户姜隆率壮士潜入倭寇登岸处焚烧贼船，做全歼之计。当倭寇排成长蛇阵，窜至望海埚山下时，天已大亮。刘江披发仗剑，举旗鸣炮，伏兵四起，轮番截杀，贼众大败，“死者横卧草莽”。残余倭寇见势不妙，鼠窜至山下樱桃园的城堡中，刘江采取“围师必缺的战术”，三面围堡，单空西门，倭寇如决堤之水争向西门突围，被马队一阵追杀，死伤大半。此时，倭船已被姜隆率队全数焚毁，断了倭寇归路，未死者均被生擒，无一漏网。此次战斗历时一昼夜，共歼敌1599名，史称望海埚大捷。望海埚大捷是明代军事史上的重大胜利。此后百余年，倭寇不敢再犯辽东。

公元1561年　戚继光抗倭

戚继光像

明初，由于日本国内形势的变化，酿成了倭寇侵扰中国沿海地区的倭患。明朝中期以后，国势日益衰落，尤其到嘉靖时，海防废坏，倭寇“剽掠辄得志，益无所忌”，倭患日益严重。嘉靖四十年(1561年)五月，倭寇集结船只数百艘，人员万余，窜犯宁海、奉化、桃诸等浙江沿海县城，并企图攻占台州府城。戚继光运用“大创尽歼”的灭倭战策，集中水陆军先至宁海，而后依次剿除，九战皆捷，擒斩倭寇1400余，焚死、溺死倭寇4000余，史称“台州大捷”，浙江倭患基本解除。次年，倭寇大举窜犯福建，沿海城镇受到倭寇荼毒，戚继光率军驰援，一举捣毁倭寇在横屿(今福建宁德城外海中)的老巢，取得首战胜利。随后连续发动攻势，扫平倭寇据点多处，杀伤倭寇无数，击退了倭寇的进袭。转年，倭寇又纠集残部，掳掠边城，戚继光再援福建，与巡抚谭纶、总兵俞大猷和广东总兵刘显通力合作，平定了闽、粤沿海的倭患。戚继光，出身将门，自幼喜读兵书，勤奋习武，立志报国。戚继光注重练兵，尤善育将，严明军纪，赏罚分明。抗倭作战中，创立攻守兼备的鸳鸯阵，灵活巧妙地打击倭寇。

两次抗倭援朝

▲李如松像

明朝万历年间，日本的国内形势发生重大变化，时任关白（丞相）的将军丰臣秀吉以武力统一了日本，结束了封建割据状态，封建经济得到恢复和发展。万历十九年（1591年），丰臣秀吉致书朝鲜国王，要求朝鲜做先导，和日本联合起来进攻明朝。朝鲜和明朝的关系一直很融洽，于是一面拒绝日本的无理要求，一面向明朝通报。万历二十年（1592年），恼羞成怒的丰臣秀吉下令进攻朝鲜，十五万日军从釜山登陆，接着就攻陷王京（今汉城），占领开城、平壤，朝鲜国王逃到鸭绿江边的义州，并向明朝紧急求援。当年，明政府任命宋应昌为经略、李如松为东征将军，率兵入朝作战。在朝鲜军民的密切配合下，于次年收复平壤、开城，日军被迫放弃王京，退据釜山，并要求进行和平谈判，明军撤退回国。万历二十五年（1597年），丰臣秀吉再次调集十四万大军侵略朝鲜，明政府再派大军援救。在中朝两国军民的联合打击下，日军第二次退回釜山。次年，丰臣秀吉病亡，日本军心不稳，明军乘机发动攻势。老将邓子龙与朝鲜海军将领李舜臣率领海军在朝鲜海面与日军进行决战。战斗异常激烈，拥有500艘战船的日本海军全军覆没，邓子龙、李舜臣也在战斗中壮烈牺牲。日本陆军失去海军支援，只好逃回日本。至此，日本第二次侵略朝鲜以彻底失败而告终。这是中朝军民联合抗击日本侵略的伟大胜利，也是中朝友谊的历史见证。

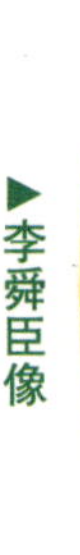

▶李舜臣像

葡萄牙租居澳门

西欧商人中，最先来到中国的是葡萄牙（时称佛郎机）人。正德六年（1511年），他们以武力侵占满剌加（今马来西亚马六甲），不久就侵入我国东南海域，从事走私贸易、抢劫商船、掠卖人口、贩运违禁物品的海盗活动。正德十二年（1517年），强行登上珠江口的屯门岛。正德十六年（1521年）发生屯门之战，明军逐走葡萄牙人。嘉靖元年(1522 年),明军又在广东新会海面西草湾击败入侵的葡萄牙人,并封锁港口,禁止海外贸易。葡萄牙人北上福建、浙江,与倭寇相勾结,强占双屿(在今舟山群岛)、浯屿(今福建金门),后被中国军民驱逐。嘉靖八年(1529 年),明朝重新开放广州港,他们又来到广州。嘉靖三十二年(1553 年),葡萄牙人以行贿手段,获准在澳门晾晒货物和暂时居住,从此进入澳门。嘉靖四十年(1561 年),葡萄牙人在澳门设立市议会进行管理。万历元年(1573 年)正式向明朝政府缴纳地租,每年白银 500 两。澳门从此成为中外贸易和文化交流的港口。

◀澳门大炮台,葡萄牙人所建,炮台上的古炮在 1622 年抵御荷兰人的入侵时,发挥了重要的作用。

西、荷、英等国入侵

紧接葡萄牙人之后来到中国的是西班牙人。隆庆五年(1571 年),西班牙殖民主义者攻灭吕宋(今菲律宾),并进行大规模的掠夺和屠杀,激起华侨的强烈反抗,杀死了西班牙总督。不久,西班牙人冒用吕宋的名义与中国通商,乘机进行欺诈和掠夺。万历三十二年(1604 年),入侵澎湖列岛,被明朝军民打退。天启六年(1626 年),侵占我国台湾的基隆和淡水。17 世纪初,西班牙、葡萄牙相继衰落,荷兰称霸海上。万历二十九年(1601 年)侵入我国沿海,强行要求通商,被明政府拒绝。天启二年(1622 年),以武力强占澎湖,并对福建沿海进行骚扰。天启四年(1624 年),巡抚南居益遣福建总兵官俞启皋进攻澎湖,击败荷兰殖民者,活捉了荷兰人的头目高文律等,收复澎湖。被打败的荷兰人又转而侵占了我国台湾,直到康熙元年(1662 年)才被郑成功赶走。17 世纪 30 年代,英国取代西班牙在印度的地位后,就开始把侵略矛头指向中国。崇祯十年(1637 年),英国武装商船来到澳门,在遭到葡萄牙人的抵制后,又开到广州,被明政府拒绝,因而没有发生正式的通商关系。由于欧洲殖民主义者侵占了南洋群岛和对中国的进逼,破坏了中国与南洋的传统贸易,中国海外贸易的主要对象也由南洋各国变为西方国家。中国沿海和侨居南洋的华人受到西方殖民主义者的掠夺和侵扰。

▶郑成功画像

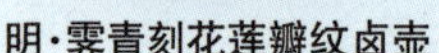
明·霁青刻花莲瓣纹卤壶

明·扇面图

明·掐丝珐琅缠枝莲象耳炉

明朝的经济和资本主义萌芽的产生

明朝建立之初，由于长期战争，生产遭到严重破坏，社会经济一片残破，土地荒芜，人口减少，水利失修。为了巩固明王朝的统治，明朝统治者采取了一系列有利于生产恢复和发展的措施，重新制订了户籍和赋役制度，以保证明王朝的封建赋役剥削。从明太祖洪武元年（1368年）开国，到明宣宗执政的这段时间里，随着政局的稳定，被战乱破坏的地方又重新建立起社会秩序，农业逐渐恢复，户口与垦田逐渐增多，粮食产量增加，政府税收增多，官营民营手工业陆续发展，商业城市增多，东西南北商业流通畅快，海外贸易往来活跃。明朝中期以后，由于生产力水平的提高、社会分工的进一步扩大和国外市场的开拓，商品经济日趋繁荣。特别是在江南地区，某些手工业生产部门中出现了资本主义生产关系的萌芽，古老的中国封建社会已开始发生微弱的变化。但是，由于中国封建经济结构十分顽固，封建专制统治不断加强，封建统治思想的樊篱难于冲破，以致资本主义萌芽的发展极为缓慢。

公元1368年～公元1395年　奖励垦荒

明政府除承认农民战争中已被农民耕垦或即将开垦的土地都归农民所有外，还号召流民返乡，并奖励开垦荒田。从公元1368年到1395年近三十年间，明政府多次下令农民归耕，并分别情况，免除三年的徭役和赋税；无籍流民垦荒者，官贷耕牛、种籽；并发布了“额外垦荒，永不起科”的诏令，规定山东、河南、河北、陕西的农民除纳税的土地

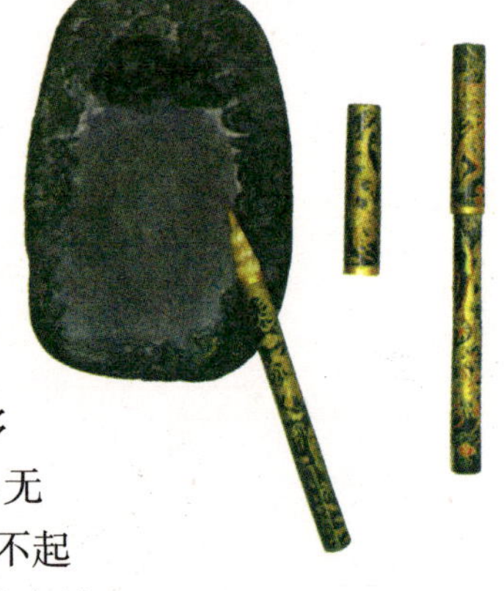
▲明·文房之宝

外，如有余力，继续垦荒，垦地听其自有，永不征税。明初垦荒政策推行了七十余年，尽管统治者是为了把农民重新束缚在土地上，进行封建剥削，但在当时的条件下，对于农业生产的恢复和发展起了积极作用。

公元 1375年 始行大明宝钞

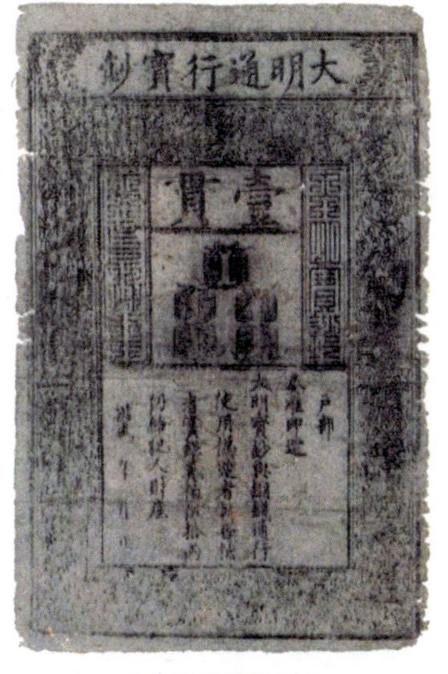

▲大明通行宝钞

明代开国之前便已部分行用朱元璋创立的铜钱“大中通宝”，建元之后又有“洪武通宝”通行。然而由于铜源紧张，以至搜罗民间铜器仍不敷使用。鉴于此，朱元璋决定铜钱陋弊应用纸钞弥补。洪武七年(1374年)立钞法，设宝钞提举司，并于宝钞提举司下设钞纸和印钞二局，宝钞、行用二库。从洪武八年（1375 年）起印发纸币“大明通行宝钞”，面额分一百文、二百文、三百文、四百文、五百文、一贯，计六种。币值每贯等于一千文或白银一两，四贯合黄金一两，与铜钱混用。后又造十文至五十文小钞，严禁金银、实物货币在民间流通。明洪武十三年(1380 年)，中央政府机构变革，废中书省升六部，此后纸币印刷归户部管辖，票面下部印有“中书省奏准印造”字样。明钞还有一个特点，即历代宝钞都沿用祖制洪武年号，并且最大面额始终为一贯。明代的纸币政策更劣于元代，不仅滥印滥发，而且人为堵塞回笼渠道，导致纸币的严重贬值，明中期后，纸币已丧失信用而退出流通领域。

▲明·大中通宝

公元 1381 年 定黄册

明初全国土地和户籍相当混乱，为了抑制土地兼并，保证国家赋税收入。洪武十四年(1381 年)遂令天下编制黄册，凡各户人丁增减及籍贯、姓名、年龄、田宅和资产，官府均详载于册，并据册征定赋役。具体办法是户分上中下三等，每 110 户为一里，推丁口土田多的十户为长，计十里长；余百户每十户为一甲，设甲首，每年用一户。每年一里长、甲首各一人治理一里一甲之事，编为一册。鳏寡孤独者

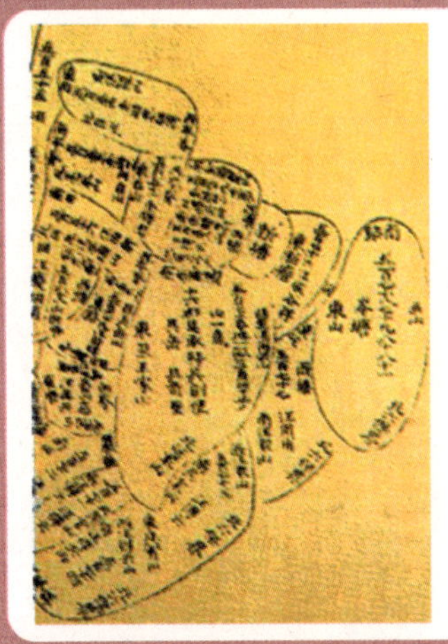

不能服役者，附十甲后为畸零户。民户将本户人丁田产依次写清，交付甲首，每里编为一册，册首绘置一图。甲首将十户文册交付里长，里长将甲首所造文册合攒之，送付本县。造四套，一册上户部，布政司、府州、县各存一册，上户部的一册，以黄纸为册面，故曰黄册。为了配合里甲制的推行，统治者又设置了鱼鳞图，土地画成图案，标明所有人、四至，因其形似鱼鳞而被称为"鱼鳞图册"。两册是政府征税派役的基本依据。

◀明·鱼鳞图册

经济作物的推广

▲明·龙纹红锦地剔黄碗

为了扩大衣料来源，明政府还实行桑、棉、麻的课耕政策。洪武初年，朱元璋下令，农民有田五亩至十亩，俱令种桑、棉、麻各半亩，地方官不督种者处罚，农民不种桑出绢一匹，不种麻和棉的出麻布或棉布一匹。此后，又下令各地农民，若有余力开地植棉，"率蠲其税"。还规定，凡洪武二十六年(1393年)以后栽种桑枣果树的土地，不论多少，俱不起科。对地方官的考核也规定，"今后考课必书农桑学校之绩，违者降罚。"桑棉麻的课耕政策，不仅使荒废的土地尽量被利用，扩充了农业经济作物的种植面积，也为纺织手工业提供了更多的原料，促进了丝织业和棉织业的发展。

兴修水利

明朝初年，政府还组织农民及时兴修水利，许多大小的水利工程都修复了。据洪武二十八年(1395年)统计，前后不到两年，在全国范围内共开塘堰四万零九百八

▶修复戴村坝碑纪

十七处。许多大小水利工程的兴修，改变了元末以来水利失修、河溢成灾的情况，对农业生产起了推动作用。永乐九年(1411 年)，又有三十万人在宋礼指挥下，开始了南北大运河的修浚工程，运河的重新沟通，加强了南北经济的联系，同时也为许多农田提供了灌溉之利。

明初发展工商业

◀明朝中后期工商业分布图

明初，承袭了元朝的匠户制度，工匠另立户籍，不许改业；但较为宽松，得到相对解放。明朝分工匠为住坐和轮班两种。住坐匠每月服役 10 天，其余时间自由支配；轮班匠则居住原籍，每三年服役一次，时间不超过三个月，役毕回家，可自由进行劳动生产。管理制度的放宽和服役时间的缩短，在一定程度上提高了工匠的劳动积极性，并有较多的时间从事个体的自由生产，对促进手工业和商品经济的发展具有深远的影响。冶铁、制瓷、造船、纺织等是当时手工业中的主要行业。明初商税征收较元朝简明，一般为三十税一，有些商品，如婚嫁丧祭之物和书籍、农器、舟车、丝布之类全部免税。为适应商品流通的需要，在南京、北京设立了“塌房”(货栈)，供商人堆放货物，还发行了统一的纸币“大明宝钞”。

制瓷业的兴旺

洪武二年(1369 年)，景德镇设立了御器厂，由朝廷委派督陶官并由国家投入资金，专门为皇室和朝廷大臣们烧制祭祀和生活用品。明代时，景德镇已成为全国制瓷中心。景德镇在生产青花瓷的基

▲明·宣德景镇镇窑青花五彩莲池鸳鸯图碗

▲明·黄釉青花葫芦瓶

础上，又先后创造了各种彩瓷。产品造型小巧，胎质细腻，彩色鲜丽，画意生动，在明代嘉靖、万历年间被视同拱璧。明代刘侗、于奕正著的《帝京景物略》一书中有“成杯一双，值十万钱”之说。景德镇向来重视瓷釉色彩，这里的颜色釉瓷器很早以前就十分著名。我国瓷器为色釉装饰，大约起源于商代陶器。东汉时期出现了青釉瓷器，唐代创造了黄、紫、绿三彩，称为唐三彩，宋代有影青、粉青、定红、紫钧、黑釉等。据史籍记载，宋、元时期，景德镇瓷窑已有300多座，颜色釉瓷已占很大比重。到了明代，景德镇的颜色釉取众窑之长，“尽人工之巧”，承前启后造诣极高，创造了钧红、祭红和郎窑红等名贵色釉。钧红是我国最早出现的铜红釉品种，宋朝时为河南钧州禹县烧造，从明朝开始，景德镇大量生产钧红瓷。明代永宣年间，景德镇瓷工继钧红之后，创造了祭红。祭红娇而不艳，红中透紫，色泽深沉而安定。古代皇室用这种红釉瓷做祭器，因而得名祭红。因烧制难度极大，成品率很低，所以身价特高。古人在制作祭红瓷时，很名贵的原料如珊瑚、玛瑙、玉石、珍珠、黄金等都在所不惜。郎窑红又叫宝石红，色调鲜艳夺目，绚丽多彩，亦很受人喜爱。如今景德镇已恢复和创制70多种颜色釉，如钧红、郎窑红、豆青、文青等已赶上或超过历史最好水平，还新增了火焰红、大铜绿、丁香紫等多种颜色釉。这些釉不仅用于装饰工艺陈设瓷，也用以装饰茶具等日用瓷，使瓷器“白如玉、薄如纸、明如镜、声如磬”的特点更加发扬光大。建文四年(1402年)，明朝政府开始在景德镇设立御器厂。朝廷派太监作为督窑官，不惜代价为朝廷生产高精尖的御用瓷器，促进景德镇的制瓷业不断的扩大新品种，从而也带动了民窑的进一步发展。明朝制瓷业盛况空前，所谓“工匠四方来，器往天下走”。法国传教士形容其壮观“白天浓烟遮蔽了云彩，晚上窑火映红了夜空”。

公元1581年 推行一条鞭法

明初的赋役制度是将赋和役分别征收，赋以土地为对象征收，按田亩计算；役以人为对象征收，分为按丁和按户征收两种。在征收内容上主要是征收实物和劳役。这种赋役制度在商品经济极不发达的当时，是比较合理的。明中叶时，赋役多而杂，官绅凭特

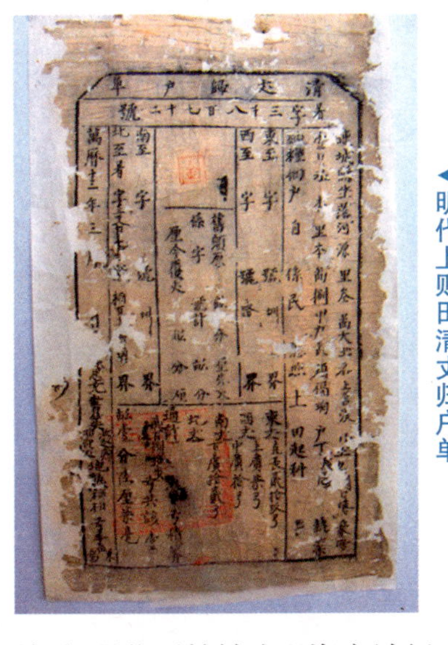
清丈歸戶單

◀明代上则田清丈归户单

权豁免，农民受压榨更重。嘉靖年间，出现严重的财政危机，朝廷为了简化税制，增加收入，方便征收税款，乃决定改革赋役制度。万历九年(1581年)，张居正在清丈全国土地的基础上下令在全国推行一条鞭法。主要内容是：把一切征项包括田赋、徭役、杂税等合并起来编为一条征收，化繁为简；把过去按丁、户征收的力役改为折银征收，称为户丁银，户丁银摊入田赋中征收。需要注意的是一条鞭法还没有把力役全部摊入田赋，只是部分摊入；“一概征银”，无论田赋或力役一律折银缴纳，差役由政府雇人充当。这是我国税收历史上由实物税向货币税转变的一次重大改革。“一条鞭法”适应了社会发展趋势，松弛了传统的人身依附关系，税收开始转为以资产计征，使赋税负担趋于合理。

商品经济的发展

明朝中叶，棉花、生丝、蔗糖、烟草、绸缎、棉布、纸张、染料、油料木材、铜器、铁器、瓷器以及其它各种手工艺品都成为重要的商品。商品不只比以前数量增多，而且流通范围也较前扩大。江南松江的“绫布二物，衣被天下，家纺户织，远近流通”。上海的棉布，销行陕西、山西、河北及湖广、江西、两广等地。景德镇的瓷器更是行销全国，甚至远销国外。嘉定的棉布近销浙江、安徽，远销山东、山西、河北及辽东。福建的白糖和蓝靛，广东的锡器和铁锅都是畅销四方的产品，不仅行销国内，还有一部分行销日本、南洋等地。这些商品大部分是农村副业的产品，也有一些出自手工业作坊。一般说，江南地区商品经济较为发达，但北方地区在万历(1573～1619年)以后也和以前不同。如万历以前，北方各省植棉而不产布，其所产棉花南运，但到万历时，北方各省大都生产棉布，而且行销省内外，甘肃生产的“帽袜遍天下”。

▲明·镶宝石金蝴蝶

▲明·象牙山马笔

白银的流通

随着商品经济的发展，白银的使用更为广泛，流通量更大。早在正统元年(1436年)，工商业较发达的江南地区，田赋改征银两，称金花银。到成化时(1465～1487年)，田赋征银推行到黄河流域。嘉靖时(1522～1566年)，政府收支已大部用银，白银成为普遍流通的货币。在工商业较发达的地区，"虽穷乡也有银秤"。更值得重视的是代役银的普遍出现，万历初年，一条鞭法推行全国，把原来的徭役改为以银代役，农民对封建国家的人身依附关系有所松弛。宪宗成化时，明朝已经采取了工匠缴纳代役银就可以不再轮班赴役的办法。到嘉靖八年(1529年)，明政府正式下令废除工匠轮班制，一律改纳"班匠银"，由政府用银雇人充役。匠籍虽没有废除，但从此手工工匠和封建国家的隶属关系也相对减轻。以银代役和商品经济的发展分不开，同时又是农民和手工业工人长期斗争的结果，以银代役的出现又有利于商品经济的发展。

▲明·景泰年银锭

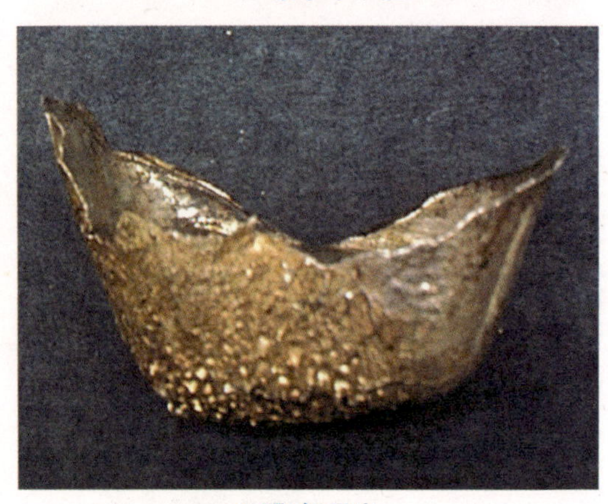

▲明·银元宝

工商业城镇的兴起

明朝中叶，由于全国各个地区工商业发展的不平衡，当时较大的工商业城市三十三处，江、浙即占三分之一。不只原有城市更加繁荣，而且兴起了许多新的市镇，这主要集中在苏、松、杭、嘉、湖等五府之中，如苏州的盛泽镇、震泽镇，嘉兴的濮皖镇、朱家角镇和杭州的唐栖镇等等。这些镇市大都是在明朝中叶发展起来的，各镇的人口都在显著的增加。如盛泽镇在明初还只是一个有五六十人家的小村，随着织绸业的发展，到了明末，已成为拥有五万人口的大镇。湖州的双林镇，在明初也只是几百人家的小村，随

▲杭州唐栖镇的广济桥(建于明孝宗弘治二年)

▲今天的苏州盛泽镇风光

着缫丝的发展,在明末也成为拥有一万六千多人家的大镇。这些镇市的人口不仅是土著的居民,更多的是外来商贾、小手工艺者和流民,有些流民已成为被人雇用的手工业工人。

商业资本的活跃

明朝中期以后,由于商品经济的发展,国内市场进一步扩大,商人数量日趋增加,商品流通领域里的竞争日益激烈。他们为了在竞争中处于有利地位,便利用地域或血缘关系在各主要工商业城市建立会馆,组成各种商帮。其中虽多为中小商人,但也不乏拥有资本数十万乃至上百万的巨商大贾。当时主要分为南北两大系统,前者以徽州商人为代表,即徽商;后者以山西商人为主,即西商,又称晋商、山西帮。徽商经营的行业是盐、茶、木材和典当,晋商主要从事金融业,他们都积累了大量的货币资本。起初虽然多限于纯粹的商业领域的经营,但在某些工商业发达的地区,也有的商人收购大批棉花、棉布、生丝、粮食、茶叶、甘蔗等进行加工,直接投资于手工加工业。如有的商人在湖州购买生丝,运到芜湖染色,再运到福州织造,然后

▲明·黄地青花折枝花果盘

▲明·钧蓝釉楸叶式洗

再将丝织品投入市场销售，这种商业资本就与生产发生了直接联系，标志着商品经济的进一步发展。所以说商业资本的活跃也为组织资本主义性质的生产提供了条件。

资本主义萌芽的出现

封建社会内的资本主义关系，首先是从手工业开始发生的。随着社会生产力的提高、商品经济的发展，在手工业部门中，逐渐出现了分工较细、规模较大和带有资本主义性质的手工工场。在这种手工工场内，许多手工业工人在同一资本家的命令下从事生产，而他们自身已是自由雇佣劳动者。明朝中叶，在十六、十七世纪之交（嘉靖、万历间），商品经济最发达的江南地区的某些手工业部门中，已出现了资本主义的萌芽。就丝织业来看，已脱离农业形成为一种独立的手工业部门的现象比较显著，甚至出现了个别丝织业专门化地区，在这些地区出现了一些拥有较多织机的机户。在这种手工工场内，均雇工生产，基本上是自由雇佣关系。苏州丝织业部门中的情形是“机户出资，机工出力，相依为命”，机工均为“浮食奇民，朝不谋夕，得业则生，失业则死”，这些工人即专以出卖劳动力为生。他们又都“计日受值”，是“自食其力之良民”，这种机户就是早期资本家，机工即是早期工人阶级。在江南棉纺织品加工业中，也出现了资本主义生产关系比较显著的个别例子。据记载：松江郊西尤墩所产棉布，轻细洁白，市肆取以造袜，诸商收购，行销四方，号称尤墩暑袜。“妇女不能织者，多受市值，为之缝纫。”说明这些家庭手工业者，实际上已成为失去独立性的工资劳动者，而暑袜店商人大体上具备了资本主义包买主的性质。

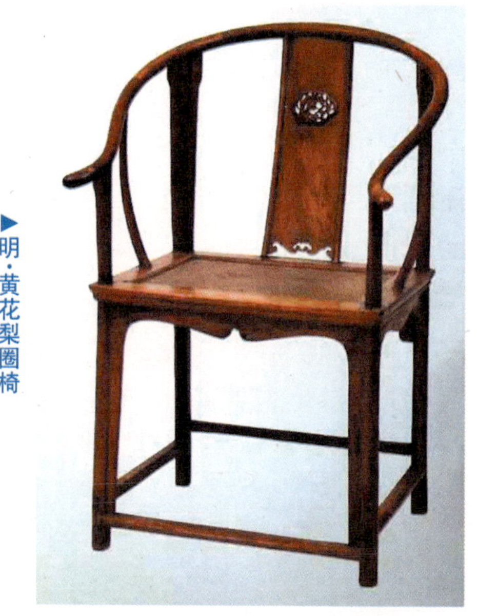
▶明·黄花梨圈椅

李梦阳故里碑亭
吴国伦阳新故居

文学、艺术与史学

在文学方面，除前后七子以及“公安派”、“竟陵派”、“唐宋派”相互斗艳争奇外，明代的章回小说达于成熟阶段，产生了诸如《三国演义》、《水浒传》、《西游记》以及“三言”、“二拍”等传世之作。明代艺术成就也相当突出，戏曲、绘画、音乐富有时代特色。永乐年间编撰的《永乐大典》，是一部规模空前的类书，保存了许多极有价值的珍贵资料。在史学方面，除官修《元史》和各朝《实录》外，私人撰写的“明季野史，不下千家”。明代中后期的史学大家王世贞、谈迁等倡导的求真求实的治史学风，不仅发扬了我国史学的优良传统，而且对后世影响很大。

◀李梦阳像

前后七子

前七子以李梦阳、何景明为首，包括徐祯卿、边贡、康海、王九思和王廷相。他们树起“复古”旗帜，主张“文必泰汉，诗必盛唐”，反对台阁体的形式主义文风。他们认为先秦两汉的散文、汉魏古诗和盛唐近体诗是诗文中的最高成就，要学习它们，就要“刻意古范”，进行模拟。但因他们过分着眼于声腔格调，也走进了形式主义的死胡同。后七子以李攀龙、王世贞为首，包括谢榛、宗臣、梁有誉、徐中行和吴国伦。其文学主张与前七子大体相同，都是主格调，讲法度，以汉魏盛唐为第一义的，如王世贞就鼓吹“文必西汉，诗必盛唐”。

▲李攀塑像

唐宋派

▲唐顺之像

嘉靖年间，随着社会经济的发展、市民文学的兴起，作为“前后七子”的反对派——“唐宋派”逐渐形成。“唐宋派”反对拟古主义，提倡文章要有独特的思想见解，力求思想感情的自然流露。在秦汉文与唐宋文之间，他们肯定了秦汉散文的历史地位，更推崇唐宋散文对秦汉散文的继承和发展，赞扬“唐宋八大家”文章能“道其中之所欲言”，力求从思想艺术上发展唐宋散文的优良传统。这一派代表人物有王慎中、唐顺之、茅坤、归有光等。其中，最著名的是唐顺之和归有光。唐顺之力倡文学直抒胸臆，要“开口见喉咙”，在当时影响很大。归有光的散文“肩随欧(阳修)曾(巩)”，不事雕饰而自有风味，善于通过对生活琐事的描写来抒发自己的思想感情。其代表作品如《项脊轩志》、《先妣事略》等，将文章同生活密切联系，纡徐跌宕，自然清新，是“唐宋派”中最有成就的作家。“唐宋派”虽然从艺术上对拟古派进行革命，但在思想内容上仍然是以程朱理学为指导。

公安派

在晚明的诗歌、散文领域中，以“公安派”的声势最为浩大。代表人物为袁宗道、袁宏道、袁中道三兄弟，因其籍贯为湖广公安(今属湖北)，故世称“公安派”。

▲公安三袁雕像

其重要成员还有江盈科、陶望龄、黄辉、雷思霈等人。公安派的文学主张发端于袁宗道，袁宏道实为中坚，是实际上的领导人物，袁中道则进一步扩大了它的影响。公安派的文学主张主要是：一、反对抄袭，主张通变。公安派诸人猛烈抨击前后七子的句拟字摹、食古不化倾向。他们主张文学应随时代而发展变化，不但文学内容，而且形式语言亦会有所变化而趋于通俗。二、独抒性灵，不拘格套。所谓“性灵”就是作家的个性表现和真情发露，接近于李贽的“童心说”。他们认为“出自性灵者为真诗”，进而强调非从自己胸臆中流出，则不下笔。因此他们主张应当“言人之所欲言，言人之所不能言，言人之所不敢言”，这就包含着对儒家传统温柔敦厚诗教的反抗。三、推重民歌小说，提倡通俗文学。公安派重视从民间文学中汲取营养，袁宏道曾自叙以《打枣竿》等民歌时调为诗，使他“诗眼大开，诗肠大阔，诗集大饶”，又赞扬《水浒传》比《史记》更为奇变，相形之下便觉得“六经非至文，马迁失组练”。这是和他们的文学发展观与创新论相联系的，对提高那一时期民间文学和通俗文学的社会地位有一定作用。公安派在解放文体上颇有功绩，游记、尺牍、小品也很有特色，或秀逸清新，或活泼诙谐，自成一家。但他们在现实生活中消极避世，多描写身边琐事或自然景物，缺乏深厚的社会内容，因而创作题材愈来愈狭窄。后人评论公安派文学主张的理论意义超过他们的创作实践，是为公允之论。

竟陵派

与公安派并出于文坛的还有以钟惺、谭元春为代表的“竟陵(今湖北天门县)派”。他们也主张抒写性灵，他们既批判复古派的千篇一律，又批判公安派之平易，认为前者太“熟”，后者又太“俚”。他们主张用“孤深幽峭”的风格来表现其“孤怀”、“孤诣”，并不是要作者表现个人脱离现实的孤僻情怀，而是强调文学的独创性。他们关心人民疾苦，并敢于揭露社会黑暗，对明的边事国势更为关切。其具有独创性的诗歌理论在他们评选的《诗归》中有所反映。

▲谭元春雕像

吴承恩作《西游记》

明代以来产生了一批敷演仙佛和妖异故事的白话章回小说，即鲁迅先生所谓“神魔小说”，其最著者为《西游记》。作者吴承恩(1506~1582年)，字汝忠，号射阳山人，今江苏淮安人。他幼年“即以文鸣于淮”，但因性格刚直，不肯阿世，一生潦倒失意。只晚年作过一阵小官，终老于家。吴承恩生活于明朝中叶，一生历经弘治、正德、嘉靖、隆庆、万历五朝，其人生最重要的青壮年时期生活于明世宗的嘉靖时期。少年时，吴承恩喜听淮河水神及僧伽大圣等故事，中年后，开始将唐

◀吴承恩雕像

▲江苏淮安吴承恩故居

僧西游故事，结合唐人传奇、佛道经典、民间故事、淮安地方掌故，在其书房中创作成百回本小说《西游记》。浓郁的浪漫主义是《西游记》的基本艺术特征。书中作者幻想了一个超自然的世界，在这个世界里的神话人物、他们的神奇法宝和所处的环境又大都有现实的基础，同时在神奇的形态下体现了人们的某种意愿。在各色神魔形象的塑造上，既表现他们超自然的神性和动物属性，又能找出社会化个性的踪影。像孙悟空灵活多变、急躁、好动的个性，分明就是猴的特点，这一动物特性与他乐观反叛的人格化个性和谐地融为一体，使得作品既有色彩瑰丽的奇想，又有细节的真实性。

罗贯中作《三国演义》

《三国演义》是中国古代长篇章回小说的开山之作。元末明初小说家、戏曲家罗贯中综合民间传说和戏曲、话本，结合陈寿《三国志》和裴松之注的史料，根据他个人对社会人生的体悟，创作了《三国志通俗演义》。清康熙年间，毛纶毛宗岗父子辩证史事、增删文字，修改成今日通行的120回本《三国演义》。《三国演义》以魏、蜀、吴三国的兴亡为线索，描绘了汉末至晋统一的一百年间的历史，描述了统治集团内部和魏、蜀、吴三国之间的政治斗争、军事斗争，对当时动乱的社会状况有所反映，塑造了诸葛亮、曹操、周瑜、关羽、张飞等众多的人物，表现出鲜明的拥刘反曹的正统思想和儒家的仁政思想。同时也谴责了雄豪混战及暴君的苛政，寄托了人民渴求明君仁政、社会安定的愿望。《三国演义》把历史演义小说推到了最高峰，对后世历史小说的创作，有着极为深远的影响，也给其他艺术形式的创作提供了很好的素材，中国文学也因此而进入了长篇小说兴盛的时代。

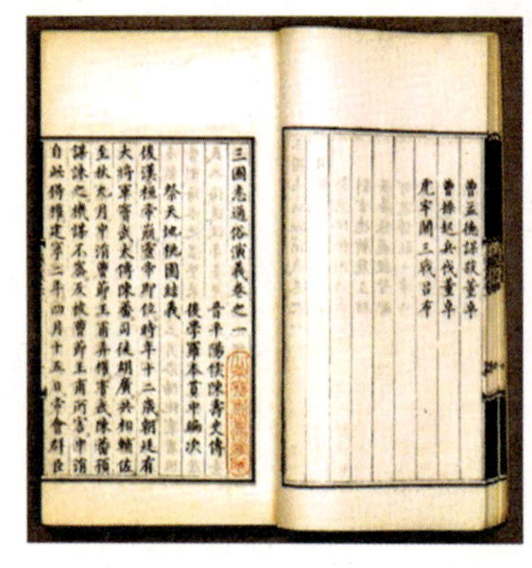
三國志通俗演義卷之一
晉平陽侯陳壽史傳
後學羅本貫中編次
祭天地桃園結義
後漢桓帝崩靈帝即位時年十二歲朝廷有大將軍竇武太傅陳蕃同侯胡廣共相輔佐至秋九月中涓曹節王甫弄權竇武陳蕃預謀誅之機謀不密反被曹節王甫所害中涓自此得權建寧二年四月十五日帝會群臣

曹孟德謀殺董卓
曹操起兵伐董卓
虎牢關三戰呂布

▲《三国演义》书影

▲三国演义插图——关羽擒将图

施耐庵作《水浒传》

▲施耐庵雕像

《水浒传》是一部著名的描写农民起义的长篇小说。史籍曾载宋江等36人造反的事迹，而后水浒故事在民间广泛流传。元末明初，以水浒故事为题材的话本、戏剧相继问世，最后由明人施耐庵加工整理、再创作而成。作者施耐庵生活的时代较罗贯中稍早。《水浒传》是第一部描写农民起义的小说，全书围绕"官逼民反"这一线索展开情节，表现了一群不堪暴政欺压的"好汉"揭竿而起，聚义水泊梁山，直至接受招安致使起义失败的全过程。这部小说最闪光的思想在于它将封建统治者视为"盗贼草寇"的起义农民给予充分肯定，并深刻揭示了农民起义的社会根源：即上至皇帝和高俅这样的大臣，下至大小官吏的横行霸道、昏庸无能，致使民不聊生，尖锐的阶级矛盾逐渐加深。《水浒传》通过生动的艺术描写，反映了我国历史上农民起义发生、发展，直至失败的整个过程，它深入地挖掘了农民起义的社会原因，成功地塑造了起义英雄的群像，并通过他们不同的反抗道路，展现了起义由零散的复仇到燎原的大火的过程，也具体揭示出起义失败的内在原因。《水浒传》结构单线发展，又扣扣相连；人物形象精练传神，语言个性特点鲜明，艺术成就很高。

《金瓶梅》

《金瓶梅》，全书一百回，于万历三十八年(1610年)问世。署名兰陵笑笑生，真实作者究系何人，说法不一，也无定论。《金瓶梅》是截取《水游传》中"武松杀嫂"这一故事演绎而成的。书中主角西门庆是一个恶霸土豪，他勾通权贵，结交士人，又与"帮闲抹嘴不守本分"的地痞流氓为友，横行乡里，无恶不作，过着荒淫无耻的糜烂生活。作者通过西门庆家的故事，刻画出明代官僚、地主、大商人的腐朽、凶恶和堕落，暴露了封建社会的罪恶，同时也在一定程度上反映了当时城市居民的生活意识。《金瓶梅》有许多淫秽的描写，是极不健康的。它又极力宣扬佛家的因果报应论，起着掩盖社会矛盾的作用。对于这些毒素必须严肃批判。

◀《金瓶梅》中的西门庆形像

“三言二拍”

“三言”即是冯梦龙编辑的《喻世明言》、《警世通言》和《醒世恒言》。“二拍”即是凌濛初的《初刻拍案惊奇》和《二刻拍案惊奇》。这几本书合称为“三言二拍”，都在明末天启、崇祯时刊行。“三言”、“二拍”是白话短篇小说集，它的内容很广泛，涉及到社会的许多方面。它的题材虽有取于史事方面的，但主要是采自民间传说，其中有不少关于揭露封建社会的黑暗与罪恶的篇章。同时，由于明朝中后期商品经济的发展，因此，“三言二拍”就有关于这方面内容的反映，所以它还是了解当时社会情况的有价值的文学作品。但“三言二拍”中有不少神鬼迷信和淫秽的描写，宣扬封建伦理道德因果报应等，这些必须加以批判。

▲冯梦龙雕像

▲凌濛初像

明代传奇

明代除小说外，传奇（戏曲）也很盛行。明代传奇的前身就是宋元的南戏，即是用南方的语言与歌曲所演唱的民间戏曲。这种民间戏曲，在宋元时，形式虽不完整，文字却很质朴；明代时，就演进为形式完整的长篇传奇。明代前期这种南戏流行于江南一带，有余姚、海盐、弋阳和昆山诸腔。到嘉靖时，乐工魏良辅对昆腔作了改造创作。魏良辅是江苏昆山人，他用十年功夫深入研究南、北戏曲的腔调与乐器，改造了昆腔的音律，并用笛管琵琶等乐器合奏，形成高低抑扬的复音。从魏良辅改进创作了昆曲以后，于是南戏的演唱便以昆曲为主。以后昆曲传到北方，成为当时南北各地最为流行的戏曲，而杂剧却日益衰落了。昆曲的兴起与盛行，推进了传奇的发展，出现了许多著名的作品，其中以汤显祖的《牡丹亭》最负盛名。

▲魏良辅雕像

《牡丹亭》

▲汤显祖雕像

《牡丹亭》，又名《还魂记》，是我国戏曲史上浪漫主义的杰作。作者汤显祖(1550~1616 年)，字义仍，号海君、君士，别号清远道人，江西临川人，进士出身，做过南京太常寺博士、礼部主事、浙江遂昌知县等小官。因看不惯官场的腐败，不愿趋炎附势，而被罢官，专门从事戏曲创作。《牡丹亭》写的是南宋时期杜丽娘与柳梦梅的爱情故事。杜丽娘是太守的女儿，受着封建妇女道德的束缚，没有行动自由，她感到连鸟都不如。她不满意封建的父母包办婚姻制度，要求自己选择配偶的权利，遭到以她父亲为首的封建势力的迫害，郁郁而死。三年后复生，和柳梦梅结成伴侣。《牡丹亭》表现了青年男女对纯真爱情的执着追求和对封建礼教的斗争精神。最后大团圆的结局，说明爱情战胜了封建礼教，梦想成了现实，反映了人们的良好愿望。

▶《牡丹亭》剧照

《永乐大典》

永乐元年(1403 年)七月，明成祖命翰林侍读学士解缙等，参照《韵府群玉》、《回溪史韵》二书的例子，采集各书所载事物，按类编排，而统之以韵。解缙等奉命而行，于次年十一月编成进呈，朱棣赐名《文献大成》。不久，朱棣认为所书事物多有遗漏，又命姚广孝、刘季篪与解缙一起重新编辑，又特别命令王景、王达等 5 人为总裁，邹辑、梁潜、曾棨等 20 人为副总裁，陈济等为都总裁，征调中外官及四方老宿文学之士为纂修，选善书的国子监及郡县生员为缮写，由光禄寺供饮食，共 9169 人，开馆于文渊阁。同时，又派官员分行天下，搜求遗书，

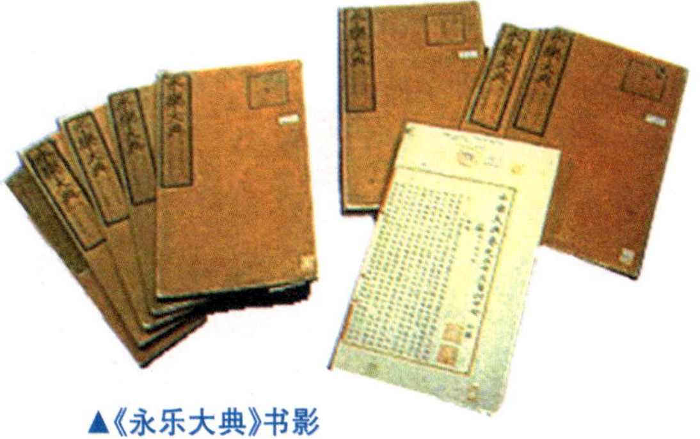
▲《永乐大典》书影

以备收录。历时五春秋修成，改名《永乐大典》，明成祖朱棣亲自为此书写序。全书共22937卷，11095册。全书分门别类，辑录上自先秦、下迄明初的八千余种古书资料，大凡经史子集与道释、医卜杂家之书均予收辑，并加以汇聚群分，甚为详备。它保存了明代以前大量的哲学、历史、地理、语言、文学、艺术、宗教、科学技术等方面丰富而可贵的资料。全书体例“用韵以统字，用字以系事”，检索非常方便，是中国历史上规模最大的一部类书，也是迄今世界所公认的一部大型百科全书。

吴门画派

▲唐寅·溪山渔隐图卷

“吴门”的称谓最早始于吴王阖闾建都在苏之时。明代中期，随着经济生活的繁荣，素称“鱼米之乡、丝绸之府”的苏州，涌现出卓有成就的画家群体，人称“吴门画派”。他们的作品大多表现江南文人优雅闲适的生活情趣，以沈周、文徵明、唐寅、仇英四家最为著名。“吴门画派”的四大家各有千秋，其创始人沈周功力深厚，不慕功名，最富文人气质。他具有多方面的文化修养，书法雄厚浑朴，兼工山水、花鸟、人物。中年画法严谨细秀，用笔沉着劲练，以骨力胜；晚年笔墨简放粗豪，气势雄强。所作率意纵逸，寓有野逸之趣，成为明代复兴文人画的先锋。沈周的弟子文徵明，曾为利禄所驱，举荐入京为翰林待诏，后不得意，辞官归里，书画终老。他的书画技艺也很全面，文雅典丽，笔墨蕴藉含蓄，风骨秀逸。文徵明长寿而勤奋，传世作品甚多，子侄、弟子流风不绝，至清初不衰，故而他成为“吴门画派”中影响最大的人物。文徵明的好友唐寅，颖悟异常，年青时应

▲文徵明·惠山茶会图卷

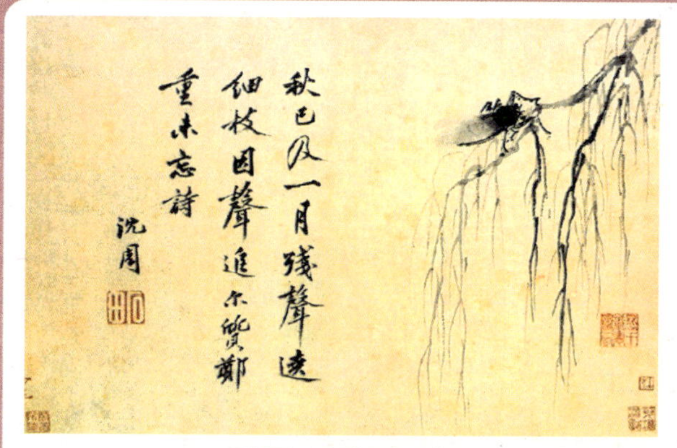

▲沈周·卧游图(局部)

试，中应天府(今南京)解元，后入京会试，因舞弊案牵连下狱，罢为吏。他一气之下绝意仕进，放情声色，诗文书画为生。唐寅的作品以工细为主，又兼有文人画的笔墨，富有诗一般的意境；书法秀逸遒劲，风格洒脱，雅俗共赏，深受欢迎。他也是一位人物、山水、花鸟兼工的画家，并因生活跌宕多趣、风流不羁，而成为家喻户晓的江南才子。文、唐的画友仇英，出身工匠，但勤奋好学，创作态度十分认真，一丝不苟，所绘人物、山水，精工具体，设色清丽，构图繁密，意境深邃，文雅而严谨，匠心独运，为他人所不及。故而他赢得画坛的尊重，成为“吴门画派”四家之一。“吴门画派”是一个既有文人画家，又有职业画家、画工的群体，它的出现，既振兴了文人画，又规范了“浙派”末流技法粗陋之习，推动了明代绘画深入发展。

《太平抗倭图》

▲《太平抗倭图》(局部)

明代除了上面所说的山水人物画以外，还有民间画家根据当时政治事件所作的历史画，《太平抗倭图》就是其中杰出的代表作。《太平抗倭图》系浙江温岭民间画家周世隆所作。作者以深厚的爱国主义感情，描绘了嘉靖三十一年(1552 年)太平(浙江温岭)人民英勇抗击倭寇侵犯的生动事迹。图高 6.7 尺，宽 5.5 尺，以淡红为主调，以石绿画屋顶、城墙及远山，人物均施重彩。质朴淳厚的民间画风，令人倍感亲切。画面极为壮伟，所画人物多达一百五十人左右。太平全城，从城门、河流以及街巷、住宅，布局很匀称。城中百姓集中在倭寇主要攻击的西北角，有的在下面搬石，有的在爬梯运石，城上的人们正在以石块掷击敌人，城外的倭寇被打得狼狈逃走。明朝的官兵在城的东北角出巡，还有些官僚、地主在设香案祈祷，有的则躲在大宅中不敢出来。倭寇则聚集在城的西北面，有的在抢劫妇女，也有的在扛相继掠来的家畜等物。这是一幅政治与艺术相结合的杰出的历史画，它充分反映了广大劳动人民是当时抗击倭寇的主力军。

音乐

明代在音乐理论上有进展。万历年间朱载堉著《乐律全书》，内容包括乐律、乐谱和舞谱等，提出“新法密律”（即十二平均律）的理论。在乐器方面，继元代输入弹拨乐器“火不思”、兴隆笙（早期的管风琴）等之后，明代从波斯传入“苏尔奈”（唢呐）、“桑图尔”（扬琴）等。传教士利玛窦引进铁弦琴（八音琴）等。

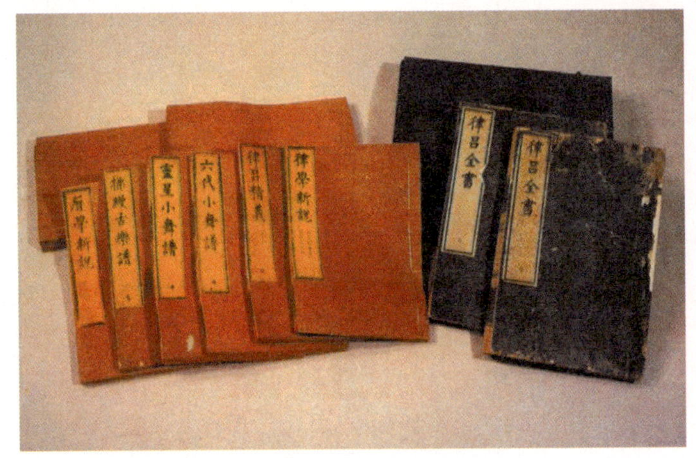

▲朱载堉《乐律全书》书影

编修《元史》

洪武元年（1368年），朱元璋下令编修《元史》。洪武二年（1369年），以宋濂、王为裁、汪克宽等十六人为纂修，开史局于南京天界寺，进行编写。从洪武二年（1369年）二月到八月，用一百八十八天的时间，修成顺帝以前各朝的历史，共一百五十九卷。接着，明朝政府派十二人到全国各地征集顺帝一朝的资料。洪武三年（1370年）二月重开史局，仍由宋濂、王祎任总裁，但纂修人员作了大幅度的调整，这一次纂修共十五人，只有赵埙曾参与第一次工作，其余都是新人。八月书成，共五十三卷，历时一百四十三天。前后两次修成的文稿经过统一加工，共二百一十卷，内本纪四十七卷，志五十八卷，表八卷，列传九十七卷。两次开局共历时三百三十一天。

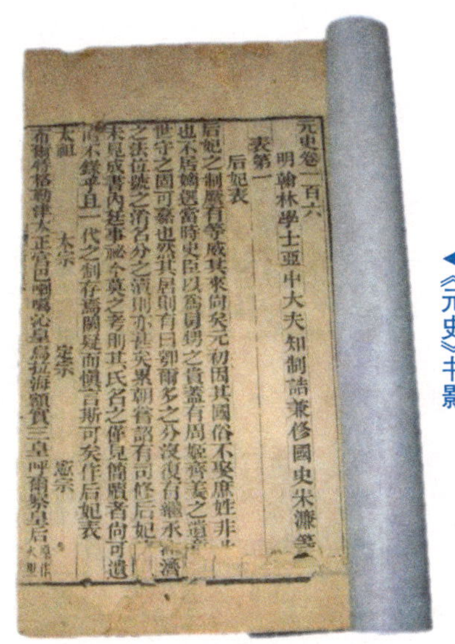
元史卷一百六
明翰林學士亞中大夫知制誥兼修國史宋濂等
表第一
后妃表
后妃之制厥有等威其來尚矣元初因其國俗不娶庶姓非此
也不居嫡選當時史臣以為舅甥之貴蓋有周姬齊姜之遺意
世守之固可嘉也然其居則有曰斡耳朵之分沒復有繼承
之孫位號之淆名分之瀆則亦甚矣累朝省部有司修后妃
未見成書內廷事秘莫之考削其氏名之僅見簡牘者尚可遺
而不錄乎且一代之制存焉闕疑而慎言斯可矣作后妃表
太祖　太宗　定宗　憲宗

◀《元史》书影

《元史》是系统记载元朝兴亡过程的一部纪传体史书，中国官修正史《二十五史》之一。但由于该书成书仓促，芜杂错谬较多。

私人撰史

▲明·唐寅·溪山渔隐图卷

私人修撰的史学著作方面，私史、野史甚多，成就也高，主要有谈迁的《国榷》、张岱的《石匮藏书》和《石匮藏书后集》、查继佐的《罪惟录》、计六奇的《明季北略》、《明季南略》等。《国榷》，108卷，明末史学家谈迁所著，是一部编年体明史。谈迁从明天启元年（1621年）开始写作，清顺治四年（1647年）成书，历时20多年，不料书成未曾修改付印即被盗。这时谈迁已50多岁，但仍以顽强的毅力重新再写，费4年时间终于写成。《国榷》的特点：一是对于《明实录》中避而不谈的一些重要史实，敢于直书。如朱元璋晚年杀戮功臣事，建文朝史事，建州女真事等。二是善于评论，在重要史事后面，将自己及诸家的议论并列于后，便于读者了解和参考。三是详于史实的考订，使书中的史料具有相当高的可靠性。四是对万历以后70年的历史所记特详，尤其收集了许多建州女真的史料，编补了崇祯十七年（1644年）的史事。《国榷》一书，史料价值较高，是研究明文者必读之书。张岱的《石匮藏书》220卷，为纪传体明文，止于天启。以后，张岱又根据崇祯朝大量的邸报材料及南明史事撰成《石匮藏书后集》63卷，记崇祯朝及南明史事，可补正史不足。《罪惟录》102卷，纪传体明史，明末史学家查继佐著，历时29年而成。和官修《明史》相比，《罪惟录》的本纪多了南明诸帝纪，志也比较详细，另外"传"依性质区分，以事立传，而不以人立传，如有《经济诸臣传》等。该书还保存了不少明末的材料，特别是李自成起义军的一些材料，为它书所未见，有较高的史料价值。《明季北略》、《明季南略》，明末史学家计六奇所著。是书合编年和纪事本末于一体，以编年为纲，依年叙事，又各标事目。《明季北略》24卷，起自明万历二十三年（1595年）努尔哈赤初起，下迄崇祯十七年（1644年）清军入关，记录了北方近50年史事大略。《明季南略》叙述了南明史事。由于作者亲身经历了明清之际的大动乱，所以记述真实，叙事清晰，有较高史料价值。

▲谈迁撰写史书

徐霞客墓道
宋应星纪念馆

明朝的科学技术

明代科学技术有很大进步，出现了许多杰出的科学家和著名的科学著作，特别是在农艺学、医药学、地理学和工艺学等方面，成就最显著。李时珍的《本草纲目》、徐宏祖的《徐霞客游记》、宋应星的《天工开物》、徐光启的《农政全书》，分别把我国医学、地理学、农学和手工业生产技术提高到一个新的水平。值得一提的是，明代的建筑技术，在继承前代的基础上，有了进一步的发展。当时的建筑艺术，主要的代表作以大都市的整体布局和宫殿、寺庙等的整体群建筑比较突出。这一时期的城市规划和宫殿建筑均为后世所沿用：都城北京和中国现存规模最大的古城南京均得益于明代的规划和经营，清代帝王的宫殿也是在明宫殿的基础上不断扩展完善而来的。

◀李时珍雕像

李时珍和《本草纲目》

明代医学和药物学的发展都超过了前代。明朝后期已发明了几种预防天花的种痘法，并在清初传入中亚、俄罗斯和西欧，是世界免疫学的发源地。其中成就最大的是李时珍和他的《本草纲目》。《本草纲目》是伟大的医药学家李时珍（1518~1593 年）以毕生精力，亲历实践，广收博采，实地考察，对本草学进行了全面的整理总结，历时 27 年编成。全书 52 卷，约 200 万言，收药 1892 种，附图 1100 多幅，附方 11000 余首，是集我国 16 世纪以前药学成就之大成，在训诂、语言文字、历史、地理、植物、动物、矿物、冶金等方面也有突出成就。本书十七世纪末即传播，先后有多种文字的译本，对世界自然科学也有举世公认的卓越贡献。《本草纲目》共收录了中药一千八百三十二种，共五十二卷。在药物解说方面，《本草纲目》包括八个部分：释名，罗列典籍中药物的异名，并解说诸名的由来；集解，集录诸家对该药产地、形态、栽培、采集等的论述；修治，介绍该药的炮制法和保存法；气味，介绍该药的药性；主治，列举该药所能治的主要病症；发明，阐明药理或记录前人和自己的心得体会；正误，纠正过去本草书中的错误；附方，介绍以药为主的各种验方及其主治。李时珍根据古籍的记载和自己的亲身实践，对各种药物的名称、产地、气味、形态、栽培、采集、炮制等作了详细的介绍，并通过严密的考证，纠正了前人的一些错误。他在书中介绍和考证了许多来自南亚的药物，并广征佛书，给其中许多药物注出了梵文译名，这是十分难能可贵的。《本草纲目》集中体现了中国古代医学所取得的最高成就，是取之不尽的中华医药学知识宝库，素享“医学之渊海”、“格物之通典”之美誉，曾被英国生物学家达尔文誉为“中国的百科全书”，成为历代医者和读书人孜孜以求的必修书。

徐霞客和《徐霞客游记》

自从郑和下西洋，尤其是明末开始的中西文化交流以后，中国人在地理学方面认识和研究都有很大发展，出现了一批地理学家和地理学研究成果，其中最有代表性的是徐霞客和他的《徐霞客游记》。徐霞客，名弘祖，字振之，号霞客。南直隶江阴县（今江苏江阴市）南旸岐村（今属马镇乡）人。明代旅行家，地理学家，散文家，中国以旅行为毕生事业的第一人。他生于万历十四年（1587 年），卒于崇祯十四年（1641 年），享年 54 岁。出身官僚地主家庭，幼年好学，博览史籍及图经地志。应试不第后，感慨于明末政治黑暗、党争剧烈，遂断功名之念，以“问奇于名山大川”为志，自 21 岁起出游。30 余年间，东涉闽海，西登华山，北及燕晋，南抵云贵两广，游历了今日的江苏、浙江、山东、河北、山西、陕西、河南、安徽、江西、福建、广东、广

▲徐霞客雕像

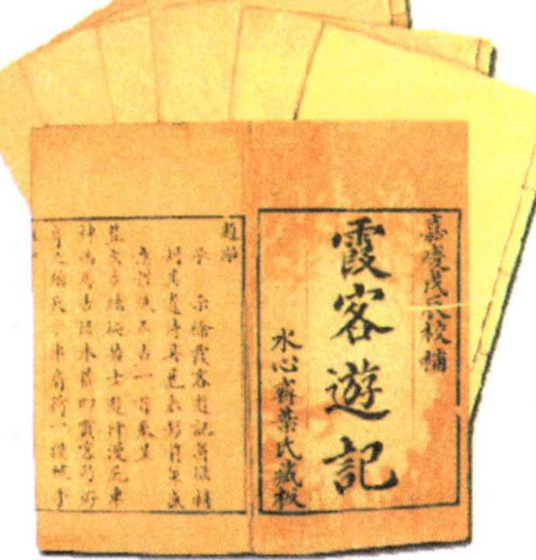

▲《徐霞客游记》书影

西、湖南、湖北、贵州、云南等地。他在旅行中备尝艰险，遇盗被劫、绝粮乞食，均未挫其意志。观察所得，按日记载，死后由他人整理成《徐霞客游记》。他以目验的事实，修正了许多古代地志沿误之处，破除了若干迷信臆说。他从朴素的科学方法出发，阐明了地下水压力原理，得出河流流速与流程成反比的分析，观察到地形、气温、风速对植物生态的影响。特别是他实地勘查了100多个石灰岩溶洞，正确指出岩溶地貌的成因和特征，这一发现早于欧洲人约两个世纪。他用日记体写的记游散文，运用了丰富的描绘手段，具有恒久的审美价值。《徐霞客游记》为历史地理学的研究提供了极其珍贵的重要资料，具有很高的科学价值和社会效益，开创了我国地理学史上实地考察并系统描述自然的先河。

徐光启和《农政全书》

由于农业生产技艺的发展，关于农业生产方面的著作很多。据不完全统计，明代有农书不下百种，其中最著名的就是徐光启的《农政全书》。《农政全书》的作者徐光启，字子先，号玄扈，上海县（今上海市）徐家汇人，明代科学家、农学家。一生著译很多，尤以农学、数学和天文学最为突出。该书是他平生研究农学的总结，于天启五年（1625年）开始撰著，到逝世时完成初稿。后经陈子龙修订，“大约删者十之三，增加十之二”，于崇祯十二年（1639年）刊行，世称平露堂本。该书共60卷，约70万字，全书分为12目。12目中包括：农本3卷；田制2卷；农事6卷；水利9卷；农器4卷；树艺6卷；蚕桑4卷；蚕桑广类2卷；种植4卷；牧养1卷；制造1卷；荒政18卷。如“农本”主要记述传统的重农理论，包括经史典故、诸家杂论，并收入了冯应京所撰的《国朝重农考》；“田制”为土地利用方式，有《玄扈先生井田考》和前人农书中的各种田制图等；“农事”是范围相当广泛的“农业概论”，涉及营治、开垦、授时、占候等，尤以屯垦为重点，除历史经验外，还收录了不少农谚和作者自己的心得体会；“水利”包括西北、东南水利等论述，着重强调开发西北水利的重要性，引用了《王祯农书》的“灌溉图谱”和“利用图谱”，并加了评注意见，此外还附有由

▲徐光启像

◀《农政全书》书影

西方传教士熊三拔口授、作者笔述、介绍欧洲水利知识的《泰西水法》;“荒政”则汇编历代备荒文献,考订各种备荒史料,并全部采录《救荒本草》和《野菜谱》二书,使这两种描述救荒植物的专著得以广泛流传。《农政全书》基本上囊括了古代农业生产和人民生活的各个方面,而其中又贯穿着一个基本思想,即徐光启的治国治民的“农政”思想。该书内容虽然大量摘录前代农书和有关文献,但经作者精心剪裁,取其要旨,并用夹注、旁注或评语等形式加入了许多作者自己的精辟见解和经验体会,使该书成为一个完整的农学体系。书中以大量篇幅阐述开垦西北荒地、兴修水利、救济灾荒的各种规划、建议和技术,是历代农书中所少见的,这是作者企图针对明末朝政腐败、生产凋蔽、农民无法生存的严重情况所提出的补救措施。

宋应星的《天工开物》

▲宋应星雕像

宋应星(1587~1661年),字长庚,江西奉新人。曾任多年的地方官,对民间的生活和生产比较熟悉。他非常重视经世济民的实用技术,反对当时重艺文、轻技术的社会风气。崇祯七年(1634年),写了《天工开物》一书,是对明代工农业生产技术的全面总结。全书共分3卷28篇,包括农业、制造业、养殖业、冶铸业、机械制造等当时社会生产的所有行业,其中对手工业生产的记述最为详细。每种产品的生产工具、生产过程和工序、生产技术、生产经验都分别详细说明,并附有插图123幅,更使人一目了然,既易懂,又实用。此外,对生产过程中出现的一些物理现象和化学反应,还做了比较科学的解释;对某些机械原理和效率,能用数据来加以说明,这在当时是具有开创意义的。《天工开物》是我国古代的科技名著,并被翻译为多种外文,受到国外科技界的重视。

▲《天工开物》书影

观象台

观象台是中国著名的古代天文台,始设于元代,天文学家王恂、郭守敬奉命修建,原名司天台。明初攻克北京时毁于战火,残存的天文仪器被运往南京保存。正统四年

▲古观象台

(1439年)至七年(1442年),行在钦天监监正皇甫仲和仿照南京的设备，复制了浑仪、简仪、圭表、浑象等仪器,并将内城城墙的东南角即元司天台的旧址改筑为观星台，从此开始了连续的天文观测活动。台体平面呈方形,高17.79米。台顶东西长23.9米,南北宽20.4米。台基用黄土夯筑，四周砌砖。它的建筑组群完整,设备配套齐全,并且充分体现了东西方科技、文化的相互交融,因而在国际上久负盛名。

造船技术

▲郑和雕像

明朝政府在永乐、宣德时曾经派遣大批使臣出使亚、非各地。从永乐三年(1405年)到宣德八年(1433年)之间,中国杰出的航海家郑和曾率领船队七次下西洋,前后经历了亚、非三十多个国家。明初郑和七下西洋的盛事,把中国传统造船技术推进到空前的繁盛时期。以郑和宝船队为代表,其船型巨大、设备完善,航海组织严密有序。在明代还出现了《南船记》、《龙江船厂志》、《漕船记》、《筹海图编》、《武备志》等一系列有关造船的著作。明代著名科技著作《天工开物》中第九卷有舟车一节,将船舶分为漕舫、海舟、杂舟三类加以论述,兼及舵及帆的使用原理。在锻造一节则对大型铁锚的锻造工艺尤有精辟的论述。在《武备志》中对各类舰船有图有论,在240卷的最后一卷总名“航海”,实为“自宝船厂开船从龙江关出水直抵外国诸番图”,后人统称为《郑和航海图》。该图是不再依附于航路说明,能

▲郑和海船图

独立指导航海的海图。从明代古船的发掘与研究中更能微观地探索造船技术的进步。明朝的海禁政策使发达的中国造船业迅速衰败下来，七下西洋既罢，郑和宝船及其船队则成为空前而绝后了。

紫禁城

▲故宫太和殿

北京故宫（俗称紫禁城）是明清两代的皇宫，是我国现存最大最完整的古建筑群。故宫是永乐四年（1406年）开始修建，到永乐十八年（1420年）基本建成，到嘉靖时又加以补修。以后清代虽继续加以修建，但仍保持着明代初建时的布局。故宫是按照封建统治者的意图修建的，从形式到内容，都反映了封建皇帝的“尊严”和封建等级制度。故宫中突出三大殿的建筑，尤其是奉天殿（又名皇极殿，清朝叫太和殿，俗称金銮殿），是皇帝登基和举行重大典礼的地方，建筑宽大，高近十丈，显示着皇帝的“威严”。故宫共占地七十二万多平方米，有几千间房屋，四周环有城墙和护城河。这些宫殿屋宇整齐的布局、复杂的木结构、精致的石雕和木殿、金碧辉煌的琉璃瓦，集中体现了我国古代建筑艺术的优秀传统和独特风格。在当时的社会条件下，能建造这样巍峨壮丽的建筑群，充分反映了我国古代劳动人民的高度智慧和创造才能，在建筑史上具有十分重要的地位。

▲北京太庙

太庙与社稷坛

太庙与紫禁城于永乐十八年（1420年）一起修建完成，按照“左祖右社”的原则，形制完全模仿南京的太庙。太庙建于紫禁城的左前方即东南方，而社稷坛（现中山公园）则在右前方。太庙是明清两代皇帝祭祀祖先的宗庙，占地14万平方米，四周围以

▲北京社稷坛

三道红墙及层层松柏，衬托起金碧辉煌、错落有序的建筑。建筑采用中轴对称式布局，琉璃门、汉白玉石拱桥、戟门、三大殿依次排列在中轴线上，井亭、神厨、神库配殿依次排列于两侧。位于中轴线上的享殿是皇帝举行大祭活动的场所，寝殿是供奉帝后神位之处，祧庙则供奉皇帝远祖神位。太庙建筑群中最雄伟壮观的是享殿，又名前殿，是明清两代皇帝举行祭祖大典的场所。享殿是整个太庙的主体，为中国古代最高等级的黄琉璃瓦重檐庑殿顶，檐下悬挂满汉文“太庙”九龙贴金额匾，坐落在3层汉白玉须弥座上，面积达2060平方米。殿内梁栋饰金，地设金砖，68根大柱及主要梁枋均为金丝楠木，柱高为13.32米，最大底径达1.23米，是中国现存规模最大的金丝楠木宫殿，楠木大柱更是举世无双，建筑品质和文物价值只有明长陵的祾恩殿可与其相匹。社稷坛是祭祀社稷时所用的祭坛。社，是社神，主管土地；稷，是稷神，主管五谷。由于农业对国家的重要性，中国古代的历代帝王都非常重视祭祀社稷。祭祀社稷通常由皇族主持，祈盼五谷丰登、国土太平。祭祀社稷的活动各朝也不尽相同，分为分祭和合祭两种方式。明朝以前的社稷坛“社”“稷”分开建坛，祭祀行礼也是分开的。南京社稷坛最初也是东西对峙，到明洪武十年(1377年)，太祖朱元璋认为“社”“稷”固不可分，故让礼官奏议，合社稷共为一坛。遵照洪武十年以后的制式，北京社稷坛按照社稷合为一坛修建，即是今天人们所见的形制。

天坛

明朝统治者为了宣扬他的政权的合理性，就依照君权神授的观念，营造了许多庙堂建筑，以祭祀神鬼。天坛就是其中有名的一个。天坛建筑的总体布置是按照它们的不同用处和祭祀的要求布局，其中主要的建筑为祈年殿和皇穹宇、圆丘。天坛中还有几项建筑至今吸引着人们。

◀北京天坛

如存放上帝牌位的皇穹宇的图形围墙，通常称为“回音壁”，人们站在它的一端，可以清晰地听到站在墙壁另一部位的人的话音，它不是靠声波通过空气的传导，而是经过墙壁的反射传过去的。圆丘是一个高台，四周环以石栏杆，栏杆共计三百六十块，表示周天三百六十度。人们站在高台中心那块石上说话，可以听到很响的回音。“三音石”，是回音壁圆心处铺在地上的一块石头，站在它上面鼓掌一下，可以听到几声回响，这也是声音反射现象。以上几项建筑中声学现象的利用，说明我国古代劳动人民中的能工巧匠是十分聪明能干的，这些宝贵的发明创造至今为世界人民所称道。

灵谷寺无梁殿

灵谷寺始建于明洪武十四年(1381年)，其前身是位于钟山独龙阜的蒋山寺，因朱元璋选中了独龙阜为陵地，故而将蒋山寺移建于钟山南麓，重建寺、塔，名为“灵谷寺”，号称“天下第一丛林”。当时的灵谷寺中有金刚殿、天王殿、无量殿、五方殿、毗卢殿、观音殿、宝公殿，东北还有一座明成祖为西藏活佛建造的大宝法王殿，另外寺内还有禅堂、客室、钟楼、佛像画廊等。无梁殿，原名无量殿，供无量寿佛，因整个殿堂全用砖砌，不用寸木一钉，故人称无梁殿，它继承了传统结构拱券式，五楹三进，高22米，宽53.8米，深37.8米。砖结构的无梁殿在装饰上极力模仿木结构建筑，上下屋檐均设斗拱，下檐斗拱出一跳，上檐斗拱出二跳。门窗皆用三券三伏的拱券形，拱券表面贴有水磨砖板。屋面覆盖筒瓦，上檐两山部分辟有直棂窗各一。正脊上嵌有三座喇嘛塔，中央一座塔中空，呈八角形。无梁殿结构坚固，风格独特，气势雄伟，是我国古代建筑史上的一项杰作。

▲灵谷寺

▲无梁殿内景

李贽故居　陈献章纪念馆　王守仁墓

哲学与宗教

在学术思想方面，具有代表性的是：王守仁的“心学”，大倡主观唯心论和唯我论，反对朱熹的客观唯心主义的理学，影响较大；王艮和泰州学派提出的“百姓日用之学”，是对以往道学的批判；李贽的反道学、反封建思想，直接影响我国16、17世纪的学术思想界，成为反封建主义的先驱。明代是宗教发展的一个较为特殊的时期，随着宋、明理学显学地位的确立，作为中国自身的宗教道教和较早传入中国的佛教，都逐渐走向了衰微，而伊斯兰教在明代西北地区得到了发展。明朝后期，西方传教士来华，开始传播天主教，并且打入了士大夫和部分民众当中，成为中西文化交流中的一件大事。

◀王守仁像

理学

明初统治者极力提倡孔孟之道、程朱理学，作为封建统治思想。朱棣命令撰修《五经大全》、《四书大全》、《性理大全》等儒家书籍，广为传播。在明朝统治者的倡导下，嘉靖以前，程

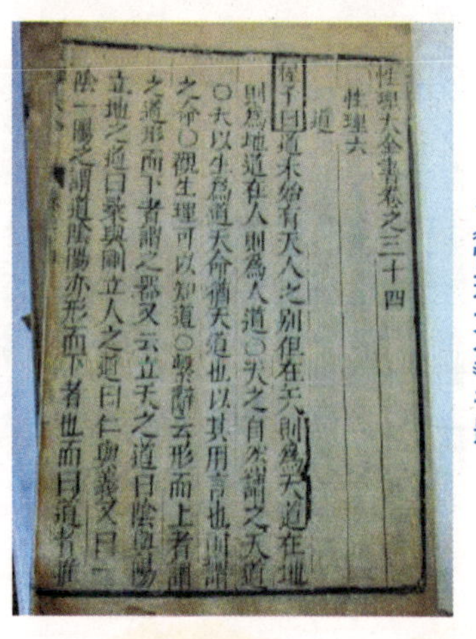
性理大全書卷之三十四
性理六
道
程子曰道未始有天人之别但在天則為天道在地則為地道在人則為人道○天之自然謂之天道○天以生為道天命猶天道也以其用言也則謂之命○觀生理可以知道○繫辭云形而上者謂之道形而下者謂之器又云立天之道曰陰與陽立地之道曰柔與剛立人之道曰仁與義又曰一陰一陽之謂道陰陽亦形而下者也而曰道者惟

◀《性理大全》书影

朱理学在官僚士人当中十分流行，它是腐败守旧的统治阶级用来钳制人民思想的工具。明代薛瑄、吴与弼、胡居仁、陈献章、王守仁等均是有名的理学家。薛瑄(1392～1446年)，官至大学士，他自己“手录《性理大全》，通宵不寐”，死啃理学典籍，鼓吹和实践天命性理之学。胡居仁绝意仕途，以“事亲讲学”为务。他说“惟王道能使万物各得其所”，极力维护王道所反映的封建秩序，他反对事功，说“卑者溺于功利”。要达到忠信，他就讲究理学家的“敬”，并以“敬”作为自己的书斋名称。

四书五经

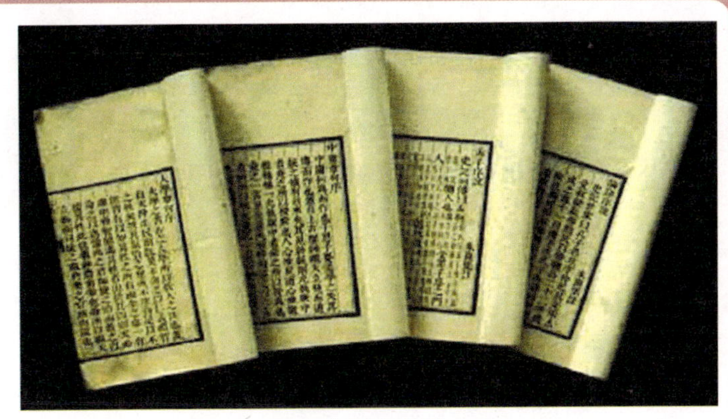

▲《四书》书影

《四书》是《论语》、《孟子》、《大学》、《中庸》四部著作的总称，《五经》是《诗经》、《书经》、《礼记》、《易经》、《春秋》五部著作的总称。《四书》中《论语》、《孟子》分别是孔子、孟子及其学生的言论集，《大学》、《中庸》则是《礼记》中的两篇，这两部书与《论语》、《孟子》一起表达了儒学的基本思想体系，是儒学思想最重要的文献。《五经》原称《六经》，包括《诗经》、《书经》(也称尚书)、《礼记》、《易经》、《乐经》和《春秋》，是儒家最著名的文化典籍，但是后来《乐经》轶失，《六经》也就变成了《五经》。《五经》是古代遗留下来的文化典籍，经过孔子删定、编辑、诠释，融入孔子思想，成为儒家重要的经典。宋朝著名理学家朱熹注释的《四书》既融会了前人的学说及他自己的独特见解，又由于以程颢、程颐兄弟和朱熹为代表的“程朱理学”地位的日益上升，所以，朱熹死后，朝廷便将他所编定注释的《四书》审定为官书，到元代延祐年间恢复科举考试，正式把出题范围限制在朱注《四书》之内。洪武四年(1371年)，开始设科，以八股文取士，规定以四书、五经的文句命题，四书要以朱熹的集注为依据。这样就把知识分子的思想束缚在孔孟之道和程朱理学之中。

王阳明和心学

明中期以后，随着形势的变化，在哲学思想上也变换了新形式，主观唯心主义的心学应运而生，王阳明便是这个时期的代表。王阳明(1472~1528年)名守仁，字伯安，浙江余姚人，是明朝重要的哲学家。王阳明哲学思想的主要内容是继承和发展了南宋陆九渊的思想。陆九渊宣扬“心即理”，“宇宙便是吾心，吾心便是宇宙”，王阳明进一步提出“吾心即物理”，“心外无物，心外无事，心外无理，心外无义，心外无善”，把心和理合二而一。所谓理不是客观存在的东西，而是存在每个人的心中，叫做“良知”。所谓“良知”，即封建道德意识。他认为“良知不假外求”，是人生先天所固有的，且“良知在人，无问圣愚”，是人类普遍所具有的。既然人人具有良知，为什么有贤愚、善恶之分呢？他和朱熹一样，认为是“私欲”蒙蔽的结果。所以他提出“致良知”就是要人们“去人欲，存天理”，要加强主观的修养，以恢复心的本性即“良知”。其实质，就是要人人都维护封建统治阶级的伦理道德，以巩固封建统治。

◀王阳明雕像

▲王艮铜像

王艮和泰州学派

王艮（1483～1540年），南直隶泰州（今江苏泰州市）人，号心斋，曾随其父当过小商贩，三十八岁始从王守仁学习。他的哲学思想也是主观唯心论。他以主观的“心”去衡量客观世界，使世界万物符合心的意念，是精神第一物质第二的唯心论的观点。但是王艮与王守仁的观点还是有差异的，如他说：“王公（王守仁）论良知，艮谈格物。”同时，由于王艮出身于社会下层，因此他的哲学思想比较地切合实际，也多少反映了一些劳动人民的要求。这种思想发展到夏廷美和颜山农时就更为明显。泰州学派强调“本心”的作用，不受传统思想的限制。最后发展到与泰州学派有师承关系的李贽就公开批判道学和孔孟之道的儒家思想。

李贽反理学的思想

李贽，号卓吾，又号宏甫，别号温陵居士、百泉居士等，泉州晋江（今属福建）人。原姓林，名载贽，嘉靖三十一年（1552年）中举后，改姓李，嘉靖三十五年（1556年）为避穆

▲李贽像

宗载垕讳，取名贽。回族，信奉伊斯兰教。其家是世代巨商，至祖父辈家境渐衰。嘉靖三十五年（1556 年）任河南共城（今河南辉县）教谕，嘉靖三十九年（1560 年）任南京国子监博士，嘉靖四十三年（1564 年）复任北京国子监博士，嘉靖四十五年（1566 年）任礼部司务，隆庆四年（1570 年）任南京刑部员外郎，万历五年（1577 年）任云南姚安知府，万历八年（1580 年）辞官归隐。他为官期间，目睹朝廷及官员们腐败无能，常与上司发生争执。他经受过倭寇侵掠、灾荒贫困的痛苦，看到了资本主义萌芽发展的艰难，在新兴的市民运动推动下，希望能找到与宋明理学不同的“道”。他曾接触过王守仁学说，并研究佛学。归隐后，主要从事研究、讲学和著述。李贽在反对政治腐败和宋明理学的过程中，形成了他的政治思想，主要有：一、主张个性解放，思想自由。他认为要获得个性解放和思想自由，就必须打破孔孟之道及其变种宋明理学的垄断地位，冲破封建经典所设置的各种思想禁区。李贽把斗争的矛头首先指向孔丘，认为孔丘只是一个普通人，他的话并不都是千古不易之理，不能以他的是非为是非，每一个人都应该自为是非。为了打破孔丘提出的是非标准，李贽编写了《藏书》和《续藏书》，用自己的是非标准，重新评价了历史人物。二、提倡人类平等。李贽认为，按照万物一体的原理，社会上根本不存在高下贵贱的区别。老百姓并不卑下，自有其值得尊贵的地方；侯王贵族并不高贵，也有其卑贱的地方。三、反对封建礼教。他反对歧视妇女，主张婚姻自由，热情歌颂卓文君和司马相如恋爱的故事。四、反对理学空谈，提倡功利主义。李贽还对被封建统治者奉为金科玉律的儒家经典进行抨击。五、“至道无为”的政治理想。他认为人类社会之所以常常发生动乱，是统治者对社会生活干涉的结果。他理想的“至人之治”则是“因乎人者也”，顺乎自然，顺乎世俗民情，即“因其政不易其俗，顺其性不拂其能”，对人类的社会生活不干涉或少干涉。李贽是中国历史上反封建传统、反封建礼教、反权威主义，主张个性解放、思想自由的思想先驱，他的思想对后人反传统权威、反君主专制、反封建礼教思想的形成具有重要的启蒙作用。

▲《藏书》书影

佛教衰微

▲明代佛教壁画

明初，禅宗承元之后有一定规模，至明后期，禅宗中只有临济、曹洞两宗有所发展，而临济一系又稍盛于曹洞。临济宗以德宝、圆悟、法藏三人最著名。曹洞宗有影响的人物为慧经、元来、元贤，分别辑有《无明慧经禅师语录》、《无异无来禅宗广录》、《永觉元贤禅师广录》，此外之贤还撰有《继灯录》、《补灯录》、《建州弘释录》、《法华私记》等。他们对禅宗的继承和发展，有不小贡献。明代末年，士大夫不满现实，纷纷逃禅，禅宗影响渐有扩大。明代佛教其他各宗中，只有净土宗还稍有影响，拥有信徒，其余各宗则气息奄奄，仅存形式而已。

▶山西明代道教建筑屋脊用瓦

道教由盛转衰

明太祖朱元璋在起兵反元时，曾利用道教制造舆论，道士周颠仙等亦为他出谋划策。洪武建国后，又撰《御制纪梦》，宣扬紫衣道士授以真人服和剑，把自己说成是“奉天承运”的“真命天子”，正一教主张正常被授以四十二代天师。明代还在京师设道录司，地方设道纪司、道会司，分掌道教事。明成祖朱棣发兵“靖难”时也得到道教帮助，故在位时拨巨资大肆修建道观。最尊崇道教的当推世宗朱厚熜，为专门扶持道教，甚至毁佛寺，逐僧人。总之终明之世，朝廷对道教的尊宠甚于金元。但自明中叶后，随着资本主义萌芽的出现，植根于封建社会的道教，由于其本身的保守性，加之上层道官贪求官贵，日益腐败，终于无法挽救其由盛转衰的厄运。

伊斯兰教改革

由于元代回回人的特殊地位，伊斯兰教在中国，特别是在西北地区得到了广泛的传播。入明后，随着回族共同体的形成和维吾尔族完成伊斯兰化，其他西北民族（包括新形成的民族）如哈萨克、柯尔克孜、塔吉克、乌孜别克、塔塔尔、东乡、撒拉、保安等族也成为伊斯兰民族。明中叶后，在回族中掀起了一系列重大的宗教改革。胡登洲首创清真寺内招收学员、开设学堂，奠定了回族经堂教育模式。由于广大回族穆斯林已不通阿拉伯、波斯语，王岱舆等提倡用汉文译述、注释伊斯兰教经典，并著有《正教真铨》、《清真大学》等书，引发大批"回儒"参加这场运动，初步确立了中国伊斯兰教义学体系，加速了伊斯兰教中国化。与此同时，清真寺像雨后春笋一般，在全国兴建。伊斯兰教也得到了明朝统治者的扶持。相传明太祖曾有《御书百字赞》，称"降邪归一，教名清真。穆罕默德，至贵圣人。"武宗朱厚照崇扬伊斯兰教，相传对待臣曰："诸教之道，皆各执一偏，惟清真认主之教，深原于正理，此所以垂教万世，与天壤久也。"

▲西宁东关清真大寺

传播天主教

16 世纪时，基督教分裂成天主教、东正教、新教（即基督教）三大派。1552 年，西班牙人方济各教士沙勿略到达广东台山县上川岛，企图进入广州传教未果，同年 12 月死在岛上。1552 年，葡萄牙人租居澳门，大批传教士来澳门传教，建立教堂，并试图以澳门为基地进入中国内地开展传教活动。1579 年来澳门传教的意大利人罗明坚进入广州等地，积极主张培养懂中文的教士用中文传教。1582 年，意大利教士利玛窦在澳门学习中文，后随罗明坚进入肇庆、韶关、南昌、南京、北京等地传教，成为在中国传教最有成效的开创人。到 1610 年时，中国内地的天主教徒已发展到 2500 人，其中包括明朝南官及文士李之藻、徐光启、杨廷筠等。

◀利马窦像

清朝（鸦片战争前）

（公元1644年~公元1840年）

清朝是由女真族（满族）建立起来的封建王朝，它是中国历史上继元朝之后的第二个由少数民族统治中国的时期，也是中国最后一个封建制国家。清朝统治者入关以后，进一步加强了君主专制：设立军机处，加强了皇权；大兴文字狱，在思想文化上对知识分子和人民进行迫害和压制。由于实行鼓励垦荒等政策，清朝前期的农业生产得到恢复和发展。这时期的手工业水平比明朝有较大提高，手工工场规模更加扩大。然而，腐朽的封建制度严重阻碍了资本主义萌芽的成长。康熙、雍正、乾隆三代皇帝统治的时期，社会稳定，人民的生活有了很大的提高，大清帝国达到了有史以来的鼎盛阶段，史称“康乾盛世”。乾隆六十年（1796 年），乾隆皇帝让位于颙琰，改元嘉庆，自己为太上皇。嘉庆皇帝在位二十五年，统治上延续其父的政治方针，清朝进入了缓慢发展的阶段。1821 年，嘉庆帝卒，由道光皇帝即位，是为清宣宗。道光帝在位期间，西方各国已经开始进入中国的经济市场，他们以鸦片来敲开中国的大门，使中国的白银大量外流，人们深受鸦片毒害。1838 年，道光帝为了解决这一问题，任命林则徐为钦差大臣去广东主持禁烟。林则徐到广东后，打击烟贩，没收鸦片达两百多万斤，又在虎门当众将其销毁，即震惊中外的“虎门销烟”。虎门销烟之后，英国于 1840 年以保护侨民为名对中国宣战，中国历史进入了一个新的阶段。清朝在道光以前，文化成就巨大。产生了王夫之、黄宗羲、顾炎武及戴震等杰出思想家，曹雪芹、吴敬梓、孔尚任及石涛等著名文学艺术家。史学硕果累累，考据学派名家辈出，并出现了《四库全书》等官修大型丛书。科技领域也出现了无数成果，其中建筑成就相当突出。

帝王世系表

太祖爱新觉罗·努尔哈赤（1616~1626）——太宗爱新觉罗·皇太极（1627~1643）——世祖爱新觉罗·福临（1644~1661）——圣祖爱新觉罗·玄烨（1662~1722）——世宗爱新觉罗·胤禛（1723~1735）——高宗爱新觉罗·弘历（1736~1795）——仁宗爱新觉罗·颙琰（1796~1820）——宣宗爱新觉罗·旻宁（1821~1850）——文宗爱新觉罗·奕詝（1851~1861）——穆宗爱新觉罗·载淳（1862~1874）——德宗爱新觉罗·载湉（1875~1908）——爱新觉罗·溥仪（1909~1911）

大事年表

1644年　山海关之战，吴三桂引清军入关，李自成败退。清军入北京。明福王朱由崧在南京即帝位，建立南明弘光政权。清颁圈地令，大规模圈占土地。

1645年　多铎破扬州，屠城10日，史可法被杀。清军占南京，南明弘光政权亡。清重申剃发令，违者重罪。明唐王朱聿键在福州称帝；鲁王朱以海在绍兴监国。

1646年　明桂王朱由榔在肇庆监国后即帝位，改元永历。郑成功起兵抗清。

1653年　册封达赖五世罗桑嘉措。

1655年　严申海禁，无许片帆入海。

1657年　顺天、江南发生乡试舞弊科场案。

1661年　顺治帝卒。1663年葬于孝陵(清东陵)。郑成功收复台湾。吴三桂入缅俘朱由榔杀之。南明亡。

1669年　康熙帝清除鳌拜集团。

1673年　康熙帝下撤藩诏，吴三桂反，耿精忠、尚之信响应。

1681年　清军攻破昆明，三藩之乱平。

1683年　郑克塽降清，康熙帝统一台湾。次年开放海禁。

1686年　设广州十三行，洋行制度始此。

1688年　洪升撰成《长生殿》。

1689年　中俄《尼布楚条约》签订，划分中俄东段边界。

1690年　康熙帝亲征准噶尔。

1691年　康熙帝与喀尔喀蒙古三部首领在多伦会盟。

1699年　孔尚任撰成《桃花扇》。

1706年　四川泸定县建成大渡河铁索桥——泸定桥。

1707年　彭定求等编《全唐诗》成书。

1709年　北京始建圆明园。

1713年　册封班禅五世罗桑意希为班禅额尔德尼。

1716年　《康熙字典》成书。《格萨尔王传》在北京雕梓。

1717年　准噶尔部侵袭西藏。1720年，清军逐准部出藏。

1722年　康熙帝卒，葬于景陵；胤禛继位，改元雍正。

1723年　青海罗卜藏丹津叛乱。次年平定。

1726年　铜活字排印大型类书《古今图书集成》。

1727年　中俄签订《布连斯奇条约》。

1728年　中俄签订《恰克图条约》。

1735年　《明史》成书。

1747年　大金川土司莎罗奔反。1749年平定。

1750年　始建清漪园，后改名颐和园。

1755年　西藏拉萨建罗布林卡。

1757年　清廷与准噶尔长期战争结束，实现统一。大小和卓之乱起。1759年，天山南北路皆平。

1761年　文字狱迭起。

1762年　设伊犁将军，“总统新疆南北两路事务”。

1771年　土尔扈特部从沙俄重返祖国。大金川、小金川再次反清，1776年平定。

1773年　开《四库全书》馆。

1792年　乾隆帝定金瓶掣签决定达赖、班禅转世灵童之制。

1793年　颁布《钦定西藏章程》。乾隆帝在热河行宫接见英国马戛尔尼使团。

1796年　嘉庆帝即位，尊乾隆为太上皇帝。川楚陕甘豫五省白莲教起义爆发。

1799年　嘉庆帝亲政，处死和珅，籍没家产。

1807年　英国人马礼逊来广州，为基督教(新派)第一个来华传教士。

1810年　清廷谕京师和闽粤查禁鸦片。

1813年　天理教起义。

1820年　嘉庆帝卒；旻宁继位，改元道光。张格尔由浩罕入扰南疆。

1821年　清廷重申禁烟令，严禁在澳门、黄埔囤放和售卖鸦片。

1839年　6月3日，林则徐在虎门海滩销毁收缴的鸦片。

1840年　6月，英国发动鸦片战争。

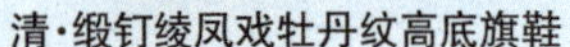
清·缎钉绫凤戏牡丹纹高底旗鞋

清·汉族服饰

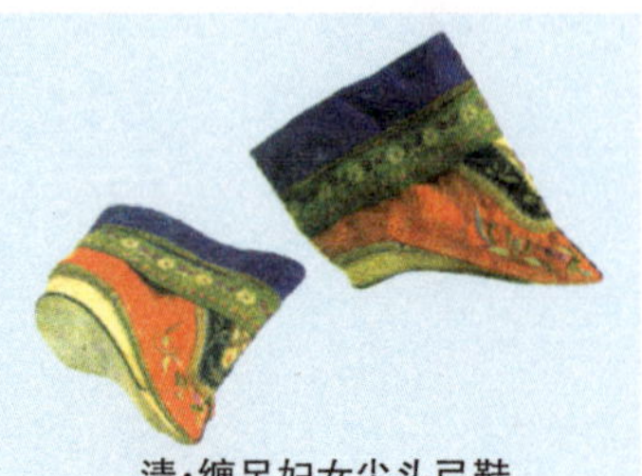
清·缠足妇女尖头弓鞋

清军入关的统治与各地的抗争

公元1644年清军入关后，大顺军、大西军以及遍及全国的各支农民武装仍在坚持战斗。清朝虽曾下令垦荒，宣布蠲免三饷加派，但都有名无实，未能缓和农民的反封建斗争。圈地令、投充令、逃人法、剃发令、迁海令的相继颁布更加深了人民的灾难，激起强烈的反抗。明朝残余势力又先后在南方建立几个小朝廷同清朝对抗。这就使清初十几年一直处于大动荡的局势之中。在这场大动荡中，大多数汉族地主同满洲贵族之间却在阶级利益一致的基础上，经过斗争进一步联合起来，从而加强了清朝的力量。清初统治者凭藉这股力量，经过一系列的军事行动，终于削平了各种反抗势力，结束了长时期的社会动乱，恢复了封建秩序的稳定。

▲吴三桂像

公元1644年 清军入关

大顺军攻入北京后，福王朱由崧在南京称帝，建立南明政权，控制着江南地区；山海关，明宁远总兵吴三桂手握重兵，威胁北京；同时，清调满、蒙、汉兵，几乎倾巢出动，由摄政王多尔衮率领南下。但以李自成为首的起义军，未提出明确的继续战斗目标，整日在京城享乐，对明朝旧臣拷掠追赃，造成了自身的孤立。当时身处要地的吴三桂在“归李”与“降清”之间摇摆。1644年5月25日，李自成的主力到达山海关城郊，吴三桂乃决定接受多尔衮的条件。是日，多尔衮的队伍在距山海关约1260

▶多尔衮像

公里处的连山，吴三桂的传令兵赶到连山，将投降书交给了多尔衮。多尔衮立刻下令拔营，步骑同时急速南行。仅用了24小时，清军便推进了100公里。5月27日拂晓，清兵已来到山海关门前。吴三桂亲自骑马出城迎接，正式向多尔衮投降，然后，命令其部下皆以白布系肩，以便使清军的满蒙汉军在战场上能将他们与起义军区别开来。1644年6月5日，击败了李自成起义军的清军在吴三桂的指领下，由多尔衮率领经东华门进入北京城。

激战山海关

1644年，李自成知道劝降吴三桂不成，就在四月十三日带领20万大军东征，二十一日抵达山海关外围，从东、西、北三面进行围攻。当时清军兵力约14万，吴三桂所部兵力四、五万，与农民军基本势均力敌。第一仗多尔衮从关外突击，大破农民军于一片石。第二天，展开决战。多尔衮以吴三桂所部明军打头阵，清兵在旁蓄锐以待。正当农民军与吴三桂打得难解难分的时候，清军阿济格、多铎所部骑兵，从旁杀入阵中，农民军猝不及防，抵挡不住，在清军和吴三桂的穷追之下，一路溃败。李自成回到北京，一怒之下杀了吴三桂的父亲吴襄和家属30多人。二十九日，在武英殿仓促登基称帝。第二天，烧了皇宫，撤出北京。农民军在北京连头带尾共42天，史称40天。五月一日，清兵进入北京。九月，清世祖福临至北京，迁都于此，年号顺治。

▲李自成雕像

公元1644年～公元1662年 南明政权抗清

顺治元年(1644年)五月十五日，福王朱由崧在丹阳总督马士英等人拥戴下，在南京称帝，建元弘光。福王政权一方面抵御清军南下，一方面继续剿杀农民军。顺治二年(1645年)春，清军始攻福王。福王政权内部正在进行激烈的党争和内战，只有兵部尚书史可法督师江北，坚决抗战，死守扬州。清军攻下扬州，杀害了宁死不降的史可法，并实行屠城。五月清军占南京，俘虏福王。弘光政权仅仅维持一年就灭亡了。当年六月，故明官吏缙绅、钱肃乐等扶植鲁王朱以海监国于绍兴，建立政权。鲁王依据钱塘江天险，

▶隆武帝朱聿键所铸隆武通宝

与清军相持一年，至顺治三年（1646 年）五月绍兴城破，鲁王出走而覆灭。在鲁王监国的同时，故明官吏黄道周和军阀郑芝龙等迎唐王朱聿键在福州称帝，建号隆武。但两政权不能合力抗清，反而互争“正统”，彼此水火不容。清廷诱降了拥有重兵的郑芝龙，在攻下两浙之后兵入福建，消灭了隆武政权。顺治三年（1646 年）十一月，故明官僚苏观生等人拥立隆武帝的弟弟在广州称帝，年号绍武，而仅过了 40 多天清军攻陷广州便灭亡了。绍武政权创立的同时，由两广官吏瞿式耜、丁魁楚在肇庆拥立桂王朱由榔为帝，改元永历。初期与广州唐王绍武政权互争“正统”，清军乘其内战，攻入广东，桂王奔逃于两广。此后由于抗清坚决的何腾蛟、堵胤锡、瞿式耜等将领力战，并得到大顺军、大西军的支持，政权方得以维持。顺治十三年（1656 年）李定国迎桂王到云南。顺治十五年（1658 年）吴三桂攻入云南，于顺治十八年（1661 年）入缅甸俘获桂王，支撑 16 年之久的桂王政权终于灭亡了。

▲何腾蛟浮雕

公元 1645 年　史可法死守扬州

史可法，字宪成，祥符（今河南开封）人，是南明时期福王政权的一位大臣。清兵入关后，史可法毅然奔赴扬州，抗击清军。顺治二年（1645 年），清豫王多铎移师进攻南明，一路推进，如入无人之境，明总兵李成栋降于徐州，刘泽清降于淮安。四月十九日，清军进围扬州。史可法亲自率领军民坚守孤城，多次拒绝清军诱降，英勇抵抗，使清军遭受重大伤亡。由于黄得功拒不赴援，二十五日扬州城破，军民浴血巷战，宁死不屈。史可法自杀未遂、被执。豫王多铎再次劝降，史可法答以“城存与存，城亡与亡，我头可断，而志不可屈。”遂慷慨就义。多铎下令屠城，被杀人数不下 10 万，10 天后才封刀，这就是著名的“扬州十日”屠杀事件。

▲史可法像

公元 1645 年　李自成遇害

顺治元年(1644 年)七月，李自成退据西安后，曾拟订了南取汉中、西攻甘肃、固守关中、待机反击的抗清斗争计划。当时集结在陕西的农民军还有几十万人，曾经几次出击，在河南怀庆、山西大同、河北井陉打败过清军。但在重兵压境的严峻形势面前，农民军领导集团内部发生严重分歧，以致文武不和，将士离心，战斗力大为削弱。清军掌握这一有利时机，兵分两路，向农民军大举进攻。一路由阿济格、吴三桂、尚可喜带队，从陕北南下；一路由多铎、孔有德、耿仲明率领，由河南孟津西攻潼关，然后会师西安。顺治二年(1645 年)，潼关失守，多铎等又逼近西安，李自成两面受敌，遂放弃西安，由兰田出武关，进入湖北襄阳，再走武昌。阿济格、吴三桂等跟踪追击。这年五月，李自成在湖北通山县九宫山中，被当地地主武装杀害，时年三十九岁。

▲李自成之墓

公元 1645 年　张献忠身亡

张献忠在四川建国后，虽颁布了一些政策，但旧习难改，未能很好执行。在四川两年多，治国无方，不能收买人心，无所建树，不断受到地主武装的袭击，地盘日益缩小。顺治二年(1645 年)十月，清政府在消灭了李自成后，曾下令招降张献忠，遭到拒绝。遂于顺治三年(1646 年)正月由陕西南下，进攻张献忠大西军。七月，张献忠在四川处境日益困难，遂放弃成都，转移到川北西充一带。十一月，清军在大西军叛将刘进忠引导下，包围了西充凤凰山，张献忠仓促应战，中箭身亡，年仅 41 岁。

▲张献忠家庙

公元 1645 年 江南反剃发斗争

当清军入关占领北京、天津等地后，曾下令威迫汉族官民剃发投降。文告中说：清军“所过州县，能削发投降、开门纳款者即予爵禄，世守富贵；如违抗不遂，大兵一到，尽行屠戮”。蓄发是汉人传统的风俗，清统治者强迫汉人改变生活习惯，照满人一样剃发垂辫，是民族压迫政策，它激起了汉族人民的强烈反抗，所以这个命令发布不久即被迫停止。而清军占领江南后，又于顺治二年（1645 年）下令江南人民剃发，命令严厉，限期只有十天，逾限不剃，即行杀戳，妄图以此摧毁人民的反清斗争。对此江南城乡人民愤怒反抗，轰轰烈烈地反剃发斗争燃遍了江南各地，其中尤以江阴和嘉定人民的斗争最为英勇、壮烈。当清派去的知县方亨宣布命令强迫剃发时，江阴人民愤怒地表示“头可断，发不可剃”，公推阎应元、陈明遇领导抗清斗争，坚守县城，重创清兵，苦战了八十一天。嘉定人民也自动组织起来，在侯峒曾、黄淳耀领导下，屡败清兵，守城一个多月。在江阴、嘉定相继失陷后，两地的人民都惨遭清军的屠杀。这两次的抗清斗争，对后来东南各地人民的坚持抗清起了很大的鼓舞作用，并且牵制了一部分清军的主力，粉碎了清统治者“不战而下江南”的梦想。

▲侯峒曾书法作品《行书七言律诗扇面》

公元 1646 年 郑成功抗清

郑成功，名森，字明俨，号大木，福建省南安市石井镇人，明天启四年（1624 年）农历 7 月 14 日诞生于日本长崎县平户千里滨。郑成功 7 岁时回到福建南安原籍，15 岁中为秀才，“风仪整秀，倜傥有大志”，以“英物”、“奇男子”、“命世雄才”见称。这时明朝已成岌岌可危不可终日之势。郑成功 24 岁时（1644 年），李自成占领北京，满清乘机入关，黄河以北沦陷，明人在南京成立了南明政权。顺治二年（1645 年）清兵渡江，南京不

▲郑成功雕像

守，明唐王（隆武帝）即位于福州，继续进行抗清运动。这时郑成功的父亲郑芝龙雄踞八闽，在经济上军事上均有强大的力量，所以为各方所重视。顺治三年（1646年）郑芝龙降清，郑成功谏父不听，于是断绝父子关系，树起反清大旗。郑成功因辅佐隆武帝备受恩宠，所以赐国姓朱，改名成功。从1646年至1660年的15年间，是郑成功经略闽粤江浙沿海各省，联合西南地区的明军，为抗清而努力的时期。顺治十六年（1659年），郑成功联合张煌言大举北伐，舟师直捣长江，攻崇明，占瓜洲，夺镇江，直抵南京城下，沿江数十府县闻风归附，清廷为之震动。但由于误中清军缓兵之计，遂败退厦门。这时全国的抗清斗争已进入低潮，清朝统一全国的局面已经基本形成。

公元1647年　颁行《大清律》

▲《大清律》残本

清朝统治者在加强军事统治的同时，还制订了严密的刑律，进行法制统治。清军入关前，法律制度尚不完善，“皆因时立制，不尽垂诸久远。”清太宗时，始有成文法令，到顺治四年（1647年）三月，“大清律成，命颁行中外”。康熙时，又命满、汉大臣编修条例，自成一书，称为《现行则例》，康熙二十八年（1689年）正式附入《大清律》颁行。《大清律》是在《明律》的基础上编修而成的，内容上基本沿用明律，分为“五刑”（笞、杖、徒、流、死）、“十恶”（谋反、谋大逆、谋叛、恶逆、不道、大不敬、不孝、不睦、不义、内乱）、“八议”（议亲、议故、议功、议贤、议能、议勤、议贵、议宾），禁止一切有碍封建统治的言行，明文维护封建等级制度，保护地主阶级对农民的剥削特权。在量刑时，满人还可以依律减等或换刑，汉人则不能。对蒙、回、维等少数民族另有特定的律文。《大清律》中充满了民族差别和阶级压迫，代表了满族大贵族阶级的利益。

公元1651年　世祖亲政

爱新觉罗·福临是皇太极第九子，崇德八年（1643年）皇太极逝世，因诸王争位不下，乃被拥立，于盛京（今沈阳）即帝位，改元顺治。以郑亲王济尔哈朗、睿亲王多尔衮为辅政王，继称摄政王，摄理国政，从此多尔衮大权独揽。顺治七年（1650年）十二月，摄政王多尔衮病死于喀喇城。顺治帝福临于顺治八年（1651年）正月十二日，御临太和殿，接

▲爱新觉罗·福临像

受了诸王、贝勒、大臣庆贺表文，并颁诏大赦。顺治帝亲政后，采取的第一个措施就是削夺大臣的权势，实施集权制。在任用朝廷官员方面，顺治帝改变了多尔衮时期对汉官猜疑、压制的态度，非常注意笼络与依靠汉官，大刀阔斧地整顿了吏治，启用了很多有才能的汉人为官。此外，顺治帝又命兵部整顿驿政，以保障驿路畅通，安定民心；始行武举殿试，为朝廷选拔文武全才；制订行军律例，以整顿军纪等等。顺治帝亲政之初，面临的军事、政治、经济形势都相当严峻。顺治九年(1652年)，李定国在华南发动强大攻势，全国出现新的抗清高潮。顺治十年(1653年)五月，顺治帝同大臣经过反复筹商，决定采取“抚”重于“剿”的策略；一方面向郑成功和各地抗清力量颁发诏书，宣布实行“招降弥乱”的怀柔政策；一方面重新起用老谋深算的洪承畴，命他经略湖广、广东、广西、云南、贵州等处。洪承畴到南方后，剿抚并用，使局势逐渐好转，为日后进攻云贵，统一全国，奠定了基础。

公元1655年 实行海禁

◀顺治帝时的『海禁迁界』石碑

顺治初年，清廷对来华贸易的外国商船，沿袭明朝成规，不许进入广州，只准于澳门交易。随后，由于东南海上郑成功抗清力量的存在，清廷愈严出海之禁。顺治十二年(1655年)六月，闽浙总督屯泰请于沿海省份立严禁，“无许片帆入海”，违者立置重典。于是清政府下令禁止官民人等擅自出海贸易，如有“将违禁货物出洋贩往番国，并潜通海贼（指郑成功）”，“或造大船，图利卖与番国，或将大船赁与出洋之人，分取番人货物者，皆交刑部治罪”。但仍有人暗通线索，贪图厚利，继续与郑氏贸易往来。顺治帝认为此乃立法不严所致，于顺治十三年(1656年)下达“禁海令”，严禁商民船只私自出海，违者不论官民，俱行正法，货物入官，本犯家产尽给告发之人。文武各官失查或不追缉，从重治罪；保甲不行首告，论死。沿海可泊船舟处，处处严防，不许片帆入口，如有登岸者，防守官即以军法从事，督抚议罪。顺治十八年(1661年)，清廷进一步下达“迁海令”，以保证“禁海令”的施行。强迫海岛和沿海居民内迁三十至五十里，设界不得逾越。又在法律上规定：凡将牛马、军需、铁货、铜钱、缎匹、绸绢、丝棉出境贸易及下海者，杖一百；若将人口军器出境及下海者绞；因而走泄事情者斩，官吏庇纵者同罪。“禁海令”和“迁海令”使沿海居民流离失所，谋生无路，并严重地影响了沿海地区经济的发展，以致沿海三十至五十里内，满目荒凉。

公元 1658 年　内阁制

清初的内阁，源于皇太极 1636 年设置的内三院（内国史院、内秘书院、内弘文院）。顺治十五年（1658 年）七月，清王朝参照明制，改内三院为内阁。大学士改加殿、阁头衔，称“中和殿大学士”、“保和殿大学士”、“文华殿大学士”、“武英殿大学士”、“文渊阁大学士”、“东阁大学士”（乾隆十三年去掉中和殿，增入体仁阁，成为三殿三阁）。大学士的品级改为正五品，这也是参照明制，怕大学士权力过重，而特降低其品秩，借以抑制。这时的内阁，虽具有掌握最高政权的中枢机关的雏形，但因大学士降低了品秩，又减少了办事人员，所以其权任反较顺治初年之内三院为轻了。内阁大学士的品级，到雍正八年（1730 年），满、汉俱定为正一品。至此，大学士成为清王朝最高的官员，犹如历朝的丞相。内阁乃诸曹总汇之区，其职掌据《光绪会典》卷二载：“掌议天下之政，宣布丝纶、厘治宪典，总钧衡之任，以赞上理庶务。凡大典礼，则率百寮以将事”。其具体的职务有：第一，掌议政事，宣布纶音（皇帝的诏令）；第二，办理本章；第三，办理典礼祭祀的有关事宜；第四，组织修书，存贮档籍。

公元 1662 年　郑成功收复台湾

为建立久固的抗清根据地，郑成功决计攻取台湾。康熙元年（1662 年）1 月 2 日，郑军用猛烈的炮火从三个方向炮轰乌特利支堡，进据外堡山。郑军居高临下，可以用大炮轰击城堡内的每一寸土地。台湾的荷兰守军惊恐万状，只好退入热兰遮城，但热兰遮城堡的四角附城也多处倒塌。经过一天的战斗，荷兰人斗志全失，决计求降，台湾重新回到中国的怀抱。郑成功收复台湾的壮举，为祖国和人民立下了不朽的丰功伟绩。郑成功在台期间，加强了政治经济建设，置府县、务屯垦、废苛税、兴学校，改善军民关系，安抚台湾土著，颁布了各种法令和条例，为台湾经济社会的发展打下了基础。

◀郑成功台湾行乐图

清·掐丝珐琅凫尊

清·五彩花鸟纹花盆

清·画珐琅大缸

康熙统治下的盛世

顺治十八年(1661年),清世祖去世,其三子爱新觉罗·玄烨即位,次年改元康熙,是为清圣祖。世祖临终时,遗命内大臣索尼、苏克萨哈、遏必隆、鳌拜四人为辅政大臣,代理国政。辅政期间,继续进行统一全国的斗争,派兵追击南明永历帝,康熙元年(1662年)四月杀之于昆明。康熙三年(1664年),派兵会同川、陕、湖广三省兵围攻鄂西坚持抗清的大顺军余部,刘体纯、郝摇旗、李来亨等战死,大陆上的抗清斗争基本结束,清王朝从军事、政治、经济多方面对全国的统治逐步形成。在此期间,辅政四大臣中,逐渐形成鳌拜专权跋扈、欺凌幼主、结党擅权的局面。康熙六年(1667年),玄烨"躬亲大政",康熙八年(1669年)五月,清除鳌拜及其同党,开始掌握实权。玄烨亲政后,先后平定"三藩",统一台湾,并粉碎了西北厄鲁特蒙古准噶尔部上层分子的分裂阴谋,基本上实现了国家的统一。

▲清圣祖像

公元1662年 大西军余部抗清失败

大西军余部由李定国、孙可望等领导,于1647年攻占贵阳,进入云南,重建农民政权,得到西南苗、瑶、僮、彝各族人民的拥护,在1662年分兵出击清军:一路攻入湖南光复全州,再南下攻破桂林,然后又挥师北上,经湖南、入江西;另一路攻克川南、川西各州县,并一度占领成都。后来,大西军领导集团内部发生内乱,起义军受到很大的挫折,1662年七月李定国病死,大西军余部抗清斗争最后失败。

公元 1664 年　大顺军余部抗清失败

李自成、张献忠相继牺牲后，农民军余部仍坚持斗争，不过，这时的斗争锋芒已转向清朝统治者。大顺军余部数十万人在李自成的侄子李过、妻弟高一功等人率领下，活动在湖广一带。他们曾接受南明唐王的封号，与服从唐王的湖广总督何腾蛟约定在岳州会师抗清。唐王政权垮台后，李过、高一功又与隶属桂王的何腾蛟、瞿式耜合作，在广西全州大败清军。由于桂王政权坚持敌视农民军的反动立场，大顺军余部被迫转移。这时，李过病死，余部由李过的儿子李来亨与高一功等率领转移到川鄂地区单独作战，坚持抗清直到 1664 年李来亨牺牲为止。

▶桂王政权所铸永历通宝

公元 1667 年　鳌拜专权

世祖临终时，遗命内大臣索尼、苏克萨哈、遏必隆、鳌拜四人为辅政大臣，代理国政。四人中鳌拜在清朝取代明朝的战争中，多次荣立军功，受过皇太极所授“巴图鲁”称号的嘉奖，因而居功自傲。他依仗权势，专横跋扈，网罗党羽，排斥异己。其弟穆里玛，侄塞本特、讷莫及领侍卫内大臣、大学士班布尔善等人，都是他的心腹死党。在四辅政大臣中，鳌拜虽然序列最后，却事事都要凌驾索尼之上。他也丝毫不把年少的康熙帝放在眼里，在皇帝面前“施威震众，高声喝问”，“稍有拂意之处，即将部臣叱喝”。“凡事在家定议，然后施行，且将部院衙门各官，于启奏后常带往商议。“以至当时”文武各官，尽出伊门下”，俨然成了当时的太上皇。康熙六年（1667 年），玄烨 14 岁。辅臣索尼援引先帝福临 14 岁亲政的祖制，疏请康熙帝亲政。康熙帝征得祖母同意后，允索尼所奏，不久开始亲政。康熙八年(1669 年)，年仅 15 岁的康熙帝计擒鳌拜，整肃朝政，恢复了皇权专制秩序。

▲鳌拜像

公元 1669 年　康熙除鳌拜

▲康熙御用碧玉玺

清朝初年，鳌拜辅政，凡朝廷重臣全出自他的门下。因为正白旗圈地一事，直隶总督朱昌祚、巡抚王联登、户部尚书苏纳海与鳌拜发生矛盾，结果三人都被鳌拜处死，而康熙帝事先并不知道。此后，鳌拜曾经托病不上朝，且要求康熙帝亲往探视，康熙帝果然驾临他的府第，进入他的内室御前侍卫发现鳌拜神色不对，箭步上前来到他的卧榻边，一把揭开席子，露出一把锋利的刀。康熙帝不动声色，笑了笑，说：“刀不离身，是满洲旧俗，不足为怪。”后来，选了侍卫中年少有力者于康熙帝前为“布库戏”（“布库”为满语，相斗赌力之意，即扑击摔跤）。当时，鳌拜很骄横，以为康熙帝童心未消，借此取乐，也没有在意。康熙八年（1669 年）六月十四日，鳌拜奉召入宫，康熙帝突然命令善扑击者擒捕鳌拜，马上宣布其罪状，将他革职拘禁，清除了亲政道路上的绊脚石，使清王朝的进一步改革得以贯彻实现。

公元 1678 年
开“博学鸿儒”科

◀博学鸿儒石刻

为了巩固统治，清朝统治者十分重视思想统治。一方面，提倡尊儒，尊孔读经；另一方面又严厉镇压流露对清朝统治不满的汉族知识分子。怀柔与迫害相结合是清朝统治者惯用的手法。顺治元年（1664 年）顺治帝入关后，为了宠络汉人地主，大力提倡儒学，选任汉人为官。康熙帝即位后，亲临曲阜祭孔，康熙十七年（1678 年）还宣布开“博学鸿儒”科，令在京三品以上官员和地方督抚，各就所知，推荐有声望的汉人地主文人赴京参加考试。次年，全国各地名士 143 人应试，其中只有

五十人考中授官，绝大部分既没有得官，又失了名节，使汉人地主知识分子受到一次沉重打击。

公元 1681 年　平定三藩

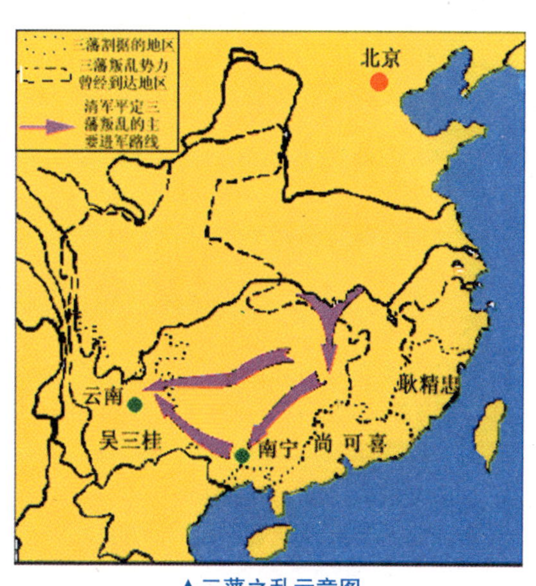

▲三藩之乱示意图

清军入关前，明朝的耿仲明、尚可喜和吴三桂等将领，先后投降清朝，成为镇压农民起义的先锋。清朝封他们为藩王：吴三桂驻守云南，尚可喜驻守广东，耿仲明的后代驻守福建。三藩掌握重兵，割据称雄，威胁着国家的统一。三藩用人、用钱，吏部、户部不敢过问。三潘对地方任意掠取，不断扩充自己的实力。吴三桂养兵 10 万人以上，除向清政府索取大量饷银外，还私加田税，催逼百姓交纳，闹得怨声载道。他又驱使各族人民凿山开矿，掠夺金银。康熙十二年（1673 年）春，尚可喜首请归老辽东，而欲使其子尚之信继续留镇广东。康熙帝遂下命撤藩。撤藩之令既下，吴三桂首先于这年十一月杀云南巡抚朱国治反，自称天下都招讨兵马大元帅，蓄发，易衣冠，发布檄文，倡言“兴明讨虏”，呼清皇帝为满酋。吴三桂兵锋甚锐，一时响应者四起，在福建有靖南王耿精忠，在广东有总兵刘进忠、平南王尚之信，在广西有将军孙延龄，在陕西有提督王辅臣，在湖北襄阳有总兵杨来嘉，在河南彰德有总兵蔡禄。这样一来，中国西南全部和东南沿海地区以及中原、西北一带，都骚动起来，战火弥漫十数省。康熙帝把湖南作为军事进攻的重点，命勒尔锦等统领大兵至荆州、武昌，正面抵住吴三桂，并进击湖南。又命岳乐由江西赴长沙，以夹攻湖南，以孤立吴三桂。此外，康熙帝又放手利用汉将汉兵来应付作战，使其充分发挥作用。康熙十五年（1676 年），陕西的王辅臣和福建的耿精忠先后投降清朝。次年，广东的尚之信也投降于清。吴三桂局促于湖南一隅之地，外援日削，而清岳乐之军已由江西进围长沙，其失败之势已成。康熙十七年（1678 年），吴三桂在衡州

▲清·彩绘描金桃蝠方胜形几

称帝，立国号周，建元昭武，大封诸将。未几病死。吴三桂一死，其势即土崩瓦解。康熙二十年(1681年)冬，清军进入云贵省城，吴三桂之孙吴世璠自杀。历时8年，波及十数省的三藩之乱，终于被削平了。平定三藩，清除了地方割据势力，维护了国家统一。

军事统治

清朝在全国各地驻军，主要是八旗兵和绿营兵，用以监视和镇压人民的反抗活动。

八旗兵是清朝最主要的军事力量，它分为满州八旗、蒙古八旗和汉军八旗，由中央八旗都统衙门统一管理，地方督抚无权征调。清军入关后，八旗军成为镇压各地人民反抗的重要工具，八旗兵分驻全国各地，驻守地方的军队约为八旗兵的一半，称“驻防军”；另一半驻守京师及其附近地区，称“京旗”。两部分军队之间互相牵制，从而保证了中央的安全。八旗兵每个兵丁还都分得三十亩的份地，免纳赋税，另外，还按月发给旗兵饷银，八旗兵已成为国家的职业兵。

▲清·皇太极盔甲

绿营兵是清军入关后改编的汉军，旗帜概用绿色，其基层编制为营，所以被称为“绿营兵”。绿营兵的主要职责是配合八旗兵拱卫京师或驻守地方。在京师的称为巡捕营，负责防守外城及京郊地区；在地方的绿营兵则分别由总督、巡抚、提督、总兵统领。清朝统治者对绿营兵也存有戒心，让八旗兵与绿营兵互相穿插交错，并且绿营兵的地位低于八旗兵，装备、兵饷、待遇也都不如八旗兵优厚。三藩之乱平定后，康熙帝为了进一步控制绿营兵，加强中央集权，对绿营兵制进行了改革，规定绿营兵将官的任免，都由兵部负责，将领升调，不得携带兵丁，而且将领不能世守一方，统率一军。还规定将帅无权调动本部绿营兵，要经皇帝批准，方可调动，违者严惩，从而加强了中央对军权的控制。

▲清·八旗军服(正白旗)

公元 1683 年 统一台湾

◀郑经像

康熙元年(1662 年)郑成功死后,其子郑经继承了他的职位。“三藩”之乱期间,郑经也乘势攻占福建等地,打算向大陆发展势力。“三藩”之乱不久被清朝平定,郑经只好退回台湾。康熙二十年(1681 年),郑经死,长子郑克臧继位,不久大将冯锡范杀死郑克臧,另立年幼的郑经次子郑克塽为傀儡。从此台湾掌权者成为争权夺利的腐朽集团,政治混乱,力量日益削弱。而清政府这时由于平定了“三藩”之乱,中央集权大大加强,统治日趋巩固。清圣祖玄烨乘机派大将施琅向台湾进军。康熙二十二年(1683 年),郑克塽、冯锡范等投降,台湾与大陆重归统一。清圣祖在这里设立台湾府,下辖台湾、凤山、诸罗三县,并派驻了步兵和水师。清圣祖的这些措施,有利于加强台湾与祖国大陆的联系,有利于巩固祖国的东南沿海边防。

公元 1684 年~公元 1703 年 康熙南巡

康熙帝为了视察治河工程、确保漕运畅通,考察东南风俗民情,笼络南方上层人物,同时也为了游山玩水,先后六次巡幸江南。康熙二十三年(1684 年)第一次南巡,九月出发;十月,视察黄河北岸诸险工,令靳辅增修堤防。然后由扬州至京口,乘沙船抵苏州。十一月,至江宁,亲祭明太祖陵,北返,途中巡阅高家堰堤工,经泗水东境,幸曲阜,拜谒孔陵。十二月,返回京师。康熙二十八年(1689 年)第二次南巡,正月出发,二月至杭州,渡钱塘江,亲谒禹陵。三月,自江宁返回京师。康熙三十八年(1699 年),奉皇太后南巡,二月出发;三月渡河,相地高下,指示方略,谕河道总督于成龙测量水土,绘图以进。车驾至杭州而还,五月,回到京师。此次南巡后,帝尝谓江浙生计不及十年以前,关键在于吏治不良。康熙四十二年(1703 年)第四次南巡,正月出发;二月,视察河工,遍阅高家堰、徐家湾、翟家坝等处堤工,至苏、杭而后北返。三月,抵京师。康熙四十四年(1705 年)复南巡,

▲康熙南巡图

二月出发，至济宁；四月，至杭州，北返还至京师。康熙四十六年(1707 年)第六次南巡，正月出发；二月，视察河工，斥责一些官员安居衙门，不常巡视河堤之习气。三月，继续南下，前后驻跸于江宁、苏州、松江。四月，至杭州北返。五月，回到京师。

公元 1687 年　孝庄文皇后卒

▲孝庄文皇后像

孝庄文皇后是清初女政治家，天命十年(1625 年)，嫁后金太祖努尔哈赤第八子皇太极。崇德元年(1636 年)，皇太极称帝，被封为永福宫庄妃。崇德三年(1638 年)，生皇九子福临。崇德八年(1643 年)，福临即位，被尊封为皇太后。顺治十八年(1661 年)，圣祖玄烨即位，尊封为太皇太后。皇太极时期，"襄助内政"，为清朝奠基作出贡献。皇太极病逝后，借睿亲王多尔衮、肃亲王豪格等"诸王兄弟，相争为乱"之机，将年仅六岁的福临拥上帝位。顺治初年，鉴于多尔衮兵权在握，排斥异己，结党擅权，遂毅然下嫁多尔衮，以维护政权稳固。多尔衮死后，又辅佐顺治、康熙两朝理政。她继承太宗遗志，极力保持满族语言和习俗，体恤兵民，知用人之要，屡释圣祖之忧，深受敬重。历经清初三朝政治风云，对政局稳定和全国统一有杰出的贡献。康熙二十六年(1687 年)十二月卒，葬昭西陵。

公元 1690 年　康熙帝亲征准噶尔

准噶尔部是中国厄鲁特蒙古族的一支。明末清初，准噶尔部贵族兼并了厄鲁特蒙古各部，逐步控制了天山南北，在西起巴尔喀什湖，北越阿尔泰山，东到吐鲁番，西南至吹河、塔拉斯河的中国西部边疆地区，建立了准噶尔贵族的封建统治。康熙十年(1671 年)，准噶尔部在噶尔丹的统治下，势力迅速扩展至天山南北，对喀尔喀蒙古和青海、西藏构成严重威胁。清廷康熙皇帝多次抚谕，仍不能制止。康熙二十九年(1690 年)，厄鲁特蒙古准噶尔部首领噶尔丹，

◀康熙平定噶尔丹纪功碑

在合并了厄鲁特各部之后，趁清政府全力平息南方三藩之乱对北部边防放松管理之机，里通外国，借沙俄侵略分子的援助，举兵叛乱。同年六月，噶尔丹率部向内蒙古进犯，七月，进逼木兰围场。康熙任命福全为抚远大将军，率清军主力出古北口；任命常宁为安北大将军，率军出喜峰口。康熙亲率御林军，坐镇波罗和屯（今隆化县城）指挥战斗，总揽战局。七月二十九日，噶尔丹沿萨里克河南下，在乌兰布通设驼城等待决战。八月一日，清军同时从12座连营和练兵台向乌兰布通进发，逼近驼城，一声号令，杀声震天，驼城硝烟弥漫。噶尔丹令叛军于驼隙间发射矢铳，兼施钩矛，抗击清军。清军分左、右两翼向叛军包围，国舅佟国纲中弹殉难。清军用火炮向驼城发射，驼城起火，万驼乱阵，叛军尸骸狼藉，主力几尽。入夜噶尔丹带残部遁入红山。八月二日，清军将红山团团围住，噶尔丹面临全军覆没的绝境。这时，清军统帅下令诸部只围不击，把全歼噶尔丹的时间拖到“以待盛京、乌剌、科尔沁诸军之至，齐行夹击”。八月四日，噶尔丹假意派人到清军营帐求和，使清军放松警惕，结果使噶尔丹趁谈判之机率残部突围，逃回到科布多。乌兰布通之战，清军大胜，噶尔丹主力被消灭大半，曾被其征服的回部、青海、哈萨克各部纷纷投向清军。此役使噶尔丹势孤力单，无力起事，蒙古全境出现了平静局面。

公元1708年 废立太子之争

▲允礽像

康熙十四年（1675年），康熙帝学习汉族皇帝立嫡立长之法，以嫡长子允礽为皇太子，并在各方面对其精心培养。孰料允礽长大成人后，专擅威权，骄奢淫逸，暴虐无道，引起康熙帝的恼怒，于康熙四十七年（1708年）九月被废黜。一时，朝廷内部人心惶惶。康熙帝为稳定政局，于康熙四十八年（1709年）三月复立允礽为太子。然而，允礽不思改过，反而加紧纠集党羽，企图早日夺得皇位。康熙五十一年（1712年）十月，允礽再次被废黜。早在一废太子前，康熙帝的众多皇子们以反对允礽的骄横作风为名，或赤膊上阵，或拉帮结派，罗织党羽，行篡夺储君之实。许多国戚重臣为身家计，纷纷投靠自己心目中的储君，纳贿营求，惟恐后人。废掉太子后，众皇子谋求储位之争愈加激烈。他们为了结党营私，发展势力，个个贪鄙骄纵。其结果，上行下效，从中央到地方各级官吏苛索聚敛，贪赃纳贿，致使康熙晚期弊端丛生。这主要表现在各省钱粮普遍短缺，国库日渐空虚，私征科派严重，土地兼并激烈，河工又趋废弛，农民大批流离失所，阶级矛盾尖锐，农民暴动和农民起义时隐时现。康熙六十一年（1722年）十一月十三日，康熙帝突然去世。一直行韬晦之计的皇四子胤禛，在重臣隆科多等人的支持下，即皇位，是为雍正帝。

公元1710年～公元1712年 巡视南海诸岛

南海诸岛位于我国浩渺的南海中，由二百多个岛礁沙滩组成，大体可分成东沙群岛、西沙群岛、中沙群岛和南沙群岛等四个群体。它们自古以来就是中国的领土。清朝建立后，南海诸岛与祖国大陆的联系空前密切，有关南海诸岛的地图和记载大量出现。有的地图，例如施世骠的《东洋南洋海道图》等，对于南海诸岛的各个岛群，标绘得相当明确。清政府对这里的管辖也进一步加强了。据乾隆《泉州府志》，1710～1712年之间，广东副将曾经到南海诸岛"躬自巡视"。乾隆二十年（1755年）绘制的官方舆图《皇清各直省分图》及嘉庆二十三年（1817年）绘制的官方舆图《大清一统天下图》，都绘有南海诸岛。十九世纪三十年代专门论述海防的《洋防辑要》一书，也把南海诸岛标绘在《直省海洋总图》之中，并且把表示西沙群岛的"九乳螺洲"和"双帆石"，明确标绘在《广东洋图》之中，列为中国的海防区域。

▲东洋南洋海道图

公元1713年 康熙册封班禅额尔德尼

达赖和班禅是西藏黄教领袖宗喀巴的两大传承弟子，后来形成两个不同的传承系统。达赖喇嘛的称号始于1578年，确定于第三世达赖索南嘉措时期。当时他到青海地区传教，说服了土默特部的首领俺答汗皈依佛门，他们在政治上彼此推崇并互赠尊号。班禅的称号始于1645年，当时控制西藏实权的蒙古首领固始汗封称宗喀巴的四传弟子罗桑确吉坚赞为"班禅博克多"。"班"是梵文"班智达"，汉语意为"学者"；"禅"是藏语"钦波"，汉语意为"大"，合起来是"大学者"的意思。"博克多"则是蒙语，指有智有勇的英雄人物。宗喀巴的弟子克珠杰被追认为第一世班禅。康熙五十二年（1713年），清朝的康熙皇帝正式册封第五世班禅罗桑意希为"班禅额尔德尼"（满语意为"珍宝"）并赐金册金印，称为班禅五世。从此，确立了班禅在格鲁派中的地位。

▲班禅五世铜像

雍正泰陵

雍正的整顿和改革

清世宗即位后，在政治上采取多种措施以巩固自己的皇位。首先是消除异己，分化瓦解诸皇子集团；鉴于清朝没有行之有效的立储制度，常因皇位继承权产生争端，创立了秘密立储制度；整饬吏治，大兴文字狱，以作为控制思想、打击政敌、提高自己权威的手段；为适应西北用兵之需，始设军机房（后改军机处）。在经济上采取了一些旨在发展农业生产的措施。实行“摊丁入地”的赋役制度，同时宣布取消儒户、宦户，限制缙绅特权，使无论贫富力役负担比较合理；鼓励垦荒，强调粮食生产，反对种植经济作物，并反对开矿和发展手工业；他注意兴修水利，除治理黄河、建筑浙江海塘外，命怡亲王胤祥在直隶开展营田水利，在宁夏修筑和疏浚水渠。与此同时，实行社会改革。雍正元年（1723年），下令削除山西、陕西乐籍，并命其它贱籍也照此办理。后来浙江绍兴惰民、安徽徽州“伴当”、宁国世仆、广东户、江苏常熟丐户相继开豁为良，从而打击了残存的蓄奴制度，对社会发展起了积极作用。雍正时期的整顿和改革，为乾隆朝鼎盛局面的出现奠定了良好的基础。

公元1722年　雍正继位

爱新觉罗·胤禛，清圣祖第四子，康熙二十七年（1698年）封贝勒，康熙四十八年（1709年）晋封和硕雍亲王。胤禛广结党羽，善用权术，在圣祖诸子中是一位强有力的皇位竞争者。据清代官书记载，康熙六十一年（1722年）十一月初七日，圣祖疾作。初九日，命胤禛代行郊祀大典。十三日，

◀雍正帝爱新觉罗·胤禛像

圣祖病危，急召胤禛于斋宫。当胤禛尚未赶到时，圣祖即宣布遗诏，以胤禛为皇太子，嗣承大统。圣祖逝后，胤禛于是遵遗诏继皇帝位。

公元 1723 年 始削贱民籍

贱民籍是为社会地位极低的贱民专立的户籍。清初山西、陕西两省的乐户，浙江绍兴的惰民，江苏常熟、昭文两县的丐户，安徽徽州、宁国、池州的伴当与世仆皆为身隶贱籍的贱民。他们专司贱役，地位卑下，不得与良民通婚，无权应试谋求官职，世代相传不得改籍。广东的疍户，浙江的陈、钱、林、李、袁、孙、叶、许、何等九姓渔民亦被当地视同贱民，备受欺凌，竟被迫久居船上，不容登岸。雍正元年(1723 年)，清廷下令削除乐户、惰民、丐户的贱民籍，使之改隶民籍。世仆、伴当中“年代久远，文契无存”者，亦被确认其良民的地位。雍正七年(1729 年)，又令广东疍户，听其自使登岸，建房居住，与良民一体编入保甲。乾隆三十六年(1771 年)，又下令：乐户、丐户等既经改隶民籍，则耕读工商悉听自便，改籍四世之后，果能“清白自守”者，许其应试寻求功名，对广东疍户、浙江的九姓渔民，亦令各地方照此办理。

▲清·粉彩镂空转心瓶

雍正禁抑宗藩

康熙时，诸皇子权力颇重，他们各植党羽，互相倾轧，争夺皇位继承权。雍正帝通过剧烈的明争暗斗获取帝位后，即采用严厉手段打击其竞争对手，以消除他们对皇权的威胁。康熙诸子均相继被夺爵幽禁，削除宗籍，革去黄带子，并被依次改名为“阿其那”、“塞思黑”(二词皆满语，意为“狗与猪”)。当时，八旗王公之势力亦甚强大，雍正帝对他们

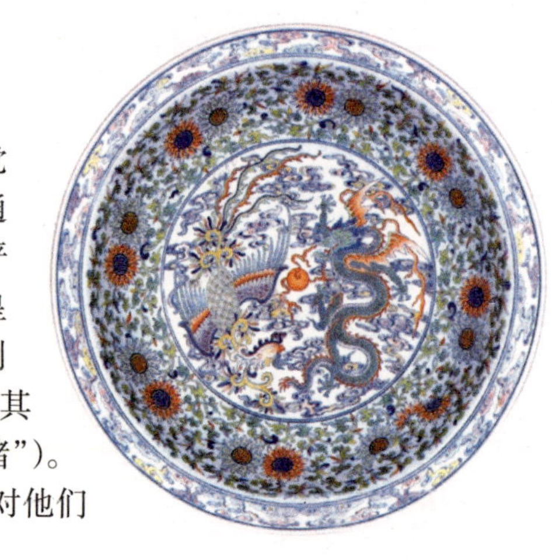

◀清·斗彩龙凤纹瓷盘

的权力亦多方加以限制。规定八旗王公对旗内人员不得随意调用,不得擅行治罪,使管理旗务之权力悉归皇帝委派之官员。又规定八旗王公不得交通外吏,诸王属下人员不得同他旗王公私相往来。还撤消了旗分佐领以 17 名护军守卫王府的任务。从此,八旗王公的权力被削除殆尽,不再是制约皇权的因素。

公元 1723 年　整顿吏治

◀清·雍正御制珐琅彩开光双龙贯耳瓶

康熙晚年,身患中风,标榜宽仁,吏治松弛,贪污腐败,已然成风。雍正在长年皇子生活中,对皇父晚年弊政看得较为清楚。雍正元年(1723 年)正月,他大刀阔斧、雷厉风行地连续颁布 11 道谕旨,训谕各级文武官员:不许暗通贿赂,私受请托;不许库钱亏空,私纳苞苴;不许虚名冒饷,侵渔贪婪;不许纳贿财货,戕人之罪;不许克扣运费,馈遗纳贿;不许多方勒索,病官病民;不许恣意枉法,恃才多事等。严诫:如因循不改,必定重罪严惩。二月,命将亏空钱粮各官即行革职追赃,不得留任。三月,命各省督、抚将幕客姓名报部。禁止出差官员纵容属下需索地方。后以户部库存亏空银 250 余万两,令历任堂司官员赔补。同年设立会考府,进行审计,整顿收支。这一年,被革职抄家的各级官吏就达数十人,其中有很多是三品以上大员。与曹雪芹家是亲戚的苏州织造李煦,也因为经济亏空而被革职抄家。史家评论说:雍正“澄清吏治,裁革陋规,整饬官方,惩治贪墨,实为千载一时。彼时居官,大法小廉,殆成风俗,贪冒之徒,莫不望风革面”。说明雍正整顿吏治的成效。

公元 1724 年　耗羡归公

清初承明旧制,官至极品俸银不过 180 两、禄米 180 斛,七品知县年俸仅 45 两。州县官员不能借以维持生活,于是有所谓“火耗”。火耗又称“耗羡”、“羡余”,是正税之外无定例可循的附加税,也是默许州县官在收税时加征银两。雍正二年(1724 年)降旨实行耗羡归公,同时各省文职官员于俸银之外,增给养廉银。各省根据本省情况,每两地

▶清·黄花梨躺椅

丁银明加火耗数分至1钱数分银不等。耗羡归公后，作为政府正常税收，统一征课，存留藩库，酌给本省文职官员养廉。这一改革措施集中了征税权力，减轻了人民的额外负担，增加了外官的薪给，对整顿吏治、减少贪污有积极作用。但州县官于额征火耗之外，又暗中加派，不能从根本上改善吏治。

公元1728年 吕留良、曾静案

◀吕留良像

吕留良是浙江崇德(今浙江桐乡)人，清初著名学者，民族意识很强烈，康熙时博学鸿词科推荐，他拒不应召，后削发为僧，著书立说，宣扬反清思想。有湖州人曾静读过吕留良的书，深受感动，就想有所作为。他认为总督岳钟琪是宋朝抗金民族英雄岳飞的后代，并经常以此标榜自己，应该有强烈的民族感情。雍正六年(1728年)，曾静派自己的门生张熙去劝说岳钟琪起兵反清。而岳钟琪为了表示效忠皇帝，即时就逮捕了曾静和张熙二人并向皇帝报告，案件就这样爆发了。雍正老谋深算，心狠手辣，对这一案件采用了更阴险的处理手法，一方面对吕留良一家及其门生，已死的戮尸，活着的全部砍头；一方面把曾静、张熙放回原籍。原因是曾、张二人被捕后有悔过自新的表现，竭力歌颂他，并写文章批判吕留良的学说，正好雍正就利用这个机会，一面表示自己宽大为怀，一面把曾静的口供和自己的谕旨合编成一本叫《大义觉迷录》的书，颁发全国，宣扬“满汉一体”，批判反满思想。

公元1729年 设军机房

雍正七年(1729年)，清军在西北与准噶尔蒙古激战，为及时处理军报，始设军机房。雍正十年(1732年)始正式改称办理军机处，简称军机处。在军机处任职者，称军机大臣，通称大军机，无定员，最多时达6~7人，由亲王、大学士、尚书、侍郎或京堂在皇帝指定下兼任。但任命时亦按各人的资历分别称为军机处行走、大臣上行走、大臣上学习

▶清朝军机处内景

行走等。其僚属称军机章京，俗称小军机，掌缮写谕旨、记载档案、查核奏议。乾隆时定为满汉两班，各8人，后增至四班32人。每班有领班、帮领班各1人，满语称“达拉密”。军机处职掌为每日晋见皇帝，秉承皇帝意旨处理军国要务、官员任免和一切重要奏章。至此，不仅内阁形同虚设，议政王大臣会议也名存实亡，皇权得以大大加强，这标志着我国封建君主专制主义中央集权制度进一步强化。

公元1723年 密立储君

清代不行立长立嫡之制，诸皇子之间多因觊觎皇位继承权而明争暗斗。康熙诸子各植党羽，互相倾轧，骨肉相残，为祸尤烈。雍正帝有鉴于此，乃于雍正元年(1723年)规定，由皇帝将立储谕旨亲手写定，密封后藏于匣内，置之乾清宫“正大光明”匾额之后，使诸皇子及臣僚无从窥其内容。等到皇帝临终时，由亲王大臣共同取出谕旨，宣布新君继位。自此，密立储君之法遂为清朝历代君主所遵行。

▲乾清宫内景

公元1724年 平定罗布藏丹津的叛乱

十七世纪初移住青海的厄鲁特蒙古和硕特部，在康熙十六年(1677年)被噶尔丹征服。清军战败噶尔丹后，和硕特部酋长达什巴图尔降清，被封为亲王。达什巴图尔死后，子罗布藏丹津袭封。雍正元年(1723年)夏，罗布藏丹津发动叛乱，进攻西宁，劫掠牲畜。清政府派川陕总督年羹尧、四川提督岳钟琪率军平叛。由于罗布藏丹津的分裂割据活动不得人心，第二年便被平息下去。事后为了加强对青海地区的管辖，清政府改西宁卫为西宁府，并在这里设置了青海办事大臣，分蒙古族为二十九旗，加强了中央对青海的统治。

公元 1725 年 年羹尧之狱

年羹尧，汉军镶黄旗人，康熙三十九年（1770 年）进士，因屡立边功，升任川陕总督。雍正帝为皇子时，纳其妹为侧福晋，故在康熙诸子争立的斗争中，年羹尧成为雍正的得力助手。康熙末，皇十四子允禵为抚远大将军，驻兵西宁（旋移甘州）。他手握强兵，又获父皇信任，在诸皇子的争夺中显然占有优势，成为雍正的一大劲敌。而身任川陕总督的年羹尧恰能起到牵制允禵的特殊作用。故雍正即位之初，急令年羹尧掌管抚远大将军之印，并调允禵赴京奔丧，旋即加以禁锢。雍正初年，年羹尧屡获皇帝宠遇，又在平定青海罗卜藏丹津的叛乱中立有功勋，故不免流露骄纵之态，但并未发生严重过错。而雍正帝却在制服诸兄弟之后，突然对年羹尧动了杀机。雍正二年（1725 年），竟迫令其自杀于狱中。

▲年羹尧像

公元 1727 年 囚禁隆科多

隆科多，满洲镶黄旗人，清圣祖皇后之弟。康熙帝授以步军统领之职，令其掌握宿卫京师的兵权。康熙末，诸皇子争立，隆科多在这场争夺中具有举足轻重之地位。康熙六十一年（1722 年），康熙病危，隆科多被召至御榻前亲受顾命。及康熙帝死，隆科多遂口传遗诏，命雍正帝继承皇位。故雍正帝继位初，对他加官晋爵，尊宠备至，甚至尊称之为“舅舅隆科多”。雍正三年（1725 年），隆科多突然失宠，被解除步军统领之职。雍正五年（1727 年），又以“大不敬”等罪名遭到禁锢。次年，死于禁所。

◀隆科多所书清圣祖遗诏

清东乾隆帝裕陵

乾隆的统治

爱新觉罗·弘历（1711～1799年），雍正皇帝第四子，生于康熙五十年（1711年）八月十三日，敕封宝亲王。雍正十三年（1735年）十一月先皇崩逝，启缄封秘密立储之遗诏继位，时年25岁。次年改元乾隆。乾隆在位六十年，在祖父康熙、父皇雍正两朝的基础上，奋发有为，勤于政事。政治上，继续平定国内叛乱，抗击外来侵略，捍卫国家主权和领土完整，加强民族团结并大力整顿吏治。在经济上，减免赋税，兴修水利，屯田垦荒。在文化上提倡汉学，编纂大量图书。在其统治期间，我国是一个疆域辽阔、国力强盛、经济发展、文化繁荣的统一的多民族国家，把“康乾盛世”时期推向了顶峰。

公元1751年～公元1784年 乾隆南巡

乾隆帝仿效其祖父康熙，于乾隆十六年、二十二年、二十七年、三十年、四十五年、四十九年（1751年、1757年、1762年、1765年、1780年、1784年）先后六次南巡，以粉饰太平。每次南巡，自北京至杭州，往返四五个月，途经近6000里，用船千余艘、马6000匹、骡马车400辆、骆驼800头。除了沿途兴建了许多华丽的行宫外，各地方官为了投其所好，在他所到之处，造龙舟、建戏台、搭彩棚、铺地毯，无不精心设计，争奇斗艳。而且互相攀比，

▲爱新觉罗·弘历像

◀乾隆南巡图

一地比一地豪华，一次比一次铺张，搞得地方民穷财尽，怨声载道。乾隆南巡在政治上维系民心，有利于巩固国家的统一和加强满汉的联合，在经济上推动了对河工、海塘工程的治理，文化思想上提倡了汉学并选拔了一批著名的文人学者。这是乾隆南巡主要目的和主要贡献。

公元1757年 击溃阿睦尔撒纳

蒙古准噶尔部首领噶尔丹被康熙击败后，他的侄子策布阿拉布坦在西北仍拥有很大的势力，控制了新疆、西藏、青海等地，煽动这些地区的少数民族与清廷为敌。策布阿拉布坦死后，其子噶尔丹策零继续统领其众。乾隆十年(1745年)，策零卒，准噶尔贵族争夺汗位激烈，策零外孙阿睦尔撒纳在清廷帮助下夺取汗位，不久又举兵反清。乾隆二十二年(1757年)，清军分西、北两路进剿，击溃阿睦尔撒纳。阿睦尔撒纳外逃，病死于俄国境内。清廷派遣将军、参赞大臣、领队大臣率兵分驻伊犁等地，巩固了对天山北路蒙古等族聚居地区的统治。原来隶属于准噶尔的蒙古唐努乌梁海地区，也在这时并入清朝的版图之内。清康、雍、乾三代平定准噶尔叛乱的斗争，维护了祖国的统一，挫败了沙俄对我国西北领土的扩张野心。

▲平定准噶尔图卷(局部)

公元1759年 平定大小和卓叛乱

和卓是波斯语的译音，本是穆斯林对伊斯兰教始祖穆罕默德后裔和伊斯兰教学者的尊称，新疆伊斯兰教封建上层人物也自称“和卓”。乾隆二十二年(1757年)，大小和卓诱杀清朝将领，小和卓自立为巴图尔汗，发动了反对清朝中央政府的叛乱。大小和卓指

▲新疆伊犁惠远伊犁将军府

天山南路维吾尔族封建主玛罕木特的两个儿子布那敦和霍集占。他们号召各城起兵反清，一时协从的有几十万人，叛军控制了天山南路的大部分地方。乾隆二十三年(1758 年)，乾隆帝派清军进入南疆(天山南路)平叛。起初，清军出师不利。但由于大小和卓残酷地压迫维吾尔族人民，“兵饷、徭役繁兴，供给稍迟，家立破；及出亡，又尽其赀以行，民脂殆竭。”人民不堪其苦，纷纷逃亡，小和卓亲自屠杀逃亡的士卒，也不能禁。清军攻克库车后，叛军逃到阿克苏，守城维吾尔族人闭门不纳，小和卓只得逃到乌什，同样为乌什维族人所拒，退守叶尔羌。大小和卓相约各守一城，大和卓守喀什噶尔，小和卓守叶尔羌。第二年，清军两路会师猛攻叶尔羌，大小和卓兵败西逃。他们的部众树起大旗呐喊呼降，“降者蔽山而下，声如奔雷。”霍集占兄弟带着妻奴和残兵三、四百人败奔巴达克山区(今阿富汗东部)。清军派人与巴达克当地部族交涉，不久，当地部族将他们杀死，尸首送归清朝。在南疆人民的支持下，清军终于粉碎了这次叛乱，清朝重新统一了新疆地区。不久，清政府设置伊犁将军府，管辖包括巴尔喀什湖在内的整个新疆地区，巩固了对西北地区的统治。

公元 1771 年 土尔扈特部回国

明末，土尔扈特部因与准噶尔部不和，被迫西迁额济勒河(伏尔加河)下游地区，后受沙俄控制，但他们始终不忘祖国。清初，积极和清廷进行密切联系。从顺治年间起，他们不断派人到中国“奉表入贡”。康熙年间，清朝政府也曾派图理琛等人，花了三年多时间，前往伏尔加河下游看望这些远在西方的同胞。由于不堪忍受沙俄的压迫和奴役，土尔扈特人民于 1761 年发动了抗俄起义，遭到沙俄军队的镇压。到十八世纪六十年代土俄战争时，沙俄企图把十六岁以上的土尔扈特人全部征兵。乾隆三十六年(1771 年)一月，在其杰出领袖二十六岁的渥巴锡汗领导下，开始了返回祖国的斗争。他们长途跋涉，历时半年，克服了恶劣的

◀土尔扈特部首领渥巴锡像

▶《土尔扈特全部归顺记》碑

自然条件，战胜了沙俄军队的尾追拦截，终于在六月末到达中国境内。乾隆帝在避暑山庄接见渥巴锡，举行盛大宴会表示热烈欢迎。对渥巴锡等土尔扈特首领给予不同的封爵，并将其部众安置在准噶尔盆地一带，归伊犁将军管辖。现在，承德“普陀宗乘之庙”中，竖有清高宗弘历于乾隆三十六年(1771 年)撰写的两个石碑——《土尔扈特全部归顺记》和《优恤土尔扈特部众记》，就是当年留下的遗迹。渥巴锡组织土尔扈特部人民重返祖国的壮举，是正义的斗争，表现了坚忍不拔的爱国主义精神，其重返祖国对多民族国家的统一和巩固做出了贡献，渥巴锡不愧是一位民族英雄。

公元 1774 年　下达毁书令

乾隆三十八年(1773 年)，清廷开设四库全书馆，访求民间遗书以备采摘。次年即令：明末野史甚多，“必有抵触本朝之语，正当及此一番查办，尽行销毁”。此后，多次严令各省督抚切实查办违禁书籍，送缴北京。禁书的范围亦渐扩大，不但明末野史笔记、文集、奏议中触犯忌讳者俱被列为禁书，就连宋明人论辽、金、元事的著述，其“议论偏谬”者亦不免于查禁。各省查获的违禁书以及四库全书馆从采进本中查出的“悖谬”之书，俱由翰林院逐部详加审查，标明其中违碍字句，然后进呈皇帝，分别处理。有全部销毁者，有部分销毁者，有加以篡改者，亦有禁止刊行者。其中全毁之书不下三千余种，六七万卷，其数量与四库全书所收录者几乎相等。乾隆毁书之令遂成为中国文化的一场浩劫。

▲清·画珐琅卤壶

公元 1777 年 ~ 公元 1783 年　文字狱

在中国封建专制主义社会里，专制统治者往往借“疑似影响之词”，罗列罪状，滥杀无辜，以达到消除异端、箝制思想、维护专制统治的目的。清代的文字狱始于康熙，发展于雍正，到乾隆时期达到登峰造极的地步。乾隆时期，不仅文字狱定罪的范围超过了康熙、雍正时期，而且案件数量也增至康雍两朝合计次数的数倍。特别是乾隆查缴禁书期间，各类文字狱层出不穷，数量急增。从乾隆四十二年(1777 年)到乾隆四十八年(1783 年)在短短的 7 年中，见于记载的文字狱多达五十几起。这是清代文字狱，乃至中国古代文字狱的空前高峰。清朝文字狱之盛是因为清先世曾臣服于明朝，入主中原之后，清

▲清代江西第一文字狱案——字贯案的受害者王锡侯的故里，宜丰县棠浦镇沐溪村。

廷对此段史事讳莫如深，因此，不仅将旧有史籍删削、禁毁，而且对凡继续编写乃至收藏者，则以“大逆”之罪滥加诛戮。另一方面，清初反清思想盛行，尤其是汉族士大夫，宣扬“夷夏之防”一类思想，对巩固清廷统治极为不利。为了强化满洲贵族的封建专制统治，对反清思想就势必要用暴力加以打击。文字狱的冤滥，遏制言论，禁锢思想，造成了“万马齐喑”的严重历史后果；它极大地桎梏了学术思想的发展，助长了阿谀奉承、诬告陷害之风，是历史发展中的浊流。

乾隆开棺戮尸

▲沈德潜像

清代徐述夔康熙年间中举，乾隆初年去世。他的《一柱楼诗》中有“清风不识字，何故乱翻书”及“举杯忽见明天子，且把壶儿抛半边”等句，有人检举他，说“清风”指大清朝，“壶儿”指胡儿、满人，有反清复明之意。乾隆大怒，下令开棺戮尸，徐述夔的儿子也被株连斩杀。礼部尚书沈德潜曾为述夔作传，被夺去“文悫”的谥号，毁除御赐祭葬碑，从贤良祠撤出牌位。后来乾隆又得知有人知道沈德潜代自己作过诗，由此更加恨之入骨。乾隆令人检索沈德潜遗稿，《咏黑牡丹》一诗中有“夺朱非正色，异种也称王”的句子，以为是骂清朝满人为异种，夺去了朱明王朝，于是下令开棺戮尸。

公元 1792 年 英国公使来华

◀马戛尔尼像

迟至十七世纪上半叶，英国第一艘商船才到中国，但由于它完成资产阶级革命和工业革命最早，资本主义经济发展最快，又控制了印度等广大殖民地，在各国的贸易中已跃居首位，所以它急待打开中国的大门。乾隆五十七年(1792 年)，英国政府在其他资本主义国家支持下，首次派使臣马戛尔尼以给乾隆祝寿为名来华，次年，乾隆在热河行宫接见了马戛尔尼。马戛尔尼秉承主子旨意，提出了一系列的无礼要求，其中主要有：要中国增开舟山、天津等口岸，减低进口税，给英商种种通商特权；要中国允许英使进驻北京，照管本国商务；要中国允许西方传教士在各省自由传教；甚至要求中国给其一片土地以囤集货物，只保留中国名义上的主权。这些要求，当即遭到中国政府的严厉拒绝。嘉庆二十一年（1816年），英国又派使臣阿美士德来华，再次交涉，结果这次连皇帝都未见到，便被赶出国境。

公元1793年 颁布《钦定西藏章程》

乾隆五十六年（1791年），廓尔喀（尼泊尔）军队在西藏大农奴主舍玛尔巴的勾引并在英国殖民者的指使下侵入西藏，攻日喀则，大掠扎什伦布寺。清廷立即发兵入藏，击败廓尔喀军队，乾隆五十八年（1793年），清廷颁布《钦定西藏章程》，再次对西藏的政治、经济、军事实施了重大的改革。章程规定“驻藏大臣办藏内事务”，其地位“与达赖喇嘛、班禅额尔德尼平等”；各级地方官及管事喇嘛，都归驻藏大臣管辖，“事无大小，均应禀命驻藏大臣办理”，他们的任命也“统归驻藏大臣会同达赖喇嘛拣送，分别奏补拣放”；达赖、班禅和各呼图克图的灵童转世时的“金本巴瓶掣签”仪式，也要在驻藏大臣的监视下进行，然后再呈请钦定批准。此外还整顿军队，加强防务，并实施一些减轻赋役的措施。从此，西藏与中央政府的关系更加密切，社会秩序更加稳定。

公元1796年 乾隆内禅

▲清·碧玉龙凤花插

乾隆帝继位之初，曾经焚香告天，若得在位60年，即当传位嗣子。为了此夙愿，乃于乾隆六十年（1795年）集王公百官于勤政殿，诸公一同取出乾清宫“正大光明”匾额后之立储密缄，宣示以皇十五子嘉亲王永琰（立太子后改名颙琰）为太子，决定明年改元，并禅位于太子。嘉庆元年（1796年）正月举行内禅大典，于是颙琰即帝位。乾隆帝做了太上皇后依然操纵朝政。嘉庆四年（1799年）正月，乾隆帝死，政归嘉庆帝。乾隆实际掌权统治中国达六十三年四个月，不仅是历代封建帝王执政时间最长的一位，也是岁数最大的一位，卒年八十九岁。但乾隆好大喜功，为人重奢靡，铺张浪费，并自称为“十全老人”。他在位后期任用和珅二十年。和珅是中国历史上最大的贪官，致使这二十年间贪污成风，政治腐败，各地农民起义频繁。清王朝开始从强盛走向衰败。

北京团城演武厅

清王朝的中衰

从乾隆后期到鸦片战争前夕是清朝的中衰时期。这时由于土地兼并的发展，封建剥削的加重，社会经济日呈衰败之象。清朝的统治力量也因财政匮乏、吏治败坏、武备废弛而渐趋削弱。自乾隆三十九年(1774年)王伦起义之后，各地农民起义不断发生，嘉庆初年的川楚白莲教起义更给清朝沉重的打击，使其一蹶不振。这时西方列强也加紧了对中国的侵略，它们竭力对华倾销商品，进行鸦片贸易，企图打开中国的市场，派遣传教士深入中国内地从事间谍活动，凭借船坚炮利在中国沿海到处寻衅。清朝所奉行的闭关政策已注定要破产了。在社会危机日益加深的形势下，某些有识之士提出了改革的主张，谋求自强之术，龚自珍和魏源就是他们的代表。

▲和珅像

吏治败坏

乾隆时期，最受乾隆宠信的大学士、军机大臣和珅，就是一个最大的贪污犯。他身居要职20多年，卖官鬻爵，招权纳贿，积累了惊人的家产。嘉庆四年(1799年)，老皇帝一死，嘉庆帝就抄了他的家，把他的家产分编为109号，其中的29号就估价为白银2.2亿两，相当于嘉庆年间全国五年的总收入。所以当时有人说:“和珅一倒，嘉庆吃饱。”乾隆时期，也杀过一批贪官污吏，其中省级以上的总督、巡抚、布政使如国泰、陈耀祖、伍拉纳、浦霖等，每家抄没的家产都在几十万两以上。其中甘肃布政使王宜望贪污救灾款一案，除他本人外，因贪污2万两以上而处死的地方官有22人。类似以上的贪污大案，在乾隆、嘉庆年间时有发生，至于省以下的贪官污吏就更多了。当时流传着这样一句话："三年清知府，十万雪花银"，几乎是无官不贪。以至官员的考核升迁、司法判决的是非输赢，全凭行贿多少来决定。

公元 1796 年　仁宗即位

爱新觉罗·颙琰，乾隆皇帝第十五子，生于乾隆二十五年(1760 年)，乾隆五十四年(1789 年)被封为嘉亲王。嘉庆元年(1796 年)正月初一受乾隆禅让而继位，改年号为"嘉庆"。嘉庆继位后，政事仍由太上皇乾隆决定。嘉庆四年(1799 年)乾隆病死后，嘉庆帝亲政。嘉庆四年(1799)亲政后，立即诛杀和珅。嘉庆是一位勤政图治的守成君主。他亲政后采取的一系列政策、措施，对于改变乾隆后期的种种弊政起了一定的作用。但他没有也不可能从根本上扭转清代中衰之势。他在位期间，土地高度集中于大官僚、大地主手中，农民大量破产、流亡，政治腐败，社会矛盾日益加深，川、楚白莲教和鲁、豫天理教等大规模的农民起义纷纷爆发。清王朝由兴盛转向衰落。

▲嘉庆帝像

公元 1796 年　白莲教起义

嘉庆元年(1796 年)，在湖北襄阳首先爆发的白莲教起义，参加的人数多达四五十万。在起义斗争的 9 年中，席卷了湖北、河南、陕西、甘肃、四川五省，是鸦片战争前规模最大的一次农民起义。嘉庆元年(1796 年)，白莲教首领姚之富和王聪儿等，以"官逼民反"为口号，首先在襄阳举行起义。不久，就发展到两万多人，攻下樊城，烧毁了保康和竹山的县衙门。同年，徐天德、王三槐、冷天禄等在四川达州(今四川达县)起义，冯得仕、林开泰等在陕西安康起义。一年之内，白莲教起义的烈火已燃及湖北、陕西、四川三省。第二年，湖北的起义军在

▲白莲教起义军东乡会师群雕

◀王聪儿像

姚之富、王聪儿等领导下，分路北上，进攻河南，西经陕西，南下四川，与徐天德会师，声势更加浩大。他们不断粉碎清军的围追堵击，所到之处，烧官署、打地主，开仓分粮，救济贫民，深受贫苦百姓欢迎。嘉庆三年(1798年)，王聪儿再率起义军主力转战湖北、陕西一带，打得清军丢盔卸甲，疲于奔命。嘉庆皇帝骂王聪儿是“贼中首逆”，再次调集大军阻击。后在湖北郧城陷入清兵重围，经过浴血奋战，损失惨重，终因寡不敌众而失败，王聪儿、姚之富等宁死不降，相继跳崖，壮烈牺牲。

公元1810年　嘉庆查禁鸦片

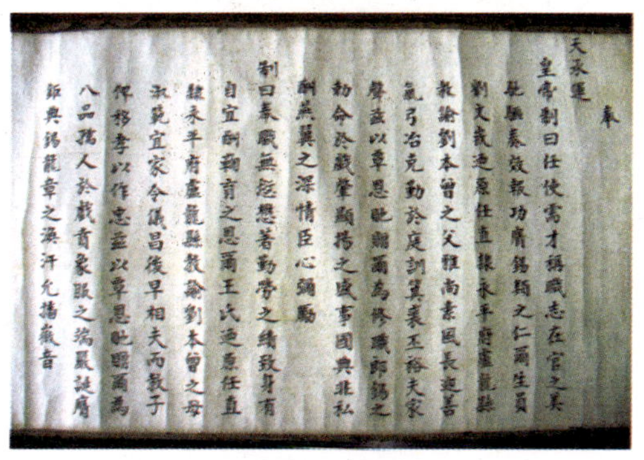
▲清嘉庆帝圣旨

鸦片贸易的危害逐渐引起清政府的重视，清廷从雍正七年(1729年)开始禁烟，规定：对兴贩鸦片的人，“照收买违禁货物例枷号一月，发近边充军”；对私开烟馆的人，“照邪教惑众律，拟绞监候，为从杖一百，流三千里”；对借鸦片走私而需索计赃的兵役等人，“照在律治罪”；对疏于纠察的各海口地方文武官员以及没有负起监察责任的各海关监督，“均交部严加议处”。在雍正、乾隆两朝，清廷不仅没有实力查禁鸦片，而且各海关仍对由海关公开入口的鸦片征收关税。严格说来，鸦片在当时并没有成为真正的禁品。鸦片是在嘉庆朝才真正成为禁品的。对于已逐渐成为社会公害的鸦片流毒，嘉庆帝主张严厉加以禁止。清廷不仅为此制定了更为严厉的禁烟条例，而且大力推行。嘉庆十五年(1810年)三月，北京广宁门巡役查获身藏鸦片烟六盒入城的杨姓烟贩，嘉庆帝令将烟贩交刑部严审办理。清廷根据当时“购食者颇多，奸商牟利贩卖，接踵而来”的严重情况，令步军统领、五城御史，与专理税务的崇文门有关官员协同配合，于京城各门禁严密访查，“一有缉获，即当按律惩治，并将其烟物毁弃”。为了正本清源，嘉庆帝令于闽粤出产之地，由闽粤督抚“关差查禁，断其来源”。要求广东、福建、浙江、江苏沿海各督抚认真查察，“嗣后海船有夹带鸦片烟者，立行查拿，按律惩办”。嘉庆帝的严厉警告并没有发挥实际作用，各处海关照样私纵偷越，有的海关甚至私征鸦片烟税银以肥私囊。之后，清政府不断重申禁令，严密访查奸商与购食者。

公元1813年 天理教起义

嘉庆十八年(1813年),在北京、河南、河北爆发的天理教起义,时间不长,规模也不大,但却是直接威胁清朝宫廷的一次起义斗争。天理教,又名八势教,是白莲教的一个支派。教首是北京的林清和河南的李文成。当时,在河北、河南、山东、山西一带,信教的人很多。教徒中除了向往得到土地的贫苦农民,还有许多城市平民百姓以及士兵和宫中的小太监。林清和李文成预先约定在嘉庆十八年(1813年)九月十五日同时发动起义。但因李文成行动暴露,被捕入狱。李文成的妻子张氏率领教徒攻破滑县县城,救出李文成,乘机占领了县城,提前发动了起义。清政府立即调遣大军进行围剿,李文成不能按期北上。林清则按原定计划,带领了200名武艺高强的教民,在入教太监的配合下,分两路从东华门和西华门攻入宫中。由于宫廷防卫力量很强,林清被阻于隆宗门外,与清军展开血战,杀伤清军100多人。最后因寡不敌众而失败,林清在京郊被捕遇害。李文成在滑县声势浩大,并带领部分主力向太行山进军,企图绕道北上。不幸在解县山区被清军包围,兵败自杀。这次天理教起义虽然只坚持了一年,但对清朝统治者打击很大。

▲李清带领起义军从东华门、西华门攻入皇宫,兵临隆宗门下。其中有一名起义军向门内开弓放箭,却射中隆宗门匾。事过之后,箭杆被剪去,而箭头至今还保留在匾上。

公元1820年 宣宗即位

爱新觉罗·旻宁,嘉庆皇帝次子,生于乾隆四十七年(1782年),嘉庆十八年(1813年)被封为智亲王。于嘉庆二十五年(1820年)嘉庆病死后继位,次年改元为"道光"。道光即位之初,中国正面临最重的内外危机。国内吏治腐败,军备废驰,国库空虚;一大批王公、贵族、官僚、豪绅地主残酷地压榨人民,过着穷侈极欲的生活,而广大的劳动群众则挣扎于水深火热之中,被迫不断地起来反抗,阶级矛盾十分尖锐。国际上正是资本主义迅速发展时期,中国已成为西方资本主义列强输出商品和侵

▶爱新觉罗·旻宁像

略的主要目标。在资本主义各国中，英国走在最前面。英国为打开中国的大门，以鸦片为敲门砖。英国鸦片贩子在英国政府的支持和纵容下，用走私漏税的卑劣手段把鸦片输运到中国内地。道光即位后，颇思励精图治，振衰除弊。对漕运盐政实行改革。以海运代替河运，既解决了漕运的困难，又节省了开支。行票盐制，使两淮盐政“弊肃风清”。解除对部分矿藏开采的封禁，主张使天地自然之利还之天下。整顿吏治，扼制奢靡之风。开展了严禁毒品鸦片的斗争。道光颇想有一番作为，也采取了一系列措施，企图中兴。他虽然朝纲独断，事必躬亲，以俭德著称。但内政事物，如吏治、河工、漕运、禁烟等均无起色。勤政图治而鲜有作为。道光帝晚年，国内阶级矛盾更加尖锐，各地农民纷纷起义。

公元 1839 年 虎门销烟

▲林则徐像

英国资本家为了掠夺中国的白银，改变中英贸易中不利地位，偷运鸦片到中国。18 世纪中期，英国每年偷运到中国的鸦片为 200 箱，1838~1839 年，猛增到 3.5 万箱，美国和沙俄也向中国偷运鸦片。1840 年前的 20 年里，中国白银外流达到 1 亿两，对外贸易出现入超。白银外流引起银价上涨，人民生活受到影响，统治阶级吸食鸦片后，政治更加腐败，军队战斗力也削弱。道光十八年（1838 年），道光帝彻底摒弃了弛禁派的错误主张，采纳严禁派的建议，在全国实力推行禁烟，下谕宣召湖广总督林则徐进京商议禁烟事宜。道光十九年（1839 年）3 月 10 日林则徐到达广州。3 月 18 日，林则徐发布两个谕贴，3 月 19 日下令禁止外国人离开广州，3 月 21 日下令包围商馆，3 月 22 日下令查拿英国鸦片商人。随后英国驻华商务监督义律乘船抵达广州，到达当天，林则徐下令停泊在黄浦江上的一切外国船只封舱，当天晚上封锁商馆，并且撤走一切差役和中国雇员；3 月 28 日，义律向林则徐呈送了《义律遵谕呈单缴烟二万零二百八十三箱禀》。道光十九年（1839 年）5 月，批准五大臣会议提出的

▲虎门销烟池

《查禁鸦片烟章程三十条》。该章程成为清代颁布的最严厉、最周密的禁烟令。英驻华商务监督义律顽抗不成，被迫陆续缴出鸦片230多万斤。清道光十九年四月二十二日(1839年6月3日)，林则徐下令开始在虎门海滩当众销毁。经过20多天，销毁鸦片19187箱和2119袋，总重量2376254斤。虎门销烟给英国侵略者沉重打击，向世界表明中国人民反抗外国侵略的坚强意志。

公元1840年 鸦片战争

▲第一次鸦片战争海战图

虎门销烟后，英国为维护罪恶的鸦片贸易，打开中国大门，发动了对中国的侵略战争。道光十九年(1840年)6月，英军首先进犯广州，遭到清军的抵抗后，转攻厦门，又被邓廷桢的军队击退。道光二十年(1841年)1月7日，英军攻击沙角、大角炮台。中国军队仓促抵抗，伤亡惨重，炮台失陷。英军进逼虎门。琦善妥协求和，英国单方面宣布《穿鼻草约》。琦善的卖国行径激起清廷上下不满，道光皇帝认为有损天朝尊严，决定对英宣战。英军先发制人，再次进攻虎门。关天培亲自率军坚守炮台，以身殉国。道光二十年(1841年)5月，英军进攻广州，广州城外的泥城、四方炮台相继失守。奕山等人丧魂落魄，举白旗投降。5月27日，中英双方签订《广州和约》。8月26日，英军攻陷厦门。10月1日，英军再陷定海。10日，镇海陷落。13日，宁波陷落。道光皇帝为挽回败局，决定第二次出兵，奕经率军到达前线后，贸然出兵，全军溃败。道光二十一年(1842年)6月，江南提督陈化成战死，吴淞口陷落；7月，镇江陷落。8月，英舰到达南京下关江面。29日，清政府在英国炮舰的威逼下，签订了中国近代史上第一个丧权辱国的不平等条约——中英《南京条约》。道光帝因昧于世界大势，对反侵略战争缺乏必要的思想和物质准备，在整个战争期间，始终没能确定总体战略方针，也没有制定切实可行的战略部署。战争开始时，幻想凭借“天朝声威”一举慑服侵略者。他调兵遣将，布置了两次大规模抵抗。当侵略者的坚船利炮使其幻想破灭时，他即不可避免地走上了始则动摇、继而完全屈服的道路。

▲中英《南京条约》签订现场

清前期的经济和资本主义萌芽的发展

清军入关后，清朝前期的统治者采取措施，巩固了国家的统一。与此同时，还实行了与民休养生息的政策，使社会经济逐步得到恢复和发展。到乾隆时候，清朝的封建经济达到极盛时期，历史上称为“康乾盛世”。这时清朝奖励垦荒、下令更名田、停止圈地、推行地丁制、革除匠籍制等措施都收到良好的效果，社会经济逐渐得到恢复和发展。乾隆中叶，农业、手工业和商业等方面的封建经济取得巨大成绩，人口猛增到2亿以上，国库存银多达7000万两，国家财力极为充沛。资本主义萌芽也由于商品经济的发展而有所滋长。

▲清·乾隆银累丝圆盒

鼓励垦荒

清初，荒地数目很大，康熙时，各省荒地尚有四百余万顷。为发展生产，清政府采取了奖励垦荒的政策，并规定农民新垦的土地，三年内免税，有的甚至可免税五年、六年直至十年。康熙帝还以官职为诱饵，鼓励地主乡绅垦荒，重申顺治十七年(1660年)颁布的奖励办法，规定“垦地百顷以上，考试文义优通者以知县用，疏浅者以守备用；垦地二十顷以上，文义优通者以县丞用，疏浅者以百总用。”对地方官员的考核，也以垦荒多少作为重要依据。通过上述措施，特别是由于广大劳动人民的辛勤劳动，到康熙末年，垦荒已大见成效，甚至遭三藩之乱破坏的云南、贵州、广西、四川等地，也是“已无弃地，尽皆耕种矣”。据统计，康熙二十四年(1635

年)清朝耕地已达六百万顷,雍正二年(1724年),更达六百八十余万顷。由于清初地主豪绅隐匿土地现象十分严重,实际耕地面积应接近或达到明初的八百五十余万顷。

1669年 实行"更名地"

▲清·黄玻璃菊瓣式渣斗

在明末农民战争过程中,一些明朝藩王被杀或逃亡,他们的土地也被原佃户或农民分占。清初,政府曾下令对这些土地进行调查,标价出卖,结果农民强烈反对,土地卖出甚少。面对这一情况,康熙八年(1669年),康熙帝不得不下令停止出卖土地。随后,又将明皇室、藩王庄田归原佃户所有,"永为世产",使佃户成为业主,号为"更名地"。当时,直隶、山东、山西、陕西、甘肃、河南、湖北、湖南等省都有不同数量的"更名地",总数不下二十万顷。"更名地"的实行,实际上是清政府承认了明末农民战争中农民夺回藩王所占土地的现实,提高了农民的耕作积极性,促进了农业生产的发展。

水利事业的发展

康熙前期,黄河泛滥,改道入淮,苏北的土地被淹没,运河的交通也受到妨碍。康熙皇帝以河务、漕运为大事,很重视对黄河的治理。他任命水利专家靳辅为河道总督,组织民工,用筑堤和疏导相结合的办法,治理黄河。他还曾六次"南巡",到治河工地察看。由于广大民工的努力,再加上治理比较得法,终于使黄淮分流,保证了运河的通畅,便利了漕粮的运输,也使黄河的治理得到了"束水攻沙"的效果。河道借水的冲刷力量,越来越深,使以后很长时间内没有发生大泛滥,原来淹没的苏北土地复得垦种。清代还治理了永定河。这条河流在北京附近,原名浑河,又叫小黄河,水中沙多,极易泛滥。康熙年间对它进行了修浚,开掘了一条长二百余里的新河道,使旧河两岸变成良田。清代劳

▲清朝所绘黄河图

清·錾胎珐琅象

清·彩色玻璃带座瓶

动人民把许多旱地变成了水田，这也是值得重视的水利工程。如雍正时，劳动人民曾将北京附近的六千顷旱地变成水田，用玉泉山的水灌溉西郊的地，种出了闻名世界的清水稻。

经济作物面积扩大

清代棉花的种植已经遍及全国，江苏、浙江、湖广、河北、河南、山东等地都是著名的产棉区。有的地方原来种植不多，现在却大量种植，超过了种植其他作物。河北的冀、赵、深、定诸州的情况就是这样，根据乾隆三十年（1765 年）方观承所绘《棉花园》的跋语记载，这些本来不大种植棉花的地方，这时“栽培棉花者”，已占了“十之八九”。烟草的种植，也推广到全国。福建是最著名的产区，在这里，“烟草之植，耗地十之六七”。此外，山东兖州、湖南衡阳、陕西汉中，也都有大面积的种植。甘蔗的种植，遍及了沿海各省。比如广东，有些地方“白紫两蔗，动连千项”，“连冈接阜，一望若芦苇”。

地丁合一

清初，赋税制度沿袭明代的一条鞭法，虽然一部分丁银已摊入田亩，但丁银并未废除。由于土地兼并激烈，许多无地或少地农民，依然无力负担丁税。为了逃避丁银，有的隐匿户口，有的被迫逃亡，严重影响了政府的赋税收入。为了稳定税源，清政府不得不改革征税办法，康熙五十一年（1712 年），宣布“盛世滋生人丁，永不加赋”，即以康熙

清·金星玻璃天鸡式水盂

五十年(1711 年)全国的丁银额为定额，以后新增人丁，不再增加丁银，从而把全国的丁银总数固定下来。但是，“永不加赋”并没有真正解决农民逃亡和赋税收入不稳的问题。因此，雍正时才不得不实行“地丁合一”制度，即把丁银全部摊入田赋之中，统一征收地丁银，大体上田赋一两，摊丁银一、二钱，这种办法也称为“摊丁入亩”。自此以后，丁银完全随粮起征，我国古代长期实行的人头税便废止了。地丁制度是明代一条鞭法的继续和发展，是保证封建政府赋役剥削的财政措施，但是，它也使农民对封建国家的人身依附关系有所削弱，有一定的进步意义。

▲清·彩绘山水八仙图金漆盒

减免钱粮

为了迅速恢复农业生产，改善人民生活，康熙帝又采取了减免钱粮的措施。他很重视这一工作，经常下达“蠲免令”。从康熙元年(1662 年)开始，除了遭遇天灾例行全免以外，往往一年蠲免几个省，有的省接连蠲免几年。而从康熙五十年(1711 年)起，因为国库充裕，户部存银达 5000 万两，他就把全国的省份分成三批，实行轮流蠲免，每三年轮流蠲免一次。据统计，康熙在位 61 年，“前后蠲免之数，殆逾万万”。雍正、乾隆两朝也继承了这一措施。尤其是乾隆时期，因为国家财产雄厚，曾多次进行全国性的“普免天下钱粮”。像康、雍、乾三朝这样大规模、经常性的蠲免钱粮，在中国历史上是十分罕见的。

手工业的新发展

在农业恢复和发展的基础上，手工业也有了新发展，民营手工业在社会经济生活中的比重越来越大，纺织、陶瓷、矿冶、制糖、制盐、造船等业都很发达。纺织业以江宁(今南京)、苏州、杭州、松江为中心。在乾隆年间，南京有织机 3 万多张，松江一带每年销出的棉布有 360 多万匹。苏州是染坊集中的城市，“踹坊多至四百余处，踹匠不下万余人”。杭州“东城机抒之声，比户相闻”。江

▲清·竹雕渔家乐摆件

▲清·道光粉彩人物鼻烟壶

西景德镇是全国生产瓷器最多的地方，乾隆、嘉庆时期，仅民窑就有二、三百处，工匠人夫有几十万，产品销往全国。另外，直隶武清（今天津武清）、山东临清、江苏宜兴、安徽祁门、广东佛山、潮州等地，都有许多规模很大的民窑。云南、贵州、四川、两广的矿冶业也比较发达。乾隆期间，云南有大型铜矿48处，最高年产量达到1400多万斤。广东佛山的炼铁炉有1.7丈、8尺高，炉日产量有五、六千斤，并制成铁锅、铁丁、铁丝，远销国内外。台湾的制糖业很发达，康熙时，每年生产量已有二、三十万石。此外，造船业、制盐业、制茶业、制烟业等，都有了显著的发展。

商品经济的繁荣

由于农业、手工业的恢复和发展，商品经济也日益繁荣。棉花、布匹、盐、铁、粮是当时交易量最大的商品，就连一般农村的集市上，也能买到这些货物。当时，江南的布匹运销到东北、河南、山东等地区，而福建的蓝靛、山东的棉花则是江南一带纺织印染业不可缺少的原料。江浙地区由于经济作物种植面积的扩大和从事手工业人口的增加，湖南、江西、安徽的粮食就销往江浙。还有佛山的铁器、景德镇的瓷器、江南的丝绸、台湾的糖等等，都是行销全国的商品。总之，进入市场的商品品种越来越多，数量越来越大，各地区之间的商品交易日益频繁，初步形成了一个全国性的大市场。

市镇的繁荣

随着商品经济的发展，城市也越来越多，越来越繁荣。当时最大的商业城市是被称为“天下四聚”的北京、佛山、苏州、汉口。此外，南京、杭州、广州、天津、扬州等地，也都是以商业发达著称

▲清代前门大街街景图

的大都会。还有济南、开封、成都、重庆、太原、福州、九江、镇江、无锡、迪化（乌鲁木齐）、张家口、西宁、打箭炉（今四川康定）等地，商业都很繁荣。不仅如此，农村市镇也大量涌现。如江苏吴江县，明朝中期有四镇三市，到康熙中期就发展到五镇七市；嘉定县由明代的七镇，增加为十九镇；上海县由十八个市镇发展到三十五个市镇，翻了一番；浙江海宁县，由原来的一个市，猛增到三十四个市。即使边远地区的小城镇也很繁盛，例如山西介休县的张兰镇有“山右第一富庶之区”的称号。云南大理城外的白崖、迷都的商品交易十分发达，都成了“烟火万家，百货俱集”的市镇。这些星罗棋布的市镇，成了沟通农村和城市两品交流的重要环节，并和大、中、小商业城市一起，织成了越来越细密的全国性市场网络。

▲清·玉炉

▲清·蓝透明玻璃碗

▶清·嘉庆广彩人物琵琶瓶

手工工场的扩大

具有资本主义性质的手工工场的扩大，主要反映在地区、行业、数量和规模上，已超越了明末以苏松地区纺织印染业小作坊为主的水平，而发展到较多地区、较多行业的大规模手工工场经营。如广东、陕南、川北等地的铁厂，规模大的有3000人以上，规模小的也不下900人，并且组织了采伐木柴、烧炭、采矿、冶炼、铸造和运输等一整套生产部门。云南的铜矿，规模更大，而且资本雄厚。四川的大盐场，“每场之人数以十万计”。江西景德镇的陶瓷工场有好几千家，“工匠人夫不下数

▲清·景德镇窑五彩山

十万”。至于原来资本主义萌芽最早出现的江南地区，也有了进一步的发展，江宁(今南京)、苏州、松江、杭州、镇江的一些纺织工场，有的拥有上千张织机，雇工人三、四千。当时的手工工场内部已有了细密的分工。如台湾的制糖工场中就有糖师、火工、车工、牛婆、剥蔗、采蔗尾、看牛等分工。景德镇的制瓷工场分工更细，有淘泥、作坯、印坯、旋坯、画坯、合釉、上釉、抬坯、装坯、入窑、烧窑、开窑等分工。

包卖商的活跃

工场主与雇工之间是资本主义的雇佣关系，“并无主仆名分”，雇工可以“辞工不做”，“去留随其自便”。工资由双方议定，有的按季、按月或按日支付，有的还实行定额加奖励的办法来计算工资。他们之间的关系是资本主义性质的雇佣关系。类似这样的经营方式，在其他地区、其他行业中也有出现。乾隆年间，广东的一些糖商，春天将种甘蔗的资金分发给缺少资金的蔗农，冬天收回一定数量的甘蔗，交给糖坊加工成糖，然后运去销售，从中取利。江西景德镇有些商人，先买来原料，分给窑户，订立加工和收购合约，按期收回加工的瓷器，然后投放市场。清朝的包卖商就是通过投放资金、原料和生产工具等方式来控制小生产者，逐步将商业资本转化为工业资本，从而割断了小手工业者与原料市场和成品市场的联系，这正是资本主义萌芽增长的一个显著反映。

▲清·紫地珐琅彩牡丹纹碗

▲清·银盆金铁树盆景

鸦片战争前的中外关系

沙皇俄国本是一个欧洲国家,16世纪80年代,开始越过乌拉尔山脉,向东方扩张。到17世纪40年代,就吞并了西伯利亚地区。沙俄在侵吞西伯利亚的同时,也把侵略魔爪伸向我国黑龙江流域。面对穷凶极恶的侵略者,清政府奋起反抗,终于划定中俄东部和中部边界。清朝建立后,西方殖民者继续从海上入侵中国。除葡萄牙、西班牙、荷兰外,英、法、美等新兴的资本主义国家也将侵略触角伸向中国。

公元1689年
签订《尼布楚条约》

康熙二十八年(1689年)9月7日尼布楚条约正式签字。内容为:一、从黑龙江支流格尔必齐河到外兴安岭直到海,岭南属于中国,岭北属于俄罗斯。西以额尔古纳河为界,南属中国,北属俄国,额尔古纳河南岸之黑里勒克河口诸房舍,应悉迁移于北岸;二、雅克萨地方属于中国,拆毁雅克萨城,俄人迁回俄境。两国猎户人等不得擅自越境,否则捕拿问罪。十数人以上集体越境须报闻两国皇帝,依罪处以死刑;三、此约订定以前所有一切事情,永作罢论。自两国永好已定之日起,嗣后有逃亡者,各不收纳,并应械系遣还。四、双方在对方国家的侨民"悉听如旧"。五、两国人带有往来文票(护照)的,允许其边境贸易;六、和好已定,两国永敦睦谊,自来边境一切争执永予废除,倘各严守约章,争端无自而起。条约有中文、俄文、拉丁文三种文本,以拉丁文为准,并勒石立碑。碑文用满、汉、俄、蒙、拉丁五种文字刻成。根据此条约,俄国失去了鄂霍次克海,但与大清帝国建立了贸易关系。此条约以外兴安岭和额尔古纳河为界划分俄国和中国,但没有确定兴安岭和乌第河之间地区的归属。

◀《尼布楚条约》的拉丁版本

反对沙俄侵略者的斗争

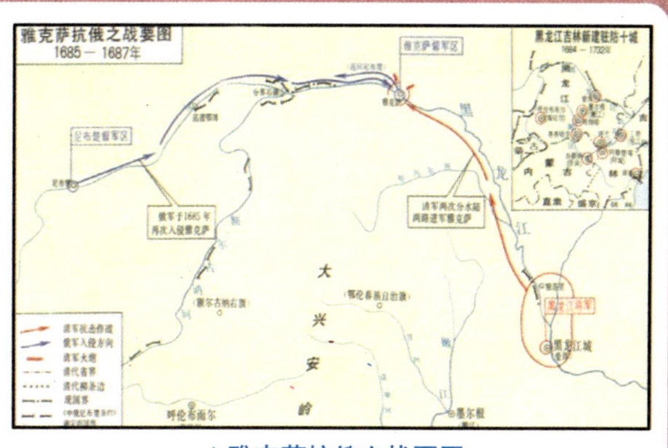

▲雅克萨抗俄之战要图

从16世纪后期沙皇伊凡雷帝时开始，沙俄开始对西伯利亚和远东的殖民过程。1636年俄国人到达鄂霍次克海，征服了西伯利亚全境,这个地区成为了俄国人的殖民地。顺治九年(1652年),俄国人东入黑龙江,“驻防宁古塔(今黑龙江省海林县)章京海色率所部击之,战于乌扎拉村”。顺治十四年(1657年),沙俄派正规军在尼布楚河与石勒喀河合流处建立了雅克萨城与尼布楚城。之后中俄之间发生多次外交和军事上的冲突。康熙二十四年(1685年),清康熙帝在平定“三藩之乱”后,派将军彭春5月22日从瑷珲起兵五千人,5月25日攻入雅克萨。之后清军撤军而俄军卷土重来。康熙二十五年(1686年)康熙帝令将军萨布素等,率所部2000人,攻取雅克萨城。经过两个多月的攻城和围困,俄军损失惨重。9月底,困守雅克萨的俄军只有坐以待毙。康熙帝为了彻底解决沙俄侵略黑龙江流域的问题,以求得边界上稳定的和平,多次写信给沙皇,谴责俄国对中国的侵略,建议他撤回侵略军,派使议界。康熙二十五年(1686年)9月,清政府又委托从北京回国的荷兰使臣宾显巴志带信给俄国沙皇，建议两国休兵,举行谈判,共同议定边界。

公元1705年～公元1805年
清朝禁天主教

▲罗马教皇克雷孟十一世像

康熙四十三年(1704年)11月20日教皇克雷孟十一世发布禁令，禁止中国天主教徒遵守中国传统的习俗,禁止“敬孔”、“祭祖”。此前两年(康熙四十一年,1702年)教皇已派铎罗为使者来华,并于康熙四十四年(1705年)12月4日抵达北京。铎罗要求康熙皇帝令天主教徒遵守教皇“禁约”停止祭祖礼孔。康熙断然拒绝,并宣布“自今以后,若不遵利玛窦的规矩,断不准在中国住,必逐回去”。他还把铎罗押解到澳门,囚死狱中。康熙四十五年(1706年)12月,康熙发出上谕，凡传教士愿照清政府规定安分传教者可领传教印票，继续在华进行宗教活动，否则，一律驱逐出境。罗马教廷于康熙五十九年(1720年)再次派使节嘉乐到北京重申其禁约。康熙再次拒绝，并下令全面禁教。雍正认为天主教禁止满族的萨满仪礼，如禁止祭祀满人的天，是图谋不轨，甚至公开批评和憎恨康熙任用西人、任其在各地建立教堂，说有损圣誉。他继位后，实行了严厉的禁教政策。乾隆即位后，虽准许传教士供奉朝廷，但对传教活动严加取缔，并于乾隆二十二年(1757年)实行了闭关政策，严查各海口，禁止自由通行，杜绝“奸人”。嘉庆皇帝亦坚持实行禁教政策，于1805年5月制定、批准了取缔天主教章程十条，严谕官员禁教。在这个过程中，使前后472位传教士在华190余年传教活动史，且已有数十万信徒的耶稣会，就此中止了活动，受到了重创。

▲北京天主教南堂，始建于明朝，清朝时进行了多次修建。

公元1743年　设澳门海防军民同知

自从16世纪中期葡萄牙人租居后，澳门日益发展成国际贸易大港，令西班牙、荷兰和英国等西方国家十分羡慕，他们一次又一次侵夺澳门，但均未成功。清代前期，澳门仍为葡萄牙人所租居，但清政府加强了对澳门的管辖，雍正九年(1731年)添设香山县丞一员，移驻前山寨，专职稽查澳门地方，并在澳门妈祖阁专门设置稽查口，稽查驶抵内港的粤闽两省寄泊船只；在南湾设南湾稽查口，专门稽查乘坐小艇登岸的外国人。乾隆八年(1743年)，清廷在前山寨设澳门海防军民同知，原香山县丞衙门移至望厦村，隶属同知。直到道光二十九年(1839年)，葡澳当局利用鸦片战争后中国政府的虚弱，才强行驱逐中国官员、封闭中国海关，拒绝向中国政府缴纳租金，宣布澳门为自由港。从此，澳门进入殖民时期。

▲清·“神威无敌大将军”炮

西方殖民者的侵略活动

十八世纪末、十九世纪初，西方国家的资本主义得到迅速发展，在世界各地进行殖民掠夺，继西班牙、葡萄牙、荷兰之后，英国、法国、美国也把侵略的魔爪伸向了中国。英国是当时最发达的资本主义国家，崇祯十年(1637 年)英国商船第一次来到广州海面。十七世纪中叶，英国完成了资产阶级革命；十八世纪末，又开始了工业革命，大机器生产代替了手工劳动；十九世纪初，英国的资本主义工业迅速发展起来。为了掠夺更多的原料和开辟市场，他们加紧了对中国的贸易和侵略活动。清初，英国商船更加频繁地往来于中国的广州、宁波、舟山等口岸，进行掠夺性贸易。法国在十八世纪完成资产阶级革命后，工业迅速发展，也积极向外寻找商品市场和扩大殖民地，其侵略魔爪也很快伸到中国，康熙三十七年(1698 年)法国第一艘商船来到中国广州。1776 年美国独立后，其资本主义经济也迅速发展，特别是纺织业发展更快，继英法之后，美国也很快对外进行经济掠夺，乾隆四十九年(1784 年)，美国商船“中国皇后号”首次来到中国，随后美国商船来华者逐年增加。

▲“中国皇后号”停泊在黄埔的情景

公元 1757 年 限制对外贸易

英、法、美等资本主义国家，企图通过通商的方式侵入中国市场，进行经济掠夺，但当时的中国是自然经济占主导地位的国家，并不需要大量进口外国商品。清政府从国家安全考虑，乾隆二十二年(1757 年)后，又再次采取

▶广州十三行同文街

闭关政策，规定：封闭沿海各通商口岸，只留广州一地对外通商；华商不准出海，外商对华贸易也要通过政府特许的十三洋行商人统一办理；外国商人不能随便出入广州，不能随意役使中国人；出口货物的种类和数量也按规定进行，禁止五谷、金银、铜、铁器等出口。清政府对外贸易的各种限制政策，对于防御和限制殖民主义者对中国的侵略活动，起了一定的积极作用。

清代前期华侨的发展

▲南明永历帝朱由榔殉国碑

清兵南下后，南明政权南逃，桂王朱由榔入缅，他虽被缅人俘送清廷，但其遗族不忘桂王，自称桂家。后缅甸北部及泰国西北部之华侨，多为桂家。台湾被清朝统一后，郑氏军民多有乘船至小吕宋转至爪哇、马六甲各处。随着清朝统治的稳定、社会经济的恢复和发展，中国与周边国家商业往来增多。特别是清开禁后，边民和沿海居民出境贸易渐盛。据估计，清前期东南亚地区的华侨总数在百万人以上。这一时期也是华侨重要的创业时期。由于广大华侨辛勤劳动，在侨居国开发资源，经营有方，有的取得了很大成功。与此同时，世界许多地方形成了华人社区，菲律宾的吕宋、苏门答腊的旧港、爪哇的下港和巴城、越南的广南和东京、日本的长崎……都有华人区。这些华人社区中保存着中华民族的传统文化和生活方式，有的还有华侨学校，有的建造各种神庙和妈祖庙。他们多操闽粤方言，建立同乡会，互相帮助。但是，清前期正是西方殖民者向东扩展时期，南洋各国、印度半岛先后沦为西方资本主义国家的殖民地。西方殖民者为了掠夺这些国家的资源亟需劳动力，因此掠卖华人成了西方海盗牟利的重要手段。他们“一辫相连，接成一串，牵往囚室”，烙上符号，像买卖黑奴一样，运往古巴、秘鲁、檀香山、南非等地，成为华侨史上最悲惨的一页。

▲潮州红头船（乾隆年间，准许商民前往暹罗采购大米。潮州很快发展一支远洋帆船队。因船头油刷朱红色，所以俗称“红头船”。）

清·吴历·炎风伏雨图

文学艺术

清朝康、雍、乾、嘉时期是我国漫长而曲折的封建社会道路上的一个繁荣阶段。科举考试制度以试帖诗和八股文取士，扼制了诗文创作的生机。清朝的诗文创作远不能与唐宋时代相比，但也陆续出现一些新流派，形成自己的独立风格。绘画与书法是当时颇为发达的部门，流派林立，名家辈出，呈现出空前的繁荣。书风画法多有创新，留下了丰富的艺术遗产。作为这一时期的文学特征来说，就是对整个封建社会文学的发展在一定程度上含有总结的性质，特别是在文学艺术方面反映更为突出，其中最为著名的小说是蒲松龄的《聊斋志异》、吴敬梓的《儒林外史》和曹雪芹的《红楼梦》，这是清代文坛上的“三颗明珠”。在元代戏曲繁荣的基础上，清朝传奇普及于南北各地，剧本创作不断出现传世的名篇，如洪升的《长生殿》和孔尚任的《桃花扇》。地方声腔各有特色，形成众多的剧种，百花竞艳，并且日益成为居民文化生活中不可缺少的艺术享受。

◀纳兰性德像

清朝的诗文

清初文风开始由现实主义转向形式主义，代表人物有：钱谦益、吴伟业、王士祯、朱彝尊和纳兰性德。钱谦益是原明礼部尚书，后降清，不得意。其作品久负盛名，为当时文坛领袖，其诗多发牢骚，晚年诗亦有怀念故国之情。吴伟业，明末参加复社，后亦降清。其诗多咏明清之际之事，艺术成就较高，如《临江参军》、《琵琶行》等。王士祯是继钱谦益之后的文坛领袖，论诗主张“神韵说”。其诗多写景物，脱离现实生活，但艺术成就较高。朱彝尊，当时的大词

▲钱谦益像　▲方苞像　▲姚鼐像

家，其词多在字句声律上下功夫，清新流畅。纳兰性德，贵族公子，工词，其词多写离别相思及个人愁哀，直抒胸臆，自然流畅，曾多次出使塞外，故其词亦有苍凉沉浑之音。

清中叶的诗文，更加走向形式主义和复古主义，沈德潜的“格调说”在文坛影响尤大。他主张写诗须“温柔敦厚”，“归于中正和平”，就是说，不能揭露和批判现实，不能和统治者发生冲突，不能情绪激昂，实际上就是主张抛弃诗文的思想内容，因而不免流于空疏浅薄。清中叶的“桐城派”及一些骈文作家颇具影响，所谓“桐城派”，因其主要作家方苞、姚鼐等均为安徽桐城人而得名。“桐城派”主张“义法”，即写文章首先必须确定文章的中心思想和一套写作方法。其文章一般简洁平淡，缺乏生气，但亦有一些较好的作品，如方苞的《狱中杂记》、《左忠毅公逸事》和姚鼐的《登泰山记》。

清朝的诗文，作家众多，流派众多，作品丰富，但总的趋势都是日趋衰落，成就不如唐宋，这是与封建社会的文化专制主义对文学创作的束缚紧密相关的。

◀清·高翔·弹指阁图轴（局部）

清朝的绘画

清代在绘画方面成就也很大。清初画坛分为“扬州八怪”（汪士慎、郑燮、高翔、金农、李鱓、黄慎、李方膺、罗聘），其作品独抒个性，一扫“四王”的庸俗，使人耳目为之一新。清代宫廷中有一批西方传教士画家，他们以中国画的工具，综合中西不同表达方式，塑造出一批优秀作品，其中以意大利郎世宁最著名。

▶郎世宁·嵩献英芝图

▲清·黄慎·渔翁渔妇图轴

◀清·恽寿平·花鸟图

扬州八怪

▲扬州八怪纪念馆雕像

清代中叶，在商贾云集、思想活跃的扬州，聚集一个以卖画为生的重要文人画家群体，人称“扬州八怪”，也称扬州画派。他们的书画创作皆流露出强烈的个性，标新立异，与当时的社会时尚相悖。为人大多不趋炎附势，孤傲耿介，和当时流行画坛的尚古模拟之风有所不同，被时人目为“偏师”，扬州人视他们奇奇怪怪，按方言“八

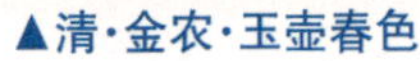
▲清·金农·玉壶春色

▲清·郑燮·墨竹

怪”称之。主要画家有汪士慎、郑燮、高翔、金农、李鱓、黄慎、李方膺、罗聘等。“扬州八怪”有相近的生活体验和思想情感。他们大多出身于知识阶层，有的终生不仕，有的经过科举从政，一度出任小官，却又先后被黜或辞职，终以卖画为生。他们生活比较清苦，深知官场的腐败，形成了蔑视权贵、行为狂放的性格，借助书画抒发内心的愤懑。他们的艺术大都取材花鸟，以写意为主要表现方式。他们在创作中重视个性，力求创新，不同程度地突破传统美学规范，带有某些反传统的意义，作品具有较强的主观色彩，令人耳目一新。但在当时，他们并不能够被完全理解，甚至被视为左道旁门，而受到“非议”。其实，正是他们开创了画坛上新的局面，为花鸟画的发展拓宽了道路。“八怪”之中，金农的水墨梅、竹、人物、山水，郑燮的兰、竹，汪士慎和李方膺的墨梅，李鱓的写意花卉，黄慎和罗聘的人物等成就最为突出。

蒲松龄和《聊斋志异》

《聊斋志异》是中国古典文学中一部非常有特色的作品，它是以传统文言写成的短篇小说集，共分十二卷，五百多篇小说故事。在这本谈狐说鬼的小说集中，作者用孤愤的心情和讽刺的笔法，尖锐地揭露和抨击了满汉官僚大地主的凶横残暴，内容涉及政治、经济、科举、婚姻等各个方面，具有很高的思想和艺术价值，也是对中国文化产生深

▲蒲松龄像

远影响的文学名著之一。作者蒲松龄(1640~1715年),字留仙,山东淄川人,生活在民族矛盾和阶级矛盾空前尖锐的明末清初。他出身小地主小商人家庭,在科举场中很不得意,满腹实学,屡不中举,到了71岁,才考得了贡生。蒲松龄一生怀才不遇,穷困潦倒。坎坷的遭遇和长期艰辛的生活使他加深了对当时政治的黑暗、科举制度的腐朽以及社会弊端的认识和了解,为文学创作奠定了基础。其毕一生精力完成《聊斋志异》十六卷,四百三十一篇。内容丰富多彩,故事多采自民间传说和野史轶闻,将花妖狐魅和幽冥世界的事物人格化、社会化,充分表达了作者的爱憎感情和美好的理想。作品继承和发展了我国文学中志怪传奇文学的优秀传统和表现手法,情节幻异曲折,跌宕多变,文笔简练,是我国古代文言短篇小说中成就最高的作品集。鲁迅先生在《中国小说史略》中说此书是“专集之最有名者”,郭沫若先生为蒲氏故居题联,赞蒲氏著作“写鬼写妖高人一等,刺贪刺虐入骨三分”。

吴敬梓和《儒林外史》

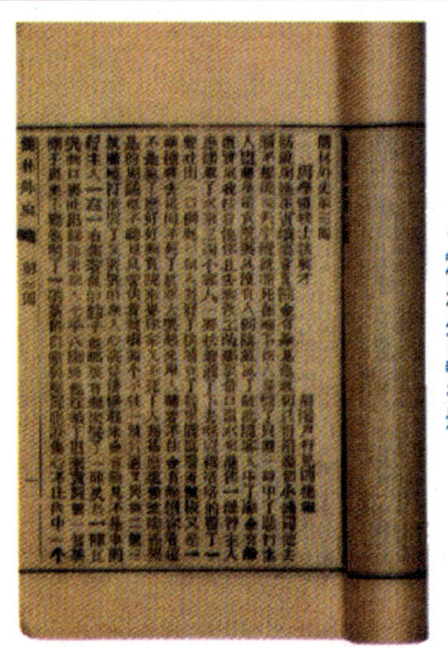
◀《儒林外史》书影

吴敬梓(1701~1754年),字敏轩,安徽全椒人。他出身于仕宦名门,小时候受到良好教育,对文学创作表现出特别的天赋。及至成年,因为随父亲到各处做官而有机会获得包括官场内幕的大量见识。吴敬梓22岁时,父亲去逝,家族内部因为财产和权力而展开了激烈的争斗。经历了这场变故,吴敬梓既无心做官,对虚伪的人际关系又深感厌恶,无意进取功名。安徽巡抚推荐他应博学鸿词考试,他竟装病不去。他不善持家,遇贫即施,家产卖尽,直至1754年53岁去逝时,一直过着清贫的生活。吴敬梓一生创作了大量的诗歌、散文和史学研究著作,他的长篇讽刺小说《儒林外史》确立了他在中国文学史上的杰出地位。这部小说大约用了他近20年时间,直到49岁时才完成。《儒林外史》根据切身体验，从多方面揭露士大夫的丑恶面貌，对封建社会，尤其是科举制度进行了无情的揭露与抨击，成为我国古典讽刺小说中的杰出作品。《儒林外史》不仅直接影响了近代谴责小说，而且对现代讽刺文学也有深刻的启发。有的外国学者认为：这是一部讽刺迂腐与卖弄的作品，然而却可称为世界上一部最不引经据典、最饶诗意的散文叙述体之典范。他晚年曾用心于经学，认为这是“人生立命处”，著《诗说》等。

◀吴敬梓雕像

洪升和《长生殿》

《长生殿》是一部描写爱情悲剧的著作，全剧共五十折，讲述的是中国历史上唐朝皇帝李隆基和贵妃杨玉环之间的爱情故事。这是一个由史实演绎而成、历代相传的传奇故事，作者洪升继承了前人的成就，用人间天上、现实与幻景交错的戏曲艺术手法，将这对帝妃之间“在天愿为比翼鸟，在地愿为连理枝”的生死恋情描绘得出神入化，凄婉动人。作品同时还反映了当时朝廷内外复杂的矛盾斗争，勾勒出悲欢离合家国兴衰的历史风貌，成为这类题材中成就最高、影响最大的戏曲作品。剧作一经问世，当即产生了巨大的社会反响，成为剧坛竞相传抄和演出的剧目。

▲《长生殿》剧照

作者洪升(1645~1704 年)，字昉思，号稗畦，清钱塘(今杭州)人。出身名门望族，家多藏书，号称学海，自幼好学，能诗文，颇有名声。24 岁时离杭赴京，为国子监生，受业于王士祯，得诗法于施闰章，尤其喜欢赵执信的诗，两人结为挚友。由于家道中落，生活贫困，常至断炊。所作传奇《长生殿》，与孔尚任的《桃花扇》齐名，并称“南洪北孔”。康熙二十八年(1689 年)演出此剧，触犯禁忌，被革去国子监生籍。次年携家返居杭州，后在孤山筑稗畦草堂以居，往来江宁、松江等地，为上演《长生殿》而奔走，并与尤侗、朱彝尊、王廷谟等名士交游。康熙四十三年(1704 年)，应江南提督张云翼的聘请去松江，回归途中在乌镇酒后登舟堕水而死。洪升一生贫困潦倒。他的诗词在当时颇负盛名，有“为诗高超闲淡，不落凡境；论诗引绳切墨，不顺时趋”之誉。著有诗文集《稗畦集》、《稗畦续集》、《啸月楼集》等。还有《回文锦》、《回龙院》、《闹高唐》、《孝节坊》等剧，惜已不存。杂剧尚存《四婵娟》一种。

孔尚任和《桃花扇》

◀孔尚任像

孔尚任(1648~1718 年)，字聘之，又字季重，号东塘，自称云亭山人，山东曲阜人，孔子六十四代孙。他三十七岁前，在家过着养亲、读书的生活。他接触了一些南明遗民，了解到许多南明王朝兴亡的第一手史料和李香君的轶事，对写一部反映南明兴亡的历史剧萌发浓厚兴趣，开始了《桃花扇》的构思和试笔，但“仅画其轮廓，实未饰其藻采也”。康熙二十三年(1684 年)康熙南巡北归，特至曲阜祭孔，三十七岁的孔尚任在御前讲经，颇得康熙的赏识，破格授为国子博士，赴京就任。三十九岁，奉命赴江南治水，历时四载。这个时期，他积极收集素材，丰富创作《桃花扇》的构思。康熙二十九年(1690 年)，奉调回京，历任国子监博士、户部主事、广东司外郎。经过毕生努力，三易其稿，康熙三十八年(1699 年)，五十二岁的孔尚任终于写成了《桃花扇》。孔尚任在《桃花扇》中，“借离合之情，写兴亡之感。”《桃花扇》以侯方域、李香君的爱情故事为线索，再现南明兴亡始末，用儿女之情衬托国破家亡之痛，集中地反映了明末腐朽动荡的社会现实及统治阶级内部的矛盾和斗争。《桃花扇》在艺术上有着很高的造诣。文学史上有不少传奇通过男女主角的悲欢离合，串演一代兴亡的历史故事，但《桃花扇》的出现，却使这类创作达到新的艺术高度。剧中人物的构思与描写颇具匠心，剧中词曲清婉流畅，感情色彩极为浓重。《桃花扇》共四十出，分上下两卷，是一部忠于史实的优秀历史剧。《桃花扇》问世后，一时洛阳纸贵，不仅在北京频繁演出，“岁无虚日”，而且流传到偏远的地方，连“万山中，阻绝入境”的楚地容美

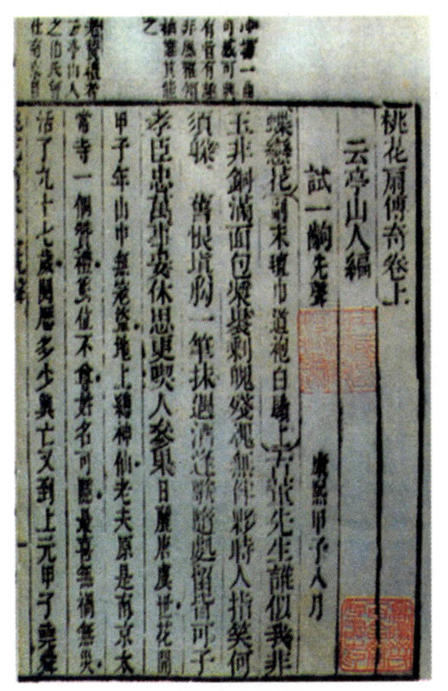
桃花扇傳奇卷上
云亭山人編
試一齣 先聲 康熙甲子八月
蝶戀花 古董先生誰似我非
玉非銅滿面包漿裹剩魄殘魂無伴夥時人指笑何
須躲 舊恨填胸一筆抹遇酒逢歌隨處留皆可子
孝臣忠萬事妥休思更喫人參果 日麗唐虞世花開
甲子年山中無寇盜地上總神仙老夫原是南京太
常寺一個贊禮爵位不尊姓名可隱最喜無禍無災
活了九十七歲閱歷多少興亡又到上元甲子

▲《桃花扇》书影

（今湖北鹤峰县），也有演出。次年三月，孔尚任被免职，“命薄忍遭文字憎，缄口金人受诽谤”，从这些诗句看，他这次罢官很可能是因创作《桃花扇》得祸。罢官后，孔尚任在京赋闲两年多，接着回乡隐居。康熙五十七年（1718年）这位享有盛誉的一代戏曲家，就在曲阜石门家中与世长辞了，年七十岁。他的作品，还有和顾采合著的《小忽雷》传奇及诗文集《湖海集》、《岸堂文集》、《长留集》等，均传世。

李渔

李渔（1611~1680年），原名仙侣，号天征，后改名渔，字笠翁，一字笠鸿、谪凡。李渔祖籍在浙江兰溪下李村，生于雉皋（今江苏如皋）。李渔是清代前期重要的剧作家和戏剧理论家，剧作有《笠翁传奇十种》，戏剧理论主要见于收入《笠翁一家言》的《闲情偶寄》。中国戏剧发展到清初，经历了元杂剧和明传奇两次高潮，积累了许多经验，也有不少人从理论上加以探讨和总结。李渔以自己多年写剧和率家庭戏班从事实际演出的经验为基础，参照前人的成果，提出了这一种性质的总结。《闲情偶寄》内容博杂，是李渔自己非常看重的一部书，书中反映出他的文艺素养和生活趣味。其中关于戏曲创作的《词曲部》分为“结构”、“词采”、“音律”、“宾白”、“科诨”、“格局”六章，最精采的是前面两章。《笠翁传奇十种》剧目为《奈何天》、《比目鱼》、《蜃中楼》、《怜香伴》、《风筝误》、《慎鸾交》、《凰求凤》、《巧团圆》、《玉搔头》、《意中缘》。李渔宣称自己写剧是出于“点缀太平”、“规正风俗”、“警惕人心”等用意，剧中也每有彰显风化的话头，但这主要是为了顺应社会统治力量的要求，掩饰剧中不合正统道德的内容。李渔的戏剧虽有情趣较为低俗、缺乏理想光彩的缺陷，却也善于描绘常人的生活欲望，在离奇的情节中表现出真实的生活气氛，剧本的写作更富于才情和机智。由于这些剧作有良好演出效果，过去流传甚广，并在各种地方戏曲中被改编演出。在西方，较早就有翻译和介绍，可见其影响之广泛。

▲李渔塑像

▲李渔故里

▶清京剧工尺谱手抄本

清朝的戏曲

清朝戏曲的最大特点是地方戏品种繁多和京剧的产生。昆剧在明隆庆、万历年间颇为鼎盛，入清后发生了若干变化，由于当时政府的禁令，昆剧的家庭戏班走向衰落，而戏馆即职业戏班得到蓬勃发展。北京、苏州、扬州、广州等地盛况空前，如苏州太湖滨的社戏，演唱最为认真，自晨及暮，必演三四十出之多。四方驰名，观者不计其数，填港塞路，热闹已极。其他戏种，如秦腔、山西梆子、湘剧、赣剧、柳子戏、豫剧、徽剧、粤剧、川剧、滇剧等多达数十种，与昆剧争胜。如乾隆年间，到广州演出的就有昆剧、徽剧、湘剧、赣剧、豫剧等。这些戏剧文词通俗，曲词清新，形式活泼，富有地方色彩和生活气息，深受广大市民阶层欢迎。乾、嘉时，三庆、四喜、春台、和春等四个著名徽班先后进入北京演出，道光年间汉剧又传到北京，这两种戏曲在互相交流中逐渐融合，形成以徽剧二黄和汉剧西皮为主要腔调，再吸收昆腔、秦腔等曲调的新剧种——京剧，深受各阶层欢迎，这是中国戏曲史上的一件大事。

《红楼梦》

▲《红楼梦》剧照

《红楼梦》，原名《石头记》，基本定稿 80 回，曾以手抄本流传。乾隆五十六年(1791 年)，程伟元、高鹗第一次以活字版印刷出版，全书 120 回，书名改为《红楼梦》。全书写贾宝玉、林黛玉、薛宝钗之间的爱情婚姻悲剧，从中表现了贾、王、史、薛四大家族的兴衰，揭示了封建社会末期渐趋崩溃的社会真实内幕，反映了那个时代对个性解放和人权平等的要求以及初步的民主主义精神。《红楼梦》运用现实主义创作手法，自然、逼真地叙述和描写了丰富的现实社会生活，塑造了一大批典型人物。作者善于在日常生活矛盾中根据人物身份地位刻画人物，又善于以艺术氛围烘托人物内心情绪。他笔下的人物，如多情而又富有叛逆精神的贾宝玉，孤芳自赏、多愁善感的林黛玉，贤淑善良又巧于迎合的薛宝钗，泼辣、狠毒的王熙凤，逆来顺受的尤二姐，刚烈不屈的尤三姐等无一不是栩栩如生。在事件和人物的刻画上，作者采用对比的方法，将美与丑、虚与实、统治与被统治的描写相互补充，创造出一个含蓄深沉、博大精深的艺术世界。《红楼梦》语言简洁纯净，准确传神而多彩，达到炉火纯青的境界。书中诗词歌赋的运用，对人物塑造、情节展开起了很好的作用。《红楼梦》的光辉成就达到中国古典小说的顶峰，对后世家庭社会小说有极大影响。人们不但欣赏它的高超的艺术成就，而且还从那里了解到我国封建社会快要没落的历史和社会状况。直到现在，从国内到世界各国，都有许多学者研究、考证这部伟大著作，人们把这门学问称做“红学”。

曹雪芹

曹雪芹(约1715~1763年)，名霑，字梦阮，出身贵族世家，经历了一个封建富豪家庭盛极而衰的过程。少年时代的豪华生活，使他熟悉了贵族大家庭和封建统治阶级的种种人情和世态。晚年的贫困潦倒，使他能够更清醒地、深刻地观察生活，看清剥削阶级的腐朽和罪恶。有了这样一个认识生活、理解生活的基础，再加上他的进步的思想意识，良好的艺术修养，认真的创作态度，正确的创作方法，才使他有可能创作出《红楼梦》这部公认为中国古典小说创作高峰的杰作。

◀曹雪芹像

《全唐诗》

《全唐诗》是康熙时期，彭定求、沈三曾、杨中讷、潘从律、汪士鋐、徐树本、车鼎晋、汪绎、查嗣瑮、俞梅等10人奉敕编纂的，于康熙四十四年(1705年)三月始编，次年十月成书；由曹寅负责刊刻事宜。全书共900卷；以明朝胡震亨《唐音统签》、清朝初年季震宜《唐诗》两书为底本增订而成；共收诗48900余首，作者2200余人。诗人均按时代先后排列，后附唐五代词。《全唐诗》是一座规模宏大的宝藏，代表和记录着唐代两百余年异彩纷呈的历史、经济、文化、宗教等，吸引着古今中外无数读书者吟诵、钻研探讨。特别是它以“紧凑到了最高限度的文字”描绘出一幅幅亦诗亦画，雄浑细腻的多彩画面，多少名句浑然天成、玄妙精微，使得后人对相同的事物扼腕叹息，“不敢复题”。

科学技术

清代统一多民族国家的发展，便利了各族人民相互间科学技术的交流。生产的发展向科学技术的发展提出了迫切的要求，并为之提供了坚实的基础。因此，清代的科学技术，与以前相比，有所前进。科学家们总结了劳动人民的实践经验，并通过自己的刻苦研究，写出了许多有名的著作。这主要表现在农学、天文学、数学、地图学以及医药学等方面。在天文历算方面有王锡阐、梅文鼎、梅瑴成、明安图等人的著述。农学与水利学方面有鄂尔泰等人编修的农书《授时通考》、张履祥编《补农书》和水利学著作陈潢的《河防述言》。医学方面的进展仍局限在传统中医学的范畴，其中以王清任著《医林改错》较多新意。此外，在园林建筑艺术方面，在世界上也享有盛名。如圆明园是当时世界上最伟大的园林建筑之一，对世界各国园林事业的发展具有巨大而深刻的影响，可惜在1860年被英、法侵略军所焚毁。另外还有热河承德的避暑山庄和外八庙、西藏拉萨的布达拉宫和北京的雍和宫等，在世界建筑史上都享有盛名。

天文、数学

中国传统的天文学，到元代郭守敬编制《授时历》时，已取得了很大进展。与此同时，回回历法传入中国，元明两代曾设回回司天监在中国推行。明清之际，西方历法传入中国，最终排除回回历法。吴江人王锡阐吸取西方历法的优点，著有《晓庵新法》、《五星行度解》等十几种天文学方面的著作。他首创了日月食的初亏和复圆方位

▲建于康熙年间的黄道经纬仪

▲《割圆密率捷法》书影

角的计算方法；他用的讨论昼夜长短，月亮、行星的视直径等方法，有许多和现在球面天文学中的方法完全一样；他所创造的金星凌日的计算方法，更达到了十分精确的程度。梅文鼎也是清代著名的历算家。他从事天文历算研究 60 余年，著专书 80 余种。他参考了 70 多种古代文献，编成《古今历法通考》，为我国第一部历算学史。他研究历算兼用中国的传统方法和外国传入的方法，取长补短。康熙帝对天文历算很重视，曾接见过梅文鼎。他自己对历算也很有兴趣，曾向西方传教士学习数学，并将西方的“借根方”（即代数）教给梅文鼎的孙子。蒙古族人明安图在钦天监任职 30 余年，负责推算天体运动和编制历书。他结合自己的工作，著有《割圆密率捷法》。割圆是分割圆周为若干相等的弧段，用割圆的办法求出圆周率的近似值，叫做密率。他的割圆方法是把我们古代二等分弧与西方三等分弧统一起来，能够把圆周分成尽量多的弧段，使弧长与弦的长度尽量接近，因而求出圆周率的近似值更接近于实际。明安图是有成就的数学家，他的成绩表明我国各族人民都有着高度智慧，并对人类历史做出了可贵的贡献。

张履祥著《补农书》

明末浙江湖州沈某作《农书》，桐乡张履祥（1611~1674 年）为它作了补充，因此叫《补农书》。张履祥总结了南方农业生产（主要是水稻和蚕桑生产）经验，尤其是土壤、季节、肥料、选种、培植、田间管理等方面的经验。对水稻增产提出关键在于抓春季这一季节，要做到深耕通晒，施足基肥，多备稻秧，合理密植等项。张履祥注意生产计划性，做到心中有数，农、桑、副业相结合，对人力、物力支配要有计划。张履祥站在地主立场上研究农村生产关系，提出要以小恩小惠对待雇工、佃户，不要因饮食恶劣，使雇工在生产上怠工，造成“灶边荒了田地”的对地主不利的后果。张履祥的这些思想，提供了研究清初农村生产关系的资料。

▲张履祥像

《授时通考》

▲《授时通考》中的圩田工程示意图

乾隆二年(1737年)高宗敕命大学士鄂尔泰、张廷玉等40余人纂修《钦定授时通考》，此为清朝第一部大型官修综合性农书。本书汇辑前人关于农业方面的著述，搜集古代经、史、子、集中有关农事的记载达427种之多，并配插图512幅。共分8门：一为“天时”，论述农家四季活计；二为“土宜”，讲辨方、物土、田制、水利等内容；三为“谷种”，记载各种农作物的性质；四为“功作”，记述从垦耕到收藏各生产环节所需工具和操作方法；五为“劝课”，是有关历朝重农的政令；六为“蓄聚”，论述备荒的各种制度；七为“农余”，记述大田以外的蔬菜、果木、畜牧等种种副业；八为“蚕桑”，记载养蚕缫丝等各项事宜。全书结构严谨，征引周详，涉及范围之广、内容之丰富前所未见，堪称是一部古代农学的百科全书。此书不但对清代农林牧副渔各业生产的发展起到了指导和促进作用，且对国内外农业生产和农业科学的研究都具有深远的影响。

陈潢

陈潢(1637~1688年)，字天一，号省斋，秀水(今嘉兴)人。自幼不喜八股文章，年轻时攻读农田水利书籍，并到宁夏、河套等地实地考察，精研治理黄河之学。康熙十六年(1677年)以后，他协助当时任河道总督的靳辅治理黄河。在治黄理论上，陈潢有独到深刻的见解。他对“河性”进行了深入分析，指出水性就是水往低处流，绕开有阻挡的地方，走平坦或少阻挡的地方。河水上涨，汇集而不能排泄，则咆哮激荡，把河水分流，则没有风浪而平静了。河水流得快就会挟带泥沙，滔滔洪水能毁山决陵，构筑堤坝就可以控制它。所以只要掌握水的性情，或疏、或蓄、或束、或泄、或分、或合，处置得法，就可平安无事了。在治黄方法上，陈潢在前人治水经验的基础上，发明了“测水法”。陈潢的“测水法”相当于现在的测量流速流量的方法。他的这项发明科学地验证“筑堤束水，以水攻沙”这一治黄理论。从康熙十六年(1677年)到二十六年(1687年)约十多年当中，在靳辅任期内，治理黄河的工作主要由陈潢负责主持，进行了塞决堵漏、挑河筑堤、建闸造坝数以百计的大小工程，最后取得了“黄河安澜”、运道畅通、大片农田重新耕种的可喜局面。陈潢的主要著作《河防述言》和以靳辅名义编的《治河方略》，全面记述了他的治河经验，是我国古代治黄的重要论著。

医学

▲《医宗金鉴》书影

医学上有乾隆时官修的医书《医宗金鉴》九十卷，并且还征集了不少的新秘方和良方，同时，对《金匮要略》、《伤寒论》等医书作了许多考订工作，是一部介绍中医临床经验的重要著作。此外，还有王清任的《医林改错》和通过尸解研究而绘制成的《亲见改正脏腑图》二十五种，为我国解剖学的发展做出了有益的贡献，甚至有的至今仍广泛应用于中医临床。另外，特别值得一提的是明代后期中国医生首先发明用人痘接种预防天花的方法。在清初传入欧洲、俄国等地，比牛痘法早二百多年，是世界免疫学的开端。

地理测绘学

康熙时，为绘制地图，曾组织人力到很多省区进行测量。测量的范围，东北至黑龙江，北至蒙古，西北至陕甘，西南至云贵，南至两广，东至闽、浙、台湾和两江。

▲《皇舆全览图》局部

经过30多年的工作，至康熙五十五年(1716年)制成《皇舆全览图》，图幅包括全国的总图和各省的分图。乾隆时，又派明安图两次去新疆等地进行测量，绘制成《乾隆内府皇舆全图》。嘉庆二十五年(1820年)编撰成的《嘉庆重修一统志》的清代疆域图，即是在康熙、乾隆两图基础上绘制的，是一部内容详尽，学术价值较高的地理学著作。

园林建筑

明清商品经济的发展，使私家园林一枝独秀，最杰出的代表有无锡寄畅园、海宁安澜园、上海豫园、南翔古猗园、嘉定秋霞圃、苏州拙政园、沧浪亭、留园、狮子林和扬州瘦

▲无锡寄畅园美景

▲圆明园大水法遗址

西湖等。清代的园林建筑在世界上是享有盛名的。如北京西郊的圆明园，周围广达30里，拥有150多座精美的宫殿、台阁、宝塔等建筑。从康熙时起大力营建，乾隆时基本完成，道光时又有所增修，前后经历150余年，耗费白银约2亿两。圆明园综合了国内许多名园的特色。如杭州西湖的曲院、海宁的安澜园、苏州的狮子林等等，都被一一仿建在园内。因此，它可以说是我国名园山水的一个缩影。圆明园还吸收西欧园林建筑的特色，建有"西洋楼"，安装有人工喷泉。国内建筑物上的雕刻、绘画，都是全国名工巧匠的艺术杰作。圆明国内还珍藏有历代文物和艺术珍品，可以说是清朝的皇宫博物院。这些都是我国劳动人民血汗和智慧的结晶。圆明园是当时世界上最伟大的园林建筑之一，它对世界各国园林事业有着巨大的影响。可是，这座世界名园却在咸丰十年(1860年)被英、法侵略军所焚毁，其中大批珍藏文物被抢劫一空。现在圆明园遗址留下的残石遗迹，都成了控诉帝国主义侵略者野蛮罪行的见证。

清漪园

在清朝初期，颐和园里的万寿山叫瓮山；昆明湖叫西湖。到了康熙年间，瓮山还是一座荒芜的山丘，山上有内务府上驷院的马厩。在当时，凡是犯了错误的官员和太监，都要先"发往瓮山铡草"一年，然后再行定罪。乾隆继位以前，在北京西郊一带，已建起了四座大型皇家园林，从海淀到香山这四座园林自成体系，相互间缺乏有机的联系，中间的"瓮山泊"成了一片空旷地带，乾隆决定在瓮山一带动用巨额银两兴建清漪园，以此为中心把两边的四个园子连成一体，形成了从现清华园到香山长达二十公里

▲现颐和园，原名清漪园。

的皇家园林区。乾隆十五年(1750年),为给乾隆生母崇庆皇太后庆贺60岁大寿兴建清漪园,至乾隆二十九年(1764年)工程全部完成,前后历时十五年,花费银子近四百五十万两,占地二百九十五公顷。园内共有建筑十三个大类,一百一十处楼台亭阁。它们分别是:宫殿两处,寺庙十六处,庭院建筑群十四处,小园林共十六处,单体点景建筑二十处,长廊两处,戏园一处,城关六处,村舍一处,街市两处,大型桥梁十一处,园门五处,辅助建筑五处。1860年英法联军火烧圆明园时,清漪园也被烧毁。

雍和宫

▲雍和宫——雍和门

雍和宫原是康熙帝为其四子胤禛修建的贝勒府。雍正三年(1725年),改王府为行宫,称雍和宫。雍正十三年(1735年),雍正“驾崩”,曾于此停放灵柩,因此,雍和宫主要殿堂原绿色琉璃瓦改为黄色琉璃瓦。又因乾隆帝诞生于此,雍和宫出了两位皇帝,成了“龙潜福地”,所以殿宇为黄瓦红墙,与紫禁城皇宫一样规格。乾隆九年(1744年),将其改为藏传佛教格鲁派寺庙,俗称喇嘛庙。可以说,雍和宫是全国“规格”最高的一座佛教寺院。

雍和宫是由三座精致的牌坊和雍和门、雍和宫大殿、永佑殿、法轮殿、万福殿、绥成殿六进宏伟大殿组成,另外还有东西配殿、“四学殿”(药师殿、数学殿、密宗殿、讲经殿)及三个文物陈列室。整个建筑布局完整、巍峨壮观,具有汉、满、藏、蒙民族特色。雍和门原为雍亲王府的大门,1744年改建在庙宇正门,为单檐歇山顶,三堂莲瓣型宫门。因内供“四大天王”,故又名“天王殿”。雍和宫殿在雍亲王府时代是胤禛会见文武大臣的地方,1744年宫改庙后,此殿相当于“大雄

▲雍和宫大殿

宝殿”。殿内面阔七间，为单檐歇山顶。永佑殿为雍亲王胤禛的正寝殿，又称外书房，是他休息读书之处。雍正去世其灵柩放在这里。公元1744年改建后，易名为“永佑殿”，为单檐歇山顶，面阔五间，四周饰以绿琉龟背锦裙墙。法轮殿是全寺最大的殿堂之一。为单檐歇山顶，主体面阔七间。1744年改建，此殿为雍和宫僧人举行佛事活动的场所。殿顶上五座天窗式的暗楼，有五座铜质镏金宝塔，体现了汉藏建筑艺术的交融。万福阁又名“大佛楼”，建于1750年，高25米。飞檐三重，左右各有一条悬空走廊与永康阁和延绥阁相通，属辽金时代风格的建筑形式。雍和宫中的“三绝”首推为万佛阁的檀香木雕弥勒像；二是法轮殿中檀香木罗汉山，500罗汉用金、银、铜、铁、锡五种金属制作，形态不一，各具神采；三是金丝楠木雕的佛龛。

清西陵

清西陵是清朝帝王两大陵寝之一，位于河北省易县城西15公里处的永宁山下，周界约100公里，面积达800余平方公里。这里北依峰峦叠翠的永宁山，南傍蜿蜒流淌的易水河，古木参天，景态雄伟。雍正八年(1730年)选此为陵址。雍正的陵址本来是选在清东陵九凤朝阳山，但他认为“规模虽大而形局未全，穴中之土又带砂石，实不可用”，因而将原址废掉，命另选“万年吉地”。选陵址者奏称，易县永宁山下是“乾坤聚秀之区，阴阳汇合之所，龙穴砂水，无美不收。形势理气，诸吉咸备”。雍正皇帝览奏后十分高兴，也认为这里“山脉水法，条理详明，洵为上吉之壤”。自此，清各代皇帝便间隔分葬于遵化和易县东、西两大陵墓。西陵自雍正八年(1730年)首建泰陵，至1915年光绪的崇陵建成，历经186年，共建有帝陵四座：泰陵、昌陵、慕陵、崇陵，后陵三座，妃陵三座，此外还有怀王陵、公主陵、阿哥陵、王爷陵等共14座，共葬有4个皇帝、9个皇后、56个妃嫔以及王公、公主等76人。建筑面积达5万多平方米，共有宫殿1000多间，石雕刻和石建筑100多座，构成了一个规模宏大、富丽堂皇的古建筑群。清西陵的古建筑群的形成正处于中国古建筑艺术的最鼎盛时期，集中体现了以木结构为主体的中国古建筑最高水准。特别是其大木结构、斗拱、石雕、木雕、完善的排水系统等，实为中国古建筑艺术的精美杰作。

▲易县清西陵

阎若璩故居
钱大昕墓

考据学、史学和图书整理

考据，作为治学的一个内容和方法，各代都存在。但乾嘉学派专门从事考据，把学术全部纳入考据的轨道，他们在考据和学问之间划一等号。所以在思想发展史上，他们建树不大，在学术研究方面，却有一定的造诣和贡献。由于清朝统治者大搞文字狱，尤其对明史研究限制极严，所以《明史》从第一次开馆至最后定稿刊刻，前后经过九十多年，是官修史书历时最长的一部。清代史学的一个特点是地方志和边疆史有了很大发展。方志不仅数量多、体例完善，而且形成为一门专门之学。另外，清代还完成了几部大型类书和丛书的编纂。《四库全书》是清朝乾隆年间，政府组织大批学者编纂的，由学者纪昀主持，此书是当时世界上最大的丛书。《古今图书集成》是清朝康熙时期由福建侯官人陈梦雷所编辑的大型类书，是现存规模最大、资料最丰富的类书。

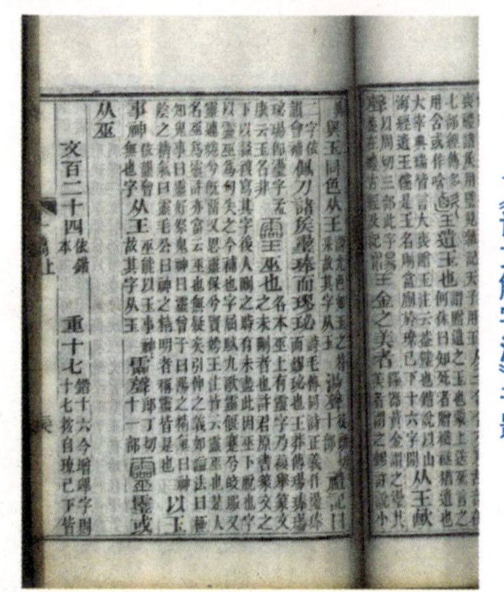
◀《说文解字注》书影

清代考据学

考据是一种治学方法。这种治学方法一方面是搜集、整理古代文化史料，一方面是对这些古代文化史料进行考证分析，以便去伪存真，说明史料的价值。这种治学方法到清代发展成一种学风，形成了考据学。清朝入关后，为了巩固以满州贵族为核心的封建专制统治而大兴文字狱，致使知识分子、文人学士“避席畏闻文字狱”，不敢议论时政、过问政治，而且噤若寒蝉、钳口不言，整个社会陷入“万马齐喑”的沉闷局面。除高压政策外，清政府还采用怀柔手段笼络、收买汉族知识分子。这些学者们为了免遭带来杀身之祸的文字狱便大搞训诂名物，专力从事三代秦汉文献的整理与考订。这样，整个学术界的考据之风大大兴盛起来。明末清初杰出的思想家、历史学家顾炎武就是考据学的开山之祖。他非常重视史学，认为史学的作用在于“引古筹今”、“鉴往训今”。这是“经世致用”理论在史学上的具体应用。他认为“读九经自考文始，考文自知音始”，这样他从研究小学开始来寻求训诂名物的真意，开创了朴实无华的考据学风。但是，从乾隆以后，考据学者逐渐抛弃了顾炎武开创的“经世致用”的考据学的精神实质，而一味地钻进故旧纸堆里进行章句的训诂、文义的诠释、名物的考据，使考据学走上远离社会现实、无涉国计民生、为考据而考据的轨道。这种考据学逐渐形成占压倒优势的正宗学派，名噪一时。清代很多学者为此付出了毕生的心血与精力，甚至做出了重大牺牲，他们的治学精神也是应予肯定的。但值得提出的是乾嘉时期的考据学从形式到内容都与顾炎武的考据学貌合神离了，它禁锢了人们的思想，束缚了科学的进步，阻碍了社会的发展。

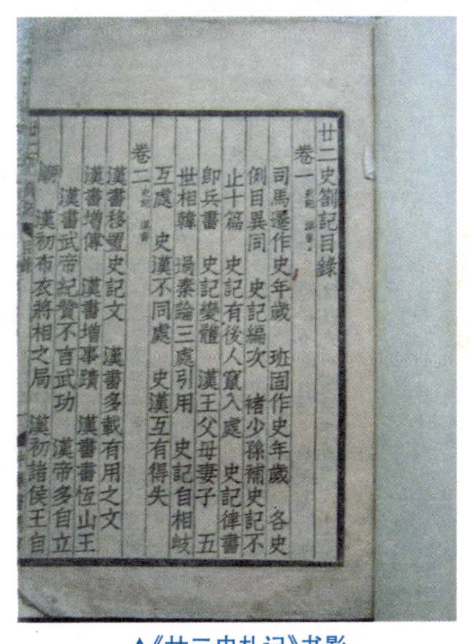

廿二史劄記目錄
卷一
司馬遷作史年歲　班固作史年歲　各史例目異同　史記編次　褚少孫補史記不止十篇　史記有後人竄入處　史記律書即兵書　史記變體　漢王父母妻子　五世相韓　過秦論三處引用　史記自相岐互處　史漢不同處　史漢互有得失
卷二
漢書移置史記文　漢書多載有用之文　漢書增傳　漢書增事蹟　漢書書恆山王　漢書武帝紀贊不言武功　漢帝多自立　漢初布衣將相之局　漢初諸侯王自

▲《廿二史札记》书影

乾嘉学派

◀钱大昕像

乾嘉学者的成绩主要在校注、辨伪和辑佚 3 个方面。校注方面，王先谦的《汉书补注》、《后汉书集解》，吴士鉴、刘承干的《晋书斠注》，都是很好的注本。辨伪方面，阎若璩成就最大，他花了 30 年的心血证明了 1000 多年来都奉为神圣经典的《古文尚书》是一部伪作，在当时引起了巨大的震动。辑佚方面，清代学者仅从《永乐大典》中就辑出佚书约 500 余种，从其他类书、史著、史注中也辑出不少的古佚书。乾嘉考据学主要分为吴、皖两大派。吴派以惠栋为首，比较保守，墨守陈规，认为“凡古必真，凡汉必好”，在当时有较大影响，王鸣盛、钱大昕等主要受吴派影响。皖派以戴震为首，比较富有创造性和求实精

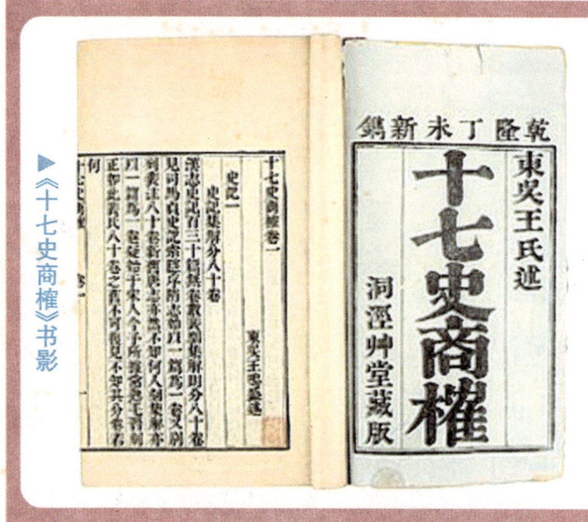

▶《十七史商榷》书影

神，认为汉儒训诂有师承，但有时也有些附会，主张“实事求是，不偏主一家”。戴震的代表作品是《孟子字义疏证》。他的学生段玉裁的《说文解字注》在文字学方面取得了巨大成就。王念孙的《广雅疏注》和《读书杂志》则是训诂、校勘方面的代表作。乾嘉考据学中史学考据的代表作是钱大昕的《廿二史考异》、王鸣盛的《十七史商榷》和赵冀的《廿二史札记》。

公元 1739 年　《明史》定稿

顺治二年（1645 年）设立明史馆，纂修明史，因国家初创，诸事丛杂，未能全面开展。康熙四年（1665 年），重开明史馆，因纂修《清世祖实录》而停止。康熙十八年（1679 年），以徐元文为监修，开始纂修明史。于乾隆四年（1739 年）最后定稿，进呈刊刻。从第一次开馆至最后定稿刊刻，前后经过九十多年，是官修史书历时最长的一部。在二十四史中，《明史》以编纂得体、材料翔实、叙事稳妥、行文简洁为史家所称道，是一部水平较高的史书。这反映出编者对史料的考订、史料的运用、对史事的贯通、对语言的驾驭能力都达到较高的水平。《明史》三百三十二卷，包括本纪二十四卷，志七十五卷，列传二百二十卷，表十三卷。它是一部纪传体明代史，记载了自朱元璋洪武元年（1368 年）至朱由检崇祯十七年（1644 年）二百多年的历史。《明史》体例多有不同于前代正史或其他史书者。建文、景泰两朝均列为本纪，不同于《明实录》的附录形式；《历志》中的图表，简便易明，为过去所未有；《艺文志》只记述明代著述，不同于前代正史中的《艺文志》；在表的部分，较前代诸史增加了《七卿表》；另专门立有《阉党》、《流贼》、《土司》等列传，突出记述了明代的主要社会问题，

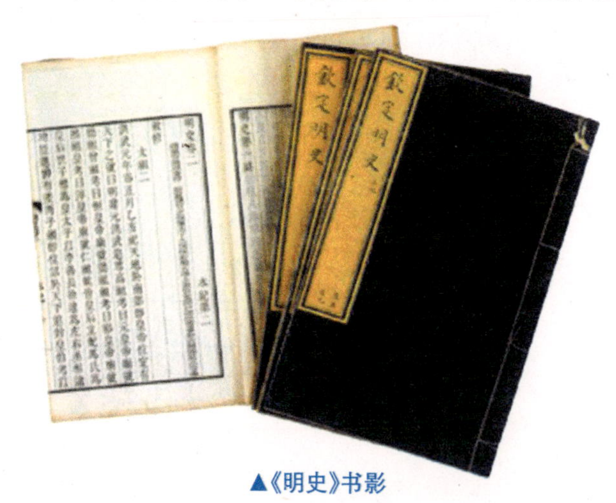

▲《明史》书影

为了解明代宦官、明末农民起义和明代民族关系，提供了比较集中、系统的材料。但《明史》的记事有些过于简略，如所记社会经济和南明史事，多有缺漏或不足；有关建州先世及其与明朝的关系，因碍于清朝文网密布，记载零星，语焉不详，且多失实之处；立传的人物也不够完备，且多回护之处。

▲《清实录》现存本

《清实录》

清代对修撰实录特别重视，专设实录馆，由亲信大臣主持修撰，并由皇帝本人审阅钦定。实录修成，按汉、满、蒙3种文字各抄4套，分藏于皇史宬、内阁、乾清宫和盛京的崇谟阁。《清实录》共13部，都完整地保存下来，成为研究清史的重要史料。实录本应为真实可靠的第一手资料，但是，清代的历朝实录曾经多次修改，统治者将于己不利的记录彻底消除，或因统治集团的更换和形势的变化而修改删削。这样，就造成了《清实录》的许多内容失实。但它毕竟是由清代各种史料汇编而成的国史长编，详细记载了皇帝的一言一行及许多大臣的一生政绩，还包括了一代刑法政令、人口钱粮、吏制科举、封疆建置、军事外交、文化典籍等，因而是研究清代历史的必不可少的资料。

方志的鼎盛

清代规定全国性的地方总志称“一统志”，省志称“通志”，省以下府州县等则一律称“志”。为给修《大清一统志》做准备，康熙十一年（1672年）下令各省府州县开局修志。雍正时又规定各省州县志每60年修纂一次。由于统治者的重视，地方志的修撰很快就取得了较大成就。至乾隆六年（1741年）为止全国就修成

▶《大清一统志》

17 部通志，有清一代所修志书共达 6500 多种，约占全国志书总数的 90%左右。不仅数量多，而且质量好，讲究修纂方法，考证精审，结构严谨，文笔典雅，各省通志大都连修 2~3 次，有的甚至修 5~6 次。在修志过程中还涌现出了大批名家，如洪亮吉、戴震、章学诚等，其中以章学诚的成就最大，他阐述了一整套的方志学理论，标志着清代方志学达于鼎盛。

◀戴震像

章学诚

章学诚，字实斋，浙江会稽（绍兴）人。虽在 41 岁时中进士，但一直没做官，靠替人修书、做幕客或主讲书院过活。曾先后主修《和州志》、《水清县志》、《亳州志》、《湖北通志》，并参加了《常德府志》、《荆州府志》等的修纂工作。在长期修志过程中，他积累了丰富的实践经验，并且建立了方志学理论体系，使方志学开始成为一门专门的学问。章学诚不仅在方志学上，而且在文学理论方面也作出了重要贡献。第一，他强调文学的“经世致用”。他虽不否认考据学的成果，但对考据学家的繁琐考证提出了批评，章学诚提出了“史学所以致世”的口号。第二，提出“《六经》皆史”说。他指出“《六经》皆史也”，“《经》皆先王之政典也。”将历代视为神圣经典的《六经》纳入史的范围。第三，把史籍分为撰述、记注两大类。他认为撰述是“著作之史”，记注是“纂辑之史”。撰述不拘泥绳墨，而是独断于一心，“成一家之言”；记注是纂辑比类，是“所谓整齐故事之业”。此外，章学诚关于治史者必须具备史德、史识、史才的论述，也常为后人称道。

◀章学诚像

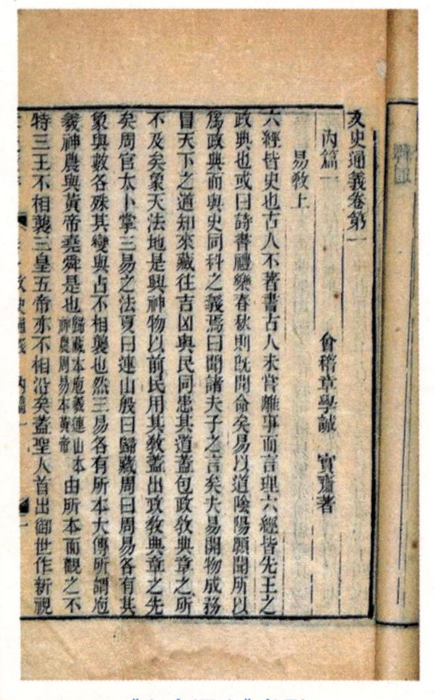

文史通義卷第一

內篇一　會稽章學誠　實齋著

易教上

六經皆史也古人不著書古人未嘗離事而言理六經皆先王之政典也或曰詩書禮樂春秋則既聞命矣易以道陰陽願聞所以為政典而與史同科之義焉曰聞諸夫子之言矣夫易開物成務冒天下之道知來藏往吉凶與民同患其道蓋包政教典章之所不及矣象天法地是興神物以前民用其教蓋出政教典章之先矣周官太卜掌三易之法夏曰連山殷曰歸藏周曰周易各有其象與數各殊其變與占不相襲也然三易各有所本大傳所謂庖羲神農與黃帝堯舜是也歸藏本庖羲連山本神農周易本黃帝由所本而觀之不特三王不相襲三皇五帝亦不相沿矣蓋聖人首出御世作新視

▲《文史通义》书影

▲《四库全书》影印本

公元 1773 年 《四库全书》开馆

清政府为了加强思想文化统治，曾进行大规模的图书整理和编纂工作。乾隆三十八年（1773 年）二月，《四库全书》正式开始编修，以纪昀、陆锡熊、孙士毅为总纂官，陆费墀为总校官，下设纂修官、分校官及监造官等 400 余人。名人学士，如戴震（汉学大师）、邵晋涵（史学大师）及姚鼐、朱筠等亦参与进来。同时，征募了抄写人员近 4000 人。鸿才硕学荟萃一堂，艺林翰海，盛况空前。历时 10 载，至乾隆四十七年（1782 年），编纂初成，1793 年始全部完成。《四库全书》的编纂过程共分四步：第一步是征集图书。第二步是整理图书。第三步是抄写底本。第四步是校订。《四库全书》是中国历史上规模最大的一套图书集成。共收书 3503 种，79337 卷，36304 册，近 230 万页，约 8 亿字。整套书收录了从先秦到清乾隆前大部分的重要古籍，涵盖了古代中国的几乎所有学术领域。整套书分为经、史、子、集四部，44 类。《四库全书》为了美观与便于识别，采用分色装潢，经部绿色，史部红色，子部月白色（或浅蓝色），集部灰黑色。四部颜色的确定，依春夏秋冬四季而定。《四库全书总目》因为是全书纲领，采用代表中央的黄色。乾隆四十七年（1782 年）四套书陆续完成，全书共抄 7 部，分别贮于北京紫禁城皇宫文渊阁、京郊圆明园文源阁、奉天故宫（今沈阳）文溯阁、承德避暑山庄文津阁，合称“内廷四阁”（或称“北四阁”）。又在镇江金山寺建文宗阁、扬州大观堂建文汇阁、杭州西湖行宫孤山圣因寺建文澜阁，即“江浙三阁”（或称“南三阁”），各藏抄本一部。副本存于京师翰林院。其中文渊阁本最早完成，校勘更精、字体也更工整。乾隆编修此书的初衷虽是“寓禁于征”，但客观上整理、保存了一大批重要典籍，开创了中国书目学，确立了汉学在社会文化中的主导地位，具有无与伦比的文献价值、史料价值、文物价值与版本价值。

▲紫禁城皇宫文渊阁

《古今图书集成》

▲陈梦雷著作《周易浅述》书影

《古今图书集成》，全书共10000卷，目录40卷，原名《古今图书汇编》，与《四库全书》相似，是清朝康熙时期由福建侯官人陈梦雷（1650~1741年）所编辑的大型类书，是现存规模最大、资料最丰富的类书。顾名思义，此书广泛辑录自上古至清初各类图书文献，按内容性质分编为六汇编、三十二典。典下列部，共6109部，每部按所收材料性质细分为汇考、总论、纪事、列传、艺文、选句、杂录、外编等项。此书部类设置之详细大大超过以往任何类书，其层层展开的多级类目结构保证了全书宏富、庞杂的内容系统有秩，各有所归。作为一部供人们查阅的大型工具书，由于分类详细、编排系统，使其较之以往的类书更为方便实用。在资料的收集上，此书以门类全而超过以往类书，像许多类书所忽略的政治、经济、军事、法律、民族等类资料，《集成》都相当重视。而且不但注意收集有关事物的事实、议论、诗文、轶闻等，更突破了以往类书不收人物传记资料的框框，专设“列传”项。这样，就使按类编排的各部列传实际上成了一部部专业人名辞典。书中附图十分丰富，凡花草树木、鸟虫鱼兽、器物用具、楼台亭阁皆有图形其状；名山大川、省府县治，均有图冠于首，而且制图方法先进、绘制精良。本书编成后，于雍正四至六年（1726年至1728年）由清内府用铜活字排印成64部（未计试印本样本1套），称“铜字版”，至今仅存十余部。

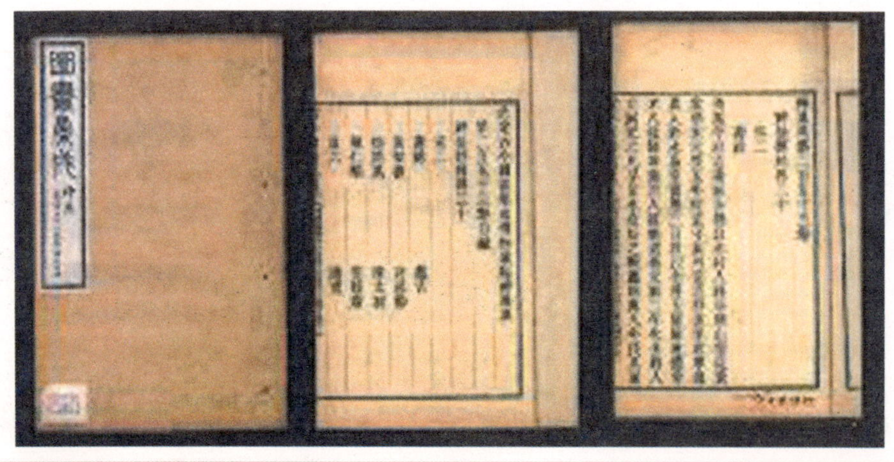
◀《古今图书集成》书影

清·董浩·复竹炉煮茶图

清朝的哲学思想

清代地主阶级奉为正统哲学的是孔孟之道、程朱理学，他们把它当成维护封建制度的思想武器。但由于阶级斗争的推动，在地主阶级内部也出现了一小部分进步思想家，他们是王夫之、黄宗羲、顾炎武、唐甄、颜元、戴震等人。这些人虽然一般打着孔孟的旗号，甚至有的还没有彻底与程朱理学或另一种唯心主义哲学——陆王心学划清界限，也不要求根本否定封建剥削制度，但他们中的多数人继承和发展了古代的朴素唯物主义思想，有的抨击封建君主专制，有的反对“崇本抑末”，主张发展手工业和商业。他们的这些思想主张，在一定程度上反映了人民的要求和当时工商业向前发展的要求，带着资本主义萌芽得到缓慢发展的时代烙印，是当时具有民主性因素的精华。

王夫之的唯物主义思想

王夫之，字而农，号姜斋，湖南衡阳人，晚年隐居在湖南石船山麓，所以后人称他为船山先生，他是明清之际最重要的唯物主义思想家。清军入关后，王夫之曾起兵衡山，抗击清军南下。他一生著述了八百多万字的著作，收在《船山遗书》中，他总结和发展了古代唯物主义传统，对佛教神学和程朱陆王学派的唯心主义体系进行了批判，把中国古典哲学中的唯物主义提到了更高的水平。他认为物质性的“气”是宇宙万物的

◀王夫之像

▲王夫之故居中的部分王夫之手迹

本体，“气”形成万物，“气”有“聚散变化，而其本体不为之损益”。王夫之就这样用古代的语言，论述了物质不灭的思想，这在十七世纪应该说是很可贵的。王夫之从这种唯物主义思想出发，对佛道的唯心主义和宋明“理学”及“心学”进行了批判。他驳斥了“理在气先”和“心外无物”的谬论，认为“理”不能脱离物质的“气”，“理即是气之理”，理和气不能分离，“理不先，气不后”。所谓“道在器先”也是错误的。他说：“道”不能离“器”，“据器而道存，离器而道毁”，总之，没有事物(器)，就没有事物运动的规律(道)。王夫之的道器论和理气论，坚持了唯物主义路线，肯定了物质第一性而精神第二性，奠定了他的唯物主义思想体系的基础。

王夫之的哲学思想中，还包含着辩证法因素。他根据“道日新”的观点，认为物质世界永远处于运动变化的过程中。宇宙间的一切事物，从其外形上看似没有变化，但是它的本质是在变化的、更新的。例如江河的水，表面看来古今一样，但今水却非古水。王夫之还指出：事物变化发展的根源，在于事物的内部存在着“必相反而相为仇”的矛盾斗争。但他又错误地陷入矛盾调和论，把矛盾斗争的结局看成是“仇必和而解”。这反映了他的地主阶级立场和历史的局限性。

颜李学派

颜李学派，创始人为清初北方著名学者颜元与李塨，故得名。颜元，字浑然，号习斋。清直隶博野(今属河北)人。李塨，字刚主，号恕谷，清蠡县(今属河北)人。师事颜元，又曾从王五公学兵法，从毛奇龄学乐律。颜李学派标帜“实学”，主张“实文、实行、实体、实用”，与清初官方提倡的宋明理学相对立，在社会上产生过相当大的影响，被称为：“颜李之学数十年，海内之士靡然成风。”颜李学派的主要思想特征：一、批评宋明理学的空疏，崇尚实学。他提出，程朱是与孔孟对立的，所以“必破一分程朱，始入一分孔孟”。他认为儒学的

▲颜元像

▲李塨像

真谛在于"申明尧、舜、周、孔三事、六府、六德、六行、六艺之道,大旨明道不在诗书章句,学不在颖悟诵读,而在期如孔门博文约礼,身实学之,身实习之,终身不解者"。二、反对宋明理学家所说的"天命之性"和"气质之性",盛赞孟子的"性善论"。颜元认为,天下没有"无理之气",也没有"无气之理",气即理之气,理即气之理。他认为只有气质之性,才是人性。他赞同孟子确定人性本善,是有功于万世,强调理、气、性、形不二,指出人的恶行是由后天的"引蔽习染"而导致的结果,并提出性、情、才三者相统一的人性论。三、效法三代,力主复古。颜元主张恢复井田、封建、学校的"王道"政治,又提出以"垦荒、均田、兴水利"七字富天下,以"人皆兵、官皆将"六字强天下,以"举人材、正大经、兴礼乐"九字安天下。同属于颜李学派的还有清代康熙、乾隆年间的恽皋闻和程廷祚。自康熙五十年(1711 年)起,由于清廷禁止对理学的批评,颜李之学逐渐被理学、汉学所淹没。

顾炎武的思想

顾炎武(1613~1682 年),号亭林,江苏昆山人。年轻时参加"复社"反宦官斗争,清军南下,参加当地的抗清斗争。抗清失败后,遍游华北,载书自随。所至垦田度地,访问风俗,搜集材料,尤致力于边防和西北地理的研究。顾炎武是明清之际贡献卓著、影响深远的伟大学者。他一生著述宏富,在经学、史学、音韵学、地理学、文学等领域都有重要的建树,在政治思想方面也提出了许多积极进步的主张。顾炎武把明朝灭亡的原因归咎于宋明理学特别是王阳明心学的流祸。他以"拨乱世,反诸正"为己任,提倡穷六经之旨、急当世之务的实学,这在当时起到了转变一代学风的作用。顾炎武把治学和培养道德情操联系起来,治学和培养道德情操都是为了经世济民。他提

▲顾炎武像

出“博学于文”、“行己有耻”两大宗旨，一方面是对宋明理学的针砭，另一方面寓有通过严格读书人的操守而振奋国民精神的深意。顾炎武一生躬行实践了自己的主张，集道德文章于一身，给后人树立了楷模。顾炎武在宇宙观上具有唯物主义的倾向。顾炎武提出“盈天地之间者气也，气之盛者为神，神者天地之气而人之心也”。这就坚持了世界是物质的，精神是物质所产生的唯物主义哲学命题。顾炎武的一生真正做到了“读万卷书，行万里路”，他的《日知录》、《营平二州史事》、《昌平山水记》、《山东考古录》、《京东考古录》等著作都是实地考察和书本知识相互参证，认真分析研究以后写成的。顾炎武重视典章文物、天文地理、古音文字、民风土俗的考核，凡立一说，必广求证据，反复辨析，常用归纳法得出正确的结论。这对于清代朴学方法的形成起了开风气的作用。

▲《山东考古录》书影

黄宗羲的反封建思想

黄宗羲（1610~1695 年），字太冲，号南雷，又号梨洲，浙江余姚人。他生逢明末清初那“天崩地解”的时代，在明末作为东林党子弟和复社名士，同阉党作过坚决的斗争。明朝灭亡后，他积极投入抗清斗争，曾与钱肃乐在家乡组织“世忠营”，失败后又与张煌言在舟山进行抗清活动。后看到清廷统治已经稳固，复明无望，遂归乡以遗民自居，从事著述和讲学活动，他的主要著作有《明夷待访录》、《宋元学案》、《明儒学案》等。黄宗羲虽然没有从根本上否定君和臣的设置，但主张君主开明立宪制，加强平等因素，扩大社会对执政者的监督权力，有近代民主政治的思想。这种思想并非受西方文明的影响，而是从中国传统文化中发展出来的，因而更加可贵。黄宗羲之杰出就在于他思想的深刻和敏锐，他超出了当时一般明遗民因为眷怀故国而研究明亡清兴之故的治学目的，也超出了传统儒家对无道君主的批判范畴。他的思想已突破传统的政治框架，开启了中国近代民主思想的先河。

▲黄宗羲像

《明夷待访录》

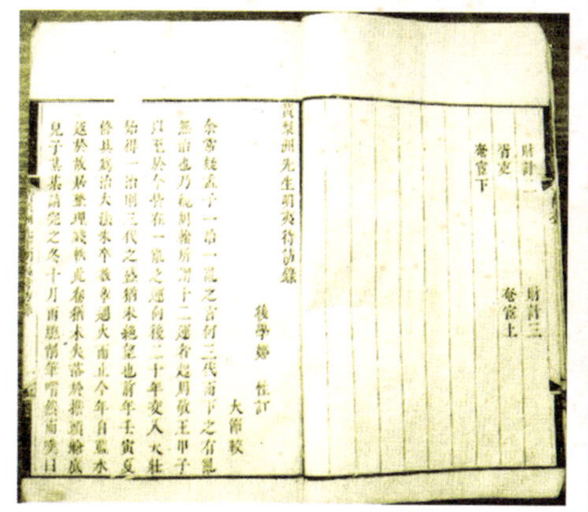
黃梨洲先生明夷待訪錄

余常疑孟子一治一亂之言，何三代而下之有亂無治也？乃觀胡翰所謂十二運者，起周敬王甲子以至於今，皆在一亂之運；向後二十年交入大壯，始得一治，則三代之盛猶未絕望也。前年壬寅夏，條具爲治大法，未卒數章，遇火而止。今年自藍水返於故居，整理殘帙，此卷猶未失落於擔頭艙底，兒子某某請完之。冬十月，雨窗削筆，喟然而歎曰

財計二　胥吏　奄宦下

財計三　奄宦上

▲《明夷待访录》书影

《明夷待访录》是黄宗羲在经历了一系列政治斗争后于康熙二年(1663年)潜心完成的一部力作。所谓“明夷”指有智慧的人处在患难地位。“待访”，等待后代明君来采访、采纳。该书有《原君》、《原臣》等论文21篇。《原君》批判现实社会之为君者“以我之大私为天下之大公”，实乃“为天下之大害”。《原臣》指出，臣之责任，乃“为天下，非为君也；为万民，非为一姓也”。《原法》批评封建国家之法，乃“一家之法，而非天下之法”。《学校》主张扩大学校的社会功能，使之有议政参政的作用，黄宗羲所设想的未来学校相似于近代社会舆论中心和议会的机构。

唐甄

唐甄，字铸万，四川达州人，出身于官僚地主家庭。八岁以后随父离开老家，宦居各地。顺治十四年(1657年)中举人，当过十个月的山西长子知县，晚年定居苏州府城，曾经经营过商业，最后破产，坐馆授徒，卖书卖文，著有《潜书》九十七篇。他与黄宗羲一样，曾激烈地抨击专制君主，他认为帝王的天堂是用老百姓的白骨和眼泪构筑起来的。他说：“自秦以来，凡为帝王者皆贼也。”“(帝王)杀天下之人而尽有其布粟之富。”在经济上，唐甄反对封建统治者“虐政亟行，厚敛日加”，主张国家政权要以“富民为功”。为了“富民”，他认为必须发展农业和工商业。值得注意的是，在城市中他还针对封建社会中轻视商人的观念，特别注意提高商贸的地位。他有意把“商”与“农”并提，在《潜书》中“农贾乐业”、“农安于田，贾安于市”的说法比比皆是。唐甄的上述政治、经济思想，说明他是一个进步思想家。但他由于出身于官僚地主家庭，在《潜书》中谩骂明末农民起义，他还信奉王阳明的学说，宣传主观唯心主义思想。因此必须一分为二地评价唐甄。

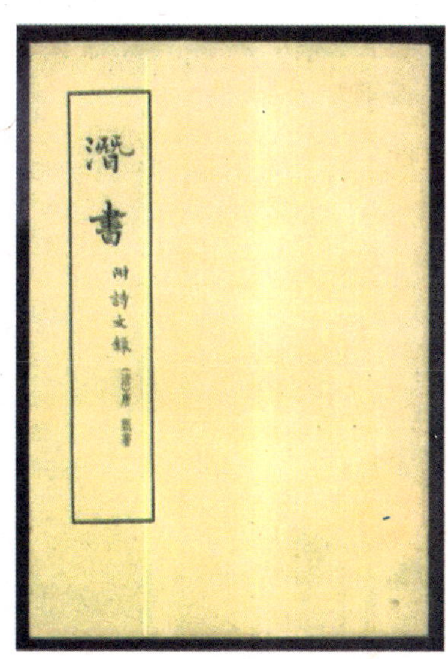

▲1963年版《潜书》书影

戴震的唯物主义思想

戴震，字东原，安徽休宁人，出身于小商人家庭。他早年曾从事商贩，后来以教书为生，晚年参加了《四库全书》的编辑工作。戴震对古代文字、音韵、天文、地理、历算等都有过深入的研究，著作很多，后人编成《戴氏遗书》。戴震采取注释经学的形式，举起唯物主义的战斗旗帜，继续对程朱理学进行批判。戴震哲学体系的基本范畴是“气”，他在《孟子字义疏证》一书中，以“气化流行，生生不息”的唯物主义世界观，集中批判了以“理”为主宰、“理在气先”的程朱理学。戴震认为所谓“理”，只是“气化”的条理，它是第二性的，从属于事物本身的。与程朱理学相对立，他提出了“理在事中”的唯物主义观点。他认为事物各有不同，不同事物有不同的“分理”，从而使各个事物区别开来。因此，要重视事物自有之条理，他说“事物之理，必就事物剖释至微而后理得”，这是戴震哲学的创见，反映了十八世纪我国自然科学发展的水平。

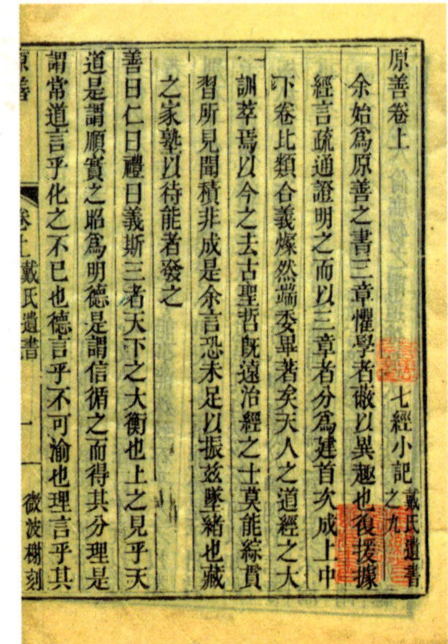
原善卷上　七經小記之九　戴氏遺書
余始爲原善之書三章懼學者蔽以異趣也復援據
經言疏通證明之而以三章者分爲建首次成上中
下卷比類合義燦然端委畢著矣天人之道經之大
訓萃焉以今之去古聖哲既遠治經之士莫能綜貫
習所見聞積非成是余言恐未足以振茲墜緒也藏
之家塾以待能者發之
善曰仁曰禮曰義斯三者天下之大衡也上之見乎天
道是謂順實之昭爲明德是謂信循之而得其分理是
謂常道言乎化之不已也德言乎不可渝也理言乎其
原善　卷上　戴氏遺書　一　微波榭刻

▲戴震所著《原善》书影

戴震的唯物主义思想的战斗性格，突出地表现在对程朱“存天理、灭人欲”反动说教的尖锐批判。他提出：“理存乎欲”，程朱反对的所谓“人欲”，正是“饥寒愁怨、饮食男女”等等，这些乃是“性之欲”，是人的“生养之道”，绝不能灭掉。灭掉，人们怎么生存呢？进而，戴震揭露了程朱理学“以理杀人”的罪恶。他说：程朱所倡导的“理”，本质上“同之酷吏之所谓法”，酷吏以法杀人，而理学家却“以理杀人”。“人死于法，犹有怜之者，死于理，其谁怜之？”

戴震虽对理学进行了尖锐的批判，并开始具有朦胧的反对礼教、要求平等的启蒙思想，但整体而言，他还没有离开封建地主阶级的立场，也不能摆脱封建主义的传统意识。